錢海岳撰

第五册 列傳

卷二十五至卷三十五

中華書局

南明史卷二十五

列傳第一

無錫錢海岳撰

后妃

安宗孝哲黃皇后，雒陽人。都指揮僉事奇瑞女。安宗爲德昌王，册爲王妃，早世。上即位，追尊謚曰孝哲懿莊温正仁靖儀天昭聖皇后。魯王監國，上謚曰安皇后；昭宗即位，加上尊謚曰簡皇后。

黄奇瑞，字晝一，恩貢。李自成兵迫，勸福王常洵發粟振民力守，不用。雒陽破，不屈死，贈雒中伯。

子調鼎，字鹽梅，諸生。雒陽破，從上匿安國寺，夜奪門出，追亟，倉皇伏人家豕牢中得免。上肥碩，不能行，背負北走苗家溝。兵且及，調鼎力憊不支，正旁皇間，聞馬嘶聲，趨視之，則上素所乘也，遂疾驅渡河，依鄭王翊鏎二年。從扈南京，授後軍都督同知總兵，遷左都督，封保安伯。馬、阮亂政，屢諫不聽。南京亡，依祁理孫紹興。清徵固辭。後入北京，奉上梓宫合葬雒陽后陵；并迎鄒太后於家，定省肅衣冠，崩，奉葬熙陵。嘆曰：「所爲隱忍偷生、不即從地下者，徒以是耳。」遂杜門講學。有言及故事者，輒於邑不語。年逾九十乃卒。九鼎，上封雒中伯，疏言皇親滿街作横，請查核。南京亡，降於清。金鼎，授都督同知。

安宗孝義李皇后，雒陽人。安宗爲世子，册爲繼妃。雒陽破，自經。上即位，追尊謚曰孝義端仁肅明貞潔熙天詒聖皇后。

時有童妃者，偃師人，上襲福王後所納，或云司寢。雒陽破，從鄒太后避兵尉氏，展轉逆旅間。無何，上亦至，就邸中相依，生一子。及上南下，與太后散去，不相顧。上遣官賫詔迎太后；陳潛夫、吳爾壎奏妃故在，弗召。妃乃詣越其杰自陳。劉良佐命妻迎，叩之。自云年三十六，十七入宮，册封者曹內官，時東宮黃氏、西宮李氏。生子玉哥，寇亂不知所在。妃於崇禎十四年生子金哥，嚙臂爲記，今在寧家莊。良佐妻拜如見后儀，其杰具儀從送至南京。妃愈驕，所經郡邑，有司供怠，輒詬厲，掀案於地。間有望塵道左者，啟簾露半面，大言曰：「免。」聞者駭笑。至京，上大怒，不見，訶爲妖婦，下錦衣獄。自書入宮月日、相離情事甚悉，且云：「今已失身，何敢復偶至尊？但願一覲天顏，訴明衷曲，死無所憾。」馮可宗以聞，上擲不視，命嚴刑拷之。可宗辭，改命屈尚忠，竟其獄。始供本周王妃，誤傳周王踐阼，故來耳。號呼咒詈，宛轉不三日死。上遷怒於潛夫、爾壎及中軍孫秀，並逮治。良佐疏言上爲羣臣所欺，將使天倫絶滅。諭曰：「朕元妃黃氏、繼妃李氏追封皇后，詔示海內。卿爲大臣，豈不聞知？童氏不知何處妖婦，詐冒朕妃！朕初爲郡王，有何東西二妃？據供是邵陵王宮人，尚未悉真僞。朕於夫妻之間，豈無天性？況宮媵相從患難者頗多。朕夫妻之情，又豈羣臣所能欺蔽？但宮闈風化所關，豈容闌入？」更封黃后弟伯，以示意。究亦莫識怒妃之繇也。

金妃，雒陽人。鄒太后侍女，姿容端麗。上即位後入宮，從狩蕪湖。

陳、汪二妃，不知何許人。本淮揚妓。上初幸淮上，納之。及即位，又選淑女黃、郭入宫。及蒙塵，二妃從之。清日給醇酒二十斤、餚核二十品，以竹筒納上臂，二妃進食，然酒餚皆爲清兵所掠，僅空器而已。後不知所終。

又宫嬪某，本選侍。南京亡，執至清江，會病棄去，隨中官徐小九至蘇州，爲尼淡齋庵，名真修。時爲人言南京北來太子事。

張宫人，江都人。弘光初入宫。南京亡，被執。過崇德，題詩壁上，投水死。王宫人，南京亡，流落爲尼。葉子眉，江都人。南京亡被執，經靈壁虞姬墓，題詩。宫人徐淑秀，南京亡後，嫁泰州邵甲，自號昭陽遺子。詩抑塞哀憤，讀者多爲泣下。

紹宗孝毅曾皇后，南昌人。崇禎五年，紹宗襲封唐王，后年十九，册爲王妃。頗知書禮，任内政，上甚重之。九年秋，京師戒嚴，上以擅發護軍勤王得罪，廢爲庶人，安置鳳陽高牆。遇益艱苦，以土作枕，草薦爲褥，無怨言。早晚勸上毋憂，自有昭雪之日。上病頻殆，后恐醫藥有詐，不與飲，入夜默禱於天，刲股進之。事聞，威宗旌其賢孝。后又上疏爲上頌冤，謂：「鄭藩謀爲不軌，尚蒙寬宥，復爵加禄。氏夫爲父復仇，預奏於五年之前；出城未離於封域之内。孰輕孰重，較論易明。革發四年，身經九殞，議貴議親，會典具載。」以是上德后而且憚之。弘光時，以赦徙平樂，抵浙而南京亡，后勸上爲嗣統計。及即位，於隆武元年八月十三日册爲皇后；，封后父文彦吉水伯，母何氏伯夫人。上性儉，宫中屏金玉錦繡，器用瓷錫，幃幕衾裯率大布爲之。懿旨選女橱十人，上以爲擾民，不許。后既素能理事，凡批閱章奏，多所參駁。每臨朝，則垂簾座後，以共聽斷。張肯堂疏言垂簾非聖世所宜，后大恚，肯堂以是見疏。是年十二月，上親征，繇水道進，后從幸。密言鄭芝龍不可恃，請就何騰蛟。芝龍阻之，不果，移駐延平。二年六月，后生皇子琳源。八月，清兵度仙霞嶺。二十四日，上自順昌出狩，命后先發，輿出河干，顧從臣曰：「劉宫人有任，好護持就道。」詞旨慷慨。清兵追，妃媵狂奔，有一舸數人、一騎三人者。二十七日，如汀州。翌日昧爽，周之藩朝行在，聞上與后角口聲。俄十餘騎突入行宫，遂並蒙塵。行至九龍潭，后赴水崩。司禮監王至道、尚衣監鄧金等拒敵，從死者十餘人。或曰，后與上崩於汀州府堂。又曰，上至邵武，知事不可爲，有二宫人縊死，取三棺釘之，其一則后也。昭宗立，遥上尊號曰思文皇后；；已追謚曰孝毅貞烈慈肅賢明承天昌聖襄皇后。

宫嬪某，於汀州之變，以身翼上，奮力掣救，受亂刃死，暴屍旬日如生。

文彦，諸生，先卒。

昭宗孝剛王皇后，吴縣人。性閑静。昭宗封永明王，册爲妃。侍兩宫能盡敬禮，總持内政，以才德著賢聲。隆武二年十一月，上即位，册立爲后；封父署長洲伯，兄維恭華亭伯。永曆元年，隨幸奉天。劉承胤畔，馬吉翔奉太后及后斬關，夜繇水道馳入蠻境。后妹與所生母同輿出城，迷失無蹤。會天淫雨，宫女、内豎皆踉蹌泥淖中，飢餓無人色，而后則夷然也。二年春，幸南寧。閏三月，生皇子慈烜。初，清兵署桂林，后嘗發内帑餉軍，不足則濟以簪珥之屬。瞿式耜妻邵亦出金珠爲助，時謂中宫之賢，有以化之。及幸安龍，土銼蘆簾，幾不避風雨，浣衣粗食，倍歷有生之厄。后勤苦自持，日夜讀本章，不以爲疲。舉動行君臣禮，晨必朝，雖在亂離，猶自承平儀注。密敕之獄，龐天壽等直入宫門，執内官張福禄、全爲國坤寧宫外，后稍問之，獄具。馬吉翔益思所以媚孫可望，以爲事涉内官，后必知情，宜廢之以杜後禍，令其黨蕭尹具疏密陳古來后妃不道諸廢立事。后乃泣愬上曰：「不虞漢家末世之風，見今日耶！」上留中寢之。既入緬甸，輒以病自哀。咒水禍作，每聞諸臣眷屬之自盡者，泣謂嬪侍曰：「吾非不能爲此，顧以太后在，恐重傷上心耳！」尋爲清兵所劫。先，后母於十三年正月卒，葬永昌近郊。十六年正月，后次永昌，欲謁墓不克，命鄧凱與王維恭妻代行。后知大體，上於途次帳中，狎宫人李貴芳。后曰：「此何時，而尚如是！」上崩，久出未返，左右詐言他事，須翌日歸。后曰：「吾知之矣，夫復何言！」遂長號不食求死。公主年甫數歲，長跪后前，哭求進湯。數日，后不忍視，强起飲一勺，遂不即死。十六年四月二十八日，與貴芳從太后自滇京北發，哭聲震天，滇人皆爲流涕。后於中途，叩辭太后，扼吭未殊。及至北京，清養贍之。不二年，公主適章京甲。后哭辭太后及上靈，碎磁甌自勒崩，中官楊德澤送其喪。凶問至東都，鄭經上謚曰孝剛敏肅哲慎正和應天順聖匡皇后。

竇妃，蘄水人。民望妹。從幸緬甸，薨。

宮嬪某，自安龍從入緬，與上相失，入白文選軍。端謹持禮，文選甚致敬焉。比文選降清，嬪聞之，急自散髻，以髮結喉死，文選葬之。

劉、楊二貴人，不知何許人，從幸緬甸。咒水禍作，自經死。

王維恭，字洞玉。奉天之難，與弟維讓、吉翔、張同敞、吴雙、吴其靁、洪士彭、責承胤母署，崇禎中官廣東知府。李成棟反正，扈駕肇慶，廣蓄歌童，文武日宴飲其家，尋卒。開城門，駕遂得出。金堡之獄，泣陳后不可殺諫臣，堡得改戍。永曆五年十月，晉侯，掌前軍都督府。從幸者梗，與內官楊甲爭博，拳毆碎衣冠，爲緬人所輕，亦死咒水之禍。妻妾幼子回滇京。子三歲，爲吴三桂弓弦勒死。維讓，掌後軍都督府。

監國魯王烈妃，不詳其姓氏，魯王爲世子時所納。崇禎十五年，兗州陷，清兵犯之，不從，薨於牆下。紹興監國，追謚。

監國魯王周義妃，濟寧人。魯王襲封，晋元妃。北京陷，王避兵南下，妃時卧病不起。强之，妃泣曰：「王速行，勿以妾故爲王累！」王不忍，妃乃手碎磁盤勒喉而薨。紹興監國，追謚。

監國魯王張妃，滋陽人。早歲入宫。紹興監國，册爲妃，生世子弘甲。父國俊，典禁兵，攬權納賄。福京詔至，力主不開讀。嘗入杭閒，以爲清且就款，廷臣叵惑之。又受謝三賓萬金，脅王必致樞要而後已。妃聞之，脱簪待罪，王慰之，乃免。及江上師潰，命妃戚毛有倫扈世子、宫嬪自蛟關出，期會於舟山，適畔將張國柱來犯，劫之北去，中途自剄薨。宫嬪周氏等十三人從死。有倫以軍降清，國俊封會稽伯。

毛有倫，餘姚人。天啟初，以副總兵協守燕、建二路，調天津。崇禎末，防倭寧波。後移江上，歷左都督總兵，挂靖夷將軍印，封保定伯。

監國魯王陳貞妃，鄞縣人。隆武二年春入宫。張妃被劫，時妃在副舟中，急令舟人鼓棹突前，追兵不及，伏荒島數日，飄泊至舟山，而王已入閩，旁皇無所歸。張肯堂遣官護之，得達長垣。王見之流涕，始進册爲元妃。在海上者三年，風帆浪楫，莫副山河之容。永曆三年八月，生子弘棅。十月，復入舟山。先是，張國俊用事，妃嘆曰：「是何國家，是何勳戚，而尚欲爾耶！」至是，親族有至者，悉遣之。嘗遣使中土，寄書訊其女兄，歷叙蛟關之掠、長垣之困、琅琦之潰、健跳之圍，操尺組而待命者，不知凡幾；鬼火以當庭燎，黄蘖以充葛藟，猿鳴龍嘯以擬晨雞，苟延餘息，終擬一死，以完皎然之軀。五年，清兵三道入海，王謂蛟關未能猝渡，親帥師出擣吴淞。阮進敗死，兵臨城下，劉世勳議分兵送宮嬪出，然後背城一戰。妃傳諭辭曰：「將軍意良厚，然蠣灘鯨背之間，懼爲奸人所賣，則張妃之續也，願得死此淨土。」諸臣乃止。城陷，妃整簪服，北向拜謝，與貴嬪張氏投井薨，宮眷從者十二人。指揮王相、内官監太監劉朝共掌宮事，嘆曰：「真國母也！豈可使其遺骸爲虜所窺。」相與舁巨石填之，即同刎其旁。事聞，贈謚。

郡主某，舟山亡後爲尼餘姚，名維極。某尚南安鄭哲飛。哲飛逝，扶姑挈子女依王，後依寧靖王術桂東寧。五妃之殉，郡主欲從，術桂曰：「姑老子幼，汝何可死？」郡主涕泣奉姑移居，忍饑盡養，年八十餘卒。

贊曰：易家人之卦曰：「夫夫婦婦，而家道正，正家而天下定。」太祖撫有函夏，首頒女戒。二百七十八年間，宮闈肅穆，蘭殿璇宮，無龍漦燕啄之妖，爨犬懸黿之禍。北京之變，孝哀、孝節，下及嫱媛，湛身殉國。馴至南渡，彈丸蝸角，流離瑣尾之中，死君死社，皆有古烈丈夫風。家法之嚴，陰教之正，洵足法百王、光前史。笄珈大節，謂非太祖之遺謨遠歟？美矣夫！

南明史卷二十六

列傳第二

無錫錢海岳撰

孝皇帝　恪貞鄒皇后　孝誠姚皇后　鄒存義　裕皇帝　張皇后等　光華陳妃等　陳純　端皇帝　孝欽呂皇后　孝正王皇后　昭聖馬皇后　安化公主　廣德公主　王國璽　馬九爵等　姜佐周　悼皇帝　定哀王慈炯　永悼王慈炤　長平公主　光宗李康妃　温定傅懿妃　曹靜炤　熹宗任宛妃　威宗袁淑妃等　妙音等　榮昌大長公主　寧德長公主

孝皇帝常洵，神宗三子，萬曆十四年正月五日生。初，孝端王皇后無子，孝靖王皇后生長子，是謂光宗。常洵次之，母恭恪鄭皇貴妃，最幸。神宗久不立太子，中外疑妃謀立己子。廷臣交章言其事，竄逐相踵，而言者不止；神宗深厭苦之。二十九年，始立光宗爲太子，并封常洵福王，婚費至三十萬，營雒陽王邸至二十八萬，十倍恒制。廷臣請常洵之藩者數十百奏，不報。至四十二年始就藩。出宫門，召進數四，期以三歲一入朝。時海内全盛，凡列朝存帑明珠瓌寶他鸁羨億萬計，皆以資之；詔賜莊田四萬頃，以中州爲不足，并取山東、湖廣田益之。又請籍没張居正産及揚州至太平沿江荻洲雜税與四川鹽井榷茶銀自益；又請淮鹽千三百引，設肆雒陽，與民爲市。一日數請，朝上夕報可。終萬曆世及崇禎間，日惟閉門醇酒婦人爲樂。

李自成兵起，河南旱蝗，人相食。民間籍籍，謂先帝耗天下以肥王，雒陽富於大内。援兵過者，喧言：「王府金錢百萬，而令吾輩枵腹死寇乎？」在籍尚書吕維祺聞之懼，以利害告，不爲意。

十四年正月，自成兵大至，攻城，始出千金募勇拒守，自成少卻。夜半，總兵王紹禹開門納自成，城遂破。常洵縋城出，匿迎恩寺，自成跡得之。維祺曰：「名義至重，毋自辱。」内官崔升甫十三歲，勸寧死勿屈。自成殺維祺，常洵趺坐，逼之不語，已而大罵。自成進繩請自裁，常洵叱曰：「任汝殺我！」遂共縊殺之。兩承奉伏屍哭，捽去之。承奉曰：「王死不願獨生，乞棺收骨，齏粉無恨。」自成義許之。桐棺一寸，載以斷車。事畢，二人於旁自經死。選侍孟、蕭、李及執事劉顯典、錢福、李彰雲、焦如星、張鳴皋、杜一經等四十七人亦同死。火宫三日不絶。惟鄒妃、安宗得免。事聞，震悼，輟朝三日，謚曰恭，詔䃰紹禹，命河南有司改殯。安宗即位，追尊謚曰貞純肅哲聖敬仁毅恭皇帝，後改曰孝皇帝，陵曰熙陵，建特廟南京。昭宗即位，加上尊謚曰恭宗慕天敷道貞純肅哲修文顯武聖敬仁毅孝皇帝。

鄒后，順天人。萬曆三十一年十二月十三日册爲王妃。雒陽破，走孟津、孟縣，逢安宗，至懷慶。懷慶破，匿書堂官黄奎家。安宗立，遥上尊號曰恪貞仁壽皇太后，命典仗李希栒、書堂官孫拱極見后弟東城兵馬司指揮帶俸侍衛千户存義，隱諭上即位；繼命常應俊、舍人閻守平來謁。崇禎十七年七月，后自清化經修武、獲嘉，至郭家寨常守義家，書堂官康永寧及張成福來迎。八月十三日，駕至南京，自儀鳳門入。上跪迎洪武門外，相對泣下。尋命湯國祚告於南郊，修西宫之西園第一所爲慈禧殿。移宫之日，命婦入賀，並封存義大興伯，又諭工部以萬金充賞。清兵逼，馬士英以黔兵四百人奉幸浙，逕廣德、安吉至杭州。張秉貞備法駕，以總兵署爲行宫。后赭服，一紫衣宫女侍，召潞王常淓，泣命監國，不應。劉宗周、熊汝霖入見，面糾士英；黄道周復疏請誅之，后欷歔無一語。尋常淓迎入府。北行渡淮，乘間投水不克，依黄調鼎雒陽。崩，合葬熙陵。

姚后，大興人。初爲王次妃，生安宗，早世。安宗即位，追尊謚曰孝誠端惠慈順貞穆符天篤聖皇太后。

存義於南京亡後降清。

裕皇帝器墭，其先唐定王桱，太祖二十二子，洪武二十四年封，永樂六年之國南陽。傳靖王瓊烴、憲王瓊炟、莊王芝址、成王彌鍗。彌鍗無嗣，以文城恭靖王彌鉗長子宇溫字思誠入繼爲敬王，追封彌鉗爲恭王。宇溫繼統三十餘年薨，年七十一，妃趙、丁。傳順王宙栐，妃周、夏。再傳端王碩熿，世好稽古，樂善有賢聲，妃魏。器墭以萬曆二十二年封世子，妃張、毛，生紹宗。碩熿惑於嬖妾，欲立其愛子，囚器墭承奉司，旋爲弟毒死。碩熿諱之，將傳國次子。守道陳奇瑜、知府王之柱曰：「世子薨逝不明，又不立其子，事且露，奈何？」碩熿懼，請立紹宗爲嗣，追贈謚器墭裕王。崇禎五年，碩熿薨。自宇溫以下四世，皆葬南陽紫山。紹宗安置高牆，改以聿鏌嗣。十四年，南陽陷，遇害。紹宗即位，追尊謚敬、順、端、裕四世爲皇帝，妃趙、周、魏、張、毛爲皇后。毛皇后早世。

光華陳妃，隆武初尊爲太妃。汀州之變，與沈太嬪及太妃母蔣、兄純夫婦死難，百姓葬之羅漢嶺，勒碑以識。或曰，紹宗陳妃出。太嬪，金華人。純，寧洋人，官中書舍人。

端皇帝常瀛，神宗七子。母恭順莊端靖皇貴妃李氏，薨葬昌平銀泉山。昭宗即位，追尊謚曰孝敬恭順榮莊瑞靖敬天光聖太皇太后。常瀛，萬曆二十五年三月十日生，二十九年十月封桂王，天啟七年之藩衡州。垂頤豐背，日角修耳，貌似神宗。性敦厚慈易，爲諸王最。生七子。長世子贈閩王；次子贈永興王；少子贈嘉善王；三安仁王由榛；四即昭宗也。崇禎十年，臨藍瑶郭子奴反，犯衡州，發帑饋餉，請調贛、粵兵城守，明年平之。十三年，奏請修衡州城。十六年，張獻忠破衡州，出奔永州。追至，巡道中軍王上庸率死士截擊，常瀛乃得免；上庸力盡戰死。常瀛達梧州，安靜不擾民。聞威宗訃，伏地痛哭，絶而復甦，因致疾，十七年十一月四日薨，謚曰端，葬梧州，守者見五色雲覆之。昭宗即位，追尊謚曰禮宗體天昌道莊毅温弘興文宣武仁智誠孝端皇帝，陵曰興陵。

吕后，大興人。常瀛元妃，早世。昭宗追尊謚曰孝欽静淑慈敬天昭豫保康聖端皇后。

王后，丹徒人。初爲繼妃。昭宗初嗣桂王，晋太妃。汀州變聞，丁魁楚、瞿式耜等議奉上監國。后曰：「兒非撥亂才，何苦以一朝虚號，塗炭生民，南京、福京可鑒也。」又告諸大臣曰：「諸臣何患無君，願更擇可者。」羣臣固請，乃許之。及即位，上尊號曰慈聖皇太后。后慈惠通大體，兼習文墨，善判決，上凡事禀承而行。忠誠陷，上倉卒幸梧州，后召李用楫、程源，訶其棄逃無固志，諸臣伏地引罪。上尋還肇慶即位，加尊號曰寧聖慈肅皇太后，封弟國璽武清伯。劉承胤脅幸武岡，三宫號泣登車，自是流離奔播。馬吉翔嘗扈從，五虎攻吉翔，后以有扞掫勞，爲緩頰。金堡駁吕爾璵疏，遽有「昌宗之寵方新，仁傑之袍何在？」語，后以是大惡五虎。袁彭年丁母憂，戀位不守制，后宣敕問不守制是何朝祖制？彭年窘甚，乃避位；堡亦獲重譴。堡有直聲，高必正、党守素、李元胤朝梧州行在，合詞爲請。后垂簾，上東向，召三人入對。后曰：「卿莫以堡爲善人，止滇封一事，豈非誤國？」諸臣不能對，而堡亦量移戍地。永曆五年四月，崩於田州。五月，葬南寧，上謚曰孝正莊翼敦仁端惠天聖皇太后。

馬后，四川人。昭宗生母。及即位，上尊號曰慈寧皇太后，已加上尊號曰昭聖恭懿皇太后；封兄子九爵鎮遠伯，兄承祖掌中軍都督府，弟九功掌右軍都督府。及幸新寧，加上尊號曰昭聖仁壽皇太后。永曆九年六月朔，再加上尊號曰昭聖慈惠仁壽皇太后。后生平極瑣尾播遷之厄。李定國出師，頒宮中飾物充餉；王皇后、宮人及文武臣妻。雲、貴、川、廣鄉宦皆助餉。及幸緬甸，與王皇后、公主、二貴人及宮人，從者不及三十餘人。咒水禍作，緬兵三千圍宮，逼三宮等二十五人入一小屋，聚泣逾二炊許。俄復移棲小樓三日夜，幾斷水食。後爲緬人劫送吴三桂軍。上以弒崩，后呼天大哭曰：「三桂逆賊！汝立志謀反，而以吾家爲汝固寵計。我張目地下，見汝之碎屍萬段也。」無何北發，次黄茆驛，與王皇后推軨相望，彼此禁不得語，而各以手示，乃同時扼吭未殊。及至北京，爲清禮部優養，年九十一崩。

安化公主，禮宗女。昭宗即位，晉封長公主。年十六，從扈廣南，薨。

廣德公主，禮宗次女。昭宗自南寧西幸，倉卒散失，偕奄至武緣，黄爆密奉於家。國亡，歸其子諸生垶。

國璽，掌左軍都督府、宗人府，與蕭琦及中官沈嘉熙、貢昇敕封李成棟。永曆五年十月，晉侯。滇京亡，降於清。

九爵，四年八月卒。九功襲，掌右府，五年十月晉侯。上幸緬後，在古剌招兵四千餘人，會景邁，致書定國爲犄角。會上凶問至，兵遂散去，九功亦死。

又皇親姜佐周，江西人。掌中軍都督府。妻王太后女弟。終事不詳。

悼皇帝慈烺，崇禎二年二月四日生，九月册爲太子。威宗七子：長慈烺，次懷隱王慈烜，三定王慈炯，孝節周皇后出；四永王慈炤，五悼靈王慈煥，六悼懷王慈甲，七失名，恭淑田皇貴妃出。十五年，慈烺出閣開講，改慈慶宮爲端本宮。性仁惠，執圭見羣臣，進止不失尺寸。慈炯十四年六月册封，慈炤十五年三月册封。十七年，慈烺年十六，慈炯、慈炤年十三。李自成逼京師，李邦華、史可法、姜曰廣請太子監國南京，不果。外城破，上傳主兒來，入猶嘗服。上曰：「此何時，弗改服乎？」命持敝衣，親爲易之，且手繫其帶，告曰：「社稷傾覆，天地祖宗震怒，爾父之罪也；然爾父亦已盡心力。汝今日爲太子，明日爲平民，在亂離之世，匿形藏名，見年老者呼翁，少者呼伯叔，萬一得全，報父母仇，無忘我今日戒也。」左右哭失聲。遂命内監送慈烺朱純臣家，慈炯、慈炤周奎、田弘遇家。復傳硃諭至文淵閣，命純臣輔東宫。不及達，内城破。慈烺、慈炯走奎家。奎猶卧，不得入，匿内監栗宗周、王之俊外舍。自成大索，宗周、之俊獻之，許待以杞宋禮。脅之拜，慈烺怒曰：「吾豈而屈耶！」曰：「汝父皇安在？」曰：「崩壽寧宫。」曰：「汝家何以失天下？」曰：「誤用賊臣周延儒等。」慈烺引頸前曰：「何不速殺我！」自成曰：「汝無罪。」慈烺曰：「若是，當聽我一言。一不可驚我祖宗陵寢，二速以禮葬我父皇母后，三不可殺戮我百姓。」又曰：「文武百官皆不忠不義之徒，明日來朝，宜盡殺之。」自成命同坐飲食，不從，遂令劉宗敏善護之。尋封慈烺宋王，慈炯安定公。梓宫出城，慈烺、慈炯、慈炤青衣拜送。自成東出，慈烺緋衣乘騾以從。已吴三桂追至，自成懼，使張若麒乞和。三桂言還太子乃可。自成出慈烺，三桂將奉還京，移檄遠近，以義興紀年，都人旦夕望駕。五月朔，奉慈烺手敕入京，故臣正擬上本，司禮監王德化備法駕以迎。三桂以立慈烺請，清攝政王多爾衮不允。三桂挾慈烺至山西，亡之陝西寧家灣。寧浤款留，以二女妻之。慈烺南下不返，二女不改字，年各十九卒，隨浤葬。慈烺、慈炯、慈炤後皆不知所終。

無何，南京有北來太子事。初，十七年冬，高夢箕家人穆虎自北京南歸，過山東，遇少年求載，許之。暮解内衣，燦然龍也。虎驚詢，自言故太子，自成敗山海關，入三桂軍，自永平至榆河，陰逸民間。語及上、后，則長號。虎問自成何以稱若，復涕泗交頤曰：「兒我。」虎挈抵南京，望見孝陵，伏地悲不能起。夢箕初未信，少年爲述始冠時事。夢箕向爲序班，猶記之。留浹月，送杭州從子成家。久之，少年不堪羈旅之苦，漸露貴倨態。於元夕觀燈浩歎，爲路人所竊指。成懼，書達夢箕，夢箕令載之金華，將圖入閩。然事已露，恐禍及，不得已密疏自陳，並啟馬士英。上命東宫舊侍馮進朝、李繼周持御札召之，諭：「太子果真，朕不難避位。」少年於弘光元年三月朔入京，居興善寺，勇衛營五百人守衛。李承芳、韓贊周、車天祥、劉起龍及北來張、王二内監覘之，一見不覺摳衣跪，二監抱足大慟。士英聞而大怒，立掠之死，繼周亦酖死。張執中、蘇養性、孫珍、李桀、諸進朝、趙國泰、陳爾德、侯有德聞之，環上泣。時都人聞太子來，皆踴躍爭謁，百官投職名者不絶。最後盧九德至，禮甚倨，少年呼名呵之。九德叩頭曰：「奴無禮。」少年曰：「汝來幾日耳，而體腴若此，足見南中樂也。」九德復叩頭曰：「小主自愛。」觳觫趨出。旋傳旨不許私謁。中夜，士英使至：「漏五下，馮可宗以騎迎，竹篦前導，戒僧勿動，起即殺之，遂移錦衣衛。」二日，上御武英殿，召府部九卿科道官及前東宫講官劉正宗、李景濂，中書舍人吴國鼎。正宗、景濂方在獄，士英曰：「若一列名，原官可復。」上曰：「卿曹舊講官，宜詳辨之。」正宗曰：「恐太子未能來此，行當多其詞以折之。」出至讞所，閣臣立朝門側，府部九卿科道侍立，張孫振主筆。少年雲冠緑綈袍，纖好白皙，坐短椅北向。禁兵、士民觀者萬計，有一持梃者，孫振立斬以徇。司禮左監丞馮光禮訟言太子已換，送獄死。一官置禁城圖於前，孫振問之，少年曰：「此北京宮殿也。」指承華宮，曰：「此我居。」指坤寧宮，曰：「此娘娘居。」問：「公主安在？」曰：「不知，或死矣。」正宗曰：「我本講官，汝識否？」問：「講讀何殿？」曰：「文華。」「講何書？」曰：「尚書。」「講讀先後？」曰：「先講。」「終書何字？」曰：「詩句。」「字書幾何？」曰：「全書。」「當日讀若有一个臣，有問難否？」則曰：「忘之矣。」又問：「案何物？」少年怒，正宗瞪目不應。戴英問：「先帝十六年廷鞫吴昌時，太子在中左門何事何語，並嘉定伯姓名？」少年怒曰：「否！不耐汝多言。汝以爲僞，即僞可耳。」諸臣無如何。正宗遂以太子面目不類，所言皆誤上聞。午後，上召羣臣諭曰：「先帝身殉社稷。」言出淚下，拭不成語。已乃曰：「今日側耳宮中，望卿等奏至。如其真也，即迎大内，仍爲太子，詎意非是！」會李沾奏上，徐命取視，付百官會審。三日，阮大鋮自江北馳密書士英，奏請下少年中城兵馬司，並逮夢箕、成、虎。是日更深，乃以肩輿送少年於獄。少年市香燭北向再拜，號呼太祖高皇帝、烈皇帝不已，獄中人皆爲出涕。時内侍皆云太子非僞，特劫於柄臣，和以講幄，上下一口，莫敢直言者。五日，英奏王之明假冒太子，請多官研審。先是，楊維垣颺言：

「駙馬高陽王昺姪孫之明，貌類太子，曾侍東宮，南走遇成、虎，教以詐冒，太子僞也。」英遂據以入奏。六日暮，傳旨於九日審少年，限次日奏。沾猶循例委孫振、何綸、夏繼虞登大理後堂先鞫。會虎被逮杭州，胠其懷，得成家書，内有二月三月往楚往閩語。孫振以爲奇貨，亟以上聞，乃命士民得與會審。七日，内官密疏太子眉長於目，虎牙足痣，骱異恒形，每骱則雙。命九德商之士英。士英疏言：「疑處綦多。既爲東宮，脱虎口，不明之官，走浙江，一也；東宮謹厚，此人機變百出，二也；公主見在奎家，而云已死，三也。左懋第在北，亦云有太子事，則太子不爲自成所害，必死於清矣。舊講官方拱乾在獄，可密諭辨之。假則與臣民共棄之；如真也，留養宮中，不可分封外地，啟奸人心。」拱乾時繫刑部獄，張捷、高倬、正宗先以名帖召至寓，曰：「敬賀先生！此審全在先生一言，不惟釋罪，且可不次用。」拱乾唯唯。九日，百官、舉貢生監、耆老會審大明門外，恐諸鎮滋疑，命提塘官潘茂斌隨審。及審，百官喝跪，少年仍前西面蹲踞。衆擁拱乾前，拱乾大呼：「妄男子，何物黎丘也！」少年一見，即曰：「方先生尚無恙？」拱乾掩耳疾退，不敢應，身居衆後，亦不言真僞。孫振曰：「人言汝爲王駙馬姪孫之明。」少年曰：「我南來，未自稱太子。汝等昧心，亦繇汝矣，但何必改易姓名？」又曰：「御札召我，非我自來，我固不與皇伯爭位。而不嘗立皇考之朝乎，何蒙面如此！」百官竊竊有赧者，有嘆息泣下者。倬、英曰：「既認之明，不必刑。」王鐸曰：「我一人自當之。太子既僞矣，何必多言。」方命加刑，而黄得功請保全東宫疏至，鐸氣奪，叱且送獄。自是朝臣亦不復有敢稱太子者矣。鐸、沾、正宗、景濂合言太子假冒是實，請倏逮成、虎，加刑嚴訊。疏既具，使拱乾署名，辭，沾遂以之明詐冒太子揭示通衢。士英欲借陷高弘圖、姜曰廣，十四日傳諭刑部曰：「虎非奸人，豈敢挾之明冒東宫？二月三月所成何局，往楚往閩欲爲何事，豈夢箕一人能辨？」主使傅會，實煩有徒，命法司窮竟。十五日。夢箕、成、虎均逮至，復會審大明門外。沾令較尉私戒少年，必直言之明，並引某等爲黨，得不窮治；少年默然。及審，沾首呼王之明。少年曰：「盍呼明之王？」沾命上拶，痛呼太祖、皇考皇帝，聲徹内廷。士英傳放拶，沾甘言誘之，少年曰：「汝令較尉屬我，較尉自能言，何必我言！前日追者何處，追者自知，何必我問！」倬見其語切，令扶出。又刑訊夢箕、成、虎，必欲究之楚之閩主使附從姓名。夢箕大言曰：「入他人罪，不能出我，區區之誠，二祖列宗所共鑒也。」虎曰：「家主直言奏聞，我等何能畏死背義！」五毒備至，誓死不承，聞者哀之。二十日，三法司復審少年，三御史登大理寺堂，安聖旨於中，三法司錦衣衛側坐，御史坐稍後，前未有也。孫振持楚、閩語堅。葛寅亮曰：「公等度朝廷兵力，能聲左良玉、鄭芝龍罪而制各鎮死命乎？如其供也，含忍則無法；搜剔則激變耳。」沾等悟，叱寬刑送獄。少年出午門，故伴讀丘致中跪持痛哭，立收下獄掠死。每審，例繇刑部擬稿而後請正院寺。三御史亦往，獨孫振縱筆塗抹，手自爲稿。爰書之擬，孫振一人力也。未幾良玉、劉良佐、何騰蛟、袁繼咸迭疏請保全東宫。史可法請召見，面言處分，不許。上諭曰：「王之明爲駙馬王昺姪孫，避難南來，高夢箕家丁穆虎教令冒認東宫，正在嚴究。若果真實，朕於伯姪之間，豈無天性？況朕於先帝無纖芥之嫌，因宗社無主，不得已從羣臣之請，勉承重寄，豈有利天下之心，忍加毒害於其血脈？至於舉朝文武，孰非先帝舊臣，誰不如卿，肯昧心至此。但太祖之天潢，先帝之遺體，不可以異姓頑童瀆亂宗祏！國有大綱，法有嘗刑，卿不得妄聽妖訛，猥生疑議。」因命法司將審明情節，宣告中外。陳以瑞奏愚民觀聽易惑，故道路籍籍，皆以諸臣有意傾先帝血胤。英亦奏之明狡獪年稚，必大奸尤挾奇貨者，此獄宜稍須時日，使天下共見爲假，毋速結頃刻，使天下妄以爲真。諭且護愛，勿驟加刑，以招民謗；俟正告天下明白，然後申法。爰書久未定，而流言愈甚。未幾，良玉遂稱奉太子密詔舉兵東下矣。安宗出狩，五月十一日昧爽，父老出少年於獄，禽毆鐸，拔其鬚幾盡。鐸曰：「此無與我，士英所教也。」少年亟止之。父老掖少年登極，少年未櫛沐，取伶翼善冠袍服加之，羣呼萬歲，各部寺署官行四拜禮，士民多朝見。御膳止紅盒，盛雞黍，一二内官侍。明日，以鐸爲大學士，拱乾、夢箕並以禮部侍郎、東閣大學士入直；諸人皆跳。嵩江貢生徐瑜、劉甲、蕭甲謁趙之龍，請奉即位，斬之。清兵入，之龍勸避位。豫王多鐸入南京，厚禮之，設宴坐上下，之龍及禮部八人侍，樂工二十八人歌以侑酒。多鐸詰上何以加害？少年曰：「加我極刑，奸人所爲，或皇伯不知。」多鐸諭當予一縣封，以淑女配之。後同安宗北上遇害。

當懋第北使上奏，並與可法書，言北京亦有太子事。初，十七年十一月，有男子投奎家，自稱太子，言北京陷，獨出東廠門，暮出東華門，投賣漿家。居五日，主人爲易敝衣，送崇文門尼庵。半月，養魚太監常進節來，攜歸密室，聞公主在，故詣奎家。奎首於清，執送刑部會勘。研審奎家奴，供稱：「男子初至，奎姪繹即引見公主，抱持大哭，奎飯之。舉家行君臣禮。至晚別去，公主贈錦袍，戒勿再至。閱數日，又至留宿，屬自稱姓劉，說書生理，可免禍。男子不從，揮之出，街市閧然。奎不敢隱，遂執獻官。」清恐生他變，復令公主認之。公主見男子淚下，奎掌其頰，公主驚走，亦言不是。刑部主事會稽錢鳳覽責繹負主背恩，下階毆之，滿尚書不能決，命都督謝弘儀收管。百姓聞太子在，餽送牲牢禮幣者紛至。詰朝，奎具疏聞於朝，即日廷勘，且召晋王求桂及德化、進節，故內官楊玉，羽林前衛指揮李時胤曾侍太子者十人質之。十人一見，齊跪曰：「此真太子。」百姓觀者數千人應之。而求桂及典樂太監賈應庚不謂然，德化亦改詞。應庚爲人痛毆死，太監孫雄懼，亦云太子真。男子曰：「我來視公主，非有他圖。今爲奎叔姪所賣，真與僞等死耳，何必辨！」於是收進節等於獄。鳳覽疏言：「昨奎疏即以真爲僞，亦爲國家除患。此語真情已露，請覆訊。」乃再召求桂、謝陞、馮銓廷質。求桂終不言是，陞、銓力辨其非，執爲劉應統假冒。男子遽呼陞曰：「謝先生，前時某日，先生在某殿講某書某事，猶憶之否？」陞不得已，始一揖，退默不復語。鳳覽遂面叱求桂、陞不臣，復疏言：「前太子危地也，何所覬覦而假之！大臣不認，則小臣瞻顧；內員不認，則外員箝口。然天地祖宗不可欺滅，敢以死爭。」於是朱徽具疏劾奎。正陽門市人紹興鈕良治、趙炳奎、劉邦憲、陳治國合疏救太子，圍陞宅，詈以禽獸。宛平民楊時茂上疏請粉骨碎身以贖太子；順天民楊博等乞留太子，以續嗣祀。疏上，輒收繫獄，而士庶言者不已。多爾衮親詢羣臣，鳳覽與御史趙開心爭尤切，且言人各爲其主。多爾衮怒曰：「真僞不必爭，朝廷自有處分。但求桂勝國王子，陞大臣。鳳覽不遜晋王，百姓毁駡大臣，皆爲無上。」鳳覽下獄。法吏諷之，鳳覽毅然曰：「我自早辦一死，言不可易也。」遂被絞。玉、進節、時胤、雄、時茂，指揮張文魁、申良策，把總鄭國動、張元齡皆斬；開心得免。弘光元年四月六日，東河富民祁八起兵鳳阿營，稱大將軍，衆三千人，諸生楊鳴鳳爲軍師，文安張四負萬夫之勇，與兄三爲先鋒，植滅虜、扶明二旗，聲救太子。清兵至，三大呼速出太子，不然無遺種。兵斫之，四戰死，三呼燃礮，聲未絶而首墮。兵屠鳳阿，八、鳴鳳皆死。順天諸生孫大壯亦起兵京師城北，衆千人，誓救太子，被執，曰：「我非八黨，不必問，其亟還我太子。」腰斬死。十日，清遂榜示太子爲僞，男子與朱六、邵貴、尼真慶絞死。陛亦不安，請告。一日，早朝出，忽遇鳳覽於途，狂言太子命錦衣衛收陛矣，歸而得病，即日頸腫，呼「錢老先生且寬我」而死。事聞，贈鳳覽太僕卿，謚忠毅。尋謚慈烺曰獻愍，慈炯曰哀，慈炤曰悼。魯王監國，追尊謚慈烺曰悼皇帝。

其後永曆五年冬，有人首三皇子在民間，執至南京馬國柱提督署。男子自書：「曰雲庵，又曰一鑑、起雲，威宗三子，本名慈煥，居景仁宮，乳母鄧、蔣，年二十。京師陷，上命中官張甲、指揮黃貴送奎家，不納，藏於民間，自成搜得之，付王體中。求書箑，男子爲書杜甫秋興『聞道長安』一章與之，後題『大明太子朱某』。自成挾向山海關。過通州，馬上失履，人拾進之，父老跪獻果品，曰：『方苦征斂，何德而我戴也。』其人泣，男子亦泣。自成敗，隨體中走潼關、荆、襄，入良玉營，改姓黃，而良玉不知也。兵敗貴死，屬黃蜚，甲不得已以實告，祕之，攜走太湖，託樂安王議淜。之孝豐，議淜入閩，託瑞昌王議瀝。至於潛俞文淵家，假稱座師宋璜子，與湖廣陳砥流友善。砥流改姓名李玉臺，爲日者裝，與當塗夏名卿同之於潛，入姚志卓軍，號召山澤。尋主太學生陳甲家，改姓名孫名卿，以女字之。永曆元年，文淵與邑令有隙，事露，清刊章當塗勘之，不獲。二年正月，爲僧。砥流屢易姓名，同浪跡江北。三年七月，訪寧國諸生沈辰伯，付諸生呂飛六，留家讀書。五年二月，偕砥流就婚名卿家，貧不自存。四月，與砥流議往蕪湖，假銀二十兩買茶。同徽商汪禮仙赴蘇州，交武進楊秀甫、吴中虎丘。尋歷主嘗州鄒延玠、宜興路邁。臨行贈扇，其母餽銀五兩，將回名卿家。不意中以札賈利不遂，出首撫院。吏名捕寧國辰伯、飛六家，執砥流蕪湖，余挺身出，遂並執。」既至，南面席地坐，云：「高皇帝獲元太孫買的里八剌，俱待以不死。今事已大定，我心灰死，清主豈有反不見容之理？」語音慷慨。有司送京，於十二月二十四日遇害。文淵等牽連，死者甚多，語見文淵傳。

十五年六月，渭南執一男子，自稱朱君應，故定王，年三十二，與董易、張珊耀、羅起鳳、李應祥謀引諸番起兵河州營。對簿，不屈死。賈鳳貴、王奇潛通竹谿義師，被執皆死。

二十七年十二月，楊起隆、張子方、金玉環、鄭德勝、王焦山等謀戴慈爀稱定王，起兵北京，改元廣德，以朱尚賢爲護駕指揮，張大爲大學士，李柱爲軍師，陳繼志爲總督，史國賓爲提督，王鎮邦爲給事中，合衆千人，白布裹首，約京城内外放火舉事，集周全斌家。其子公直。家人陳益、黄吉等與焉。公直首之。事洩，尚賢等力拒，矢如雨，卒被執。死者二百餘人，起隆、子方、玉環等逸去。三十四年九月，起隆改名朱次門，與吴應熊假定王命，起事漢中，稱安國大將軍。康熙三十九年，又改名任道士，與慈爀被執鳳翔三河口，送北京死。

三十三年秋，饒餘王阿巴泰至新化楓木嶺，執一僧，自云：「威宗長子慈燦，年十三，走南京下獄，爲民河南，從朽木爲僧，走江、廣二十餘年，病留永州、寶慶，欲聲討三桂，商之軍師戴必顯、姚文明招兵，以三桂死，乃止。」明年，送北京死。

四十六年十一月，僧一念、錢寶聲奉定王起兵太倉，不利。

四十七年正月，大蘭山張念一、葉伯玉等聲奉定王，建元天德，一曰永興，攻慈谿、上虞、嵊縣。事敗，念一入海，董春園、朱兆奇見執。會鞫杭州，稱定王長子和㴱，今改姓名王益字孟發，爲董載臣送曹縣石相佩、相皋家讀書。時載臣死，執其子琅及相佩、相皋，稱益又改姓名張正字之則，在儀封中書周伯章家，歸德教諭王甲知之。如不在，或往宣府西寧在籍訓導李恒燦家。琅等致杭，旋執恒燦，云不識正，羈刑部獄。四月，執俞祥麟舒城，稱定王，又改姓名王士元，在汶上原任饒陽知縣李方遠家授徒。旋執之，與和㴱、和壬、方遠至杭。士元博學，精詩文音律，長身玉立，鬚髮如銀，年七十五矣。見問官，自稱先朝皇子，原封定王，坐而不跪。其對簿詞曰：「慈煥行四，二兄早逝，與三兄同歲，十歲時相別。傳三兄康熙三十三年亦死。京師陷，内官王甲獻之自成，交將軍杜甲，兵敗，隨將軍毛甲耕於河南。清捕急走。年十三，南依給事中王甲鳳陽，從其氏，後改姓名張用觀字潛齋。當十七八年，客授東平張坦洲家。二十一年，識方遠，南歸。四十四年，因載臣授書張月懷。有餘姚胡甲者，與語奇之，主其家，且娶以女。明年，又改姓名何老仙，以拏主長興朱煌家。

聞子和垕、和在、和堃，孫曾裕被逮寧波，妻妾三女子婦自經死，乃之方遠家。和牪、和壬初授徒舒城，未幾亦至。和牪一遊西寧，即歸訓蒙。恒燦、伯章、王雲開爲和牪友，皆不識，念一亦不識。問何以反？曰：「國破親亡，心實痛之，自顧事久年殘，必不可爲，聊晦跡終餘生耳。弘、隆、永三朝建國而某不出，心事已明。」在獄日賦詩不輟。和牪稱主張逮父坦洲，師載臣，爲之娶妻。前年，同兄弟之舒城，招祥麟讀書淨土庵。和壬改姓名張挺，後之東平，及冬，主伯章。聞載臣死，未赴曹。三十九、四十年間，隨載臣讀書相佩家。四十七年，欲往恒燦家。及北京，聞恒燦與太學生李恒炤、諸生李圻、蔚州諸生李夢望被執，乃回方遠家，明年獄具。七月十一日，大蘭山諸義處斬，士元磔於京師，和牪、和垕、和壬、和在、和堃，孫曾裕等，亦論死，方遠等戍寧古塔。蓋至是而威宗之血胤遂絶，明亡。

四方義師輒假太子，定、永二王爲號，而託定王者尤多。永曆十三年，金華張縉自詭太子慈英，嘗依何應元、耿章光南京，稱總兵，在柘城被執，法司研問棄市。其後陳永華創洪門會海上，奉定王爲始祖。清聖祖南巡，有金和尚者，詐立三太子，起兵太湖，謀劫駕，以礮不鳴而止，事洩悉死。所謂三太子者，年七十餘矣，送京死。皆跡近附會，茲不備著。

長平公主徽娖，威宗女，年十六，選太僕卿周大成子世顯尚主。將婚，以寇警止。外城陷，上入壽寧宮，主牽衣哭，曰：「汝不幸生我家！」以劍揮刃之，斷左臂，爲尚衣監何新救起，越五日復甦。清兵入關，上書求爲尼，世祖不許，特訪故主，備禮遣嫁。卒以憂傷成疾，隆武二年八月薨，葬彰義門賜莊。

時妃嬪、公主國變後薨逝者：

光宗康妃李氏，以選侍有寵，撫熹宗，稱西李。光宗不豫，命封貴妃。選侍趣熹宗出，曰欲封后，上不允。光宗崩，猶居乾清宮，大學士劉一燝、尚書周嘉謨、給事中楊漣、御史左光斗力爭之，乃移仁壽殿。北京陷，與選侍定嬪郭氏、襄嬪張氏出宮，久之薨。

温定懿妃傅氏，保定新安人。威宗在潛邸，頗加恩養。及即位，繇咸福宮改奉慈寧宮，晋今封。北京亡，與宮監亢佃潛出歸家，抑抑薨。

曹靜炤，字月士，宛平人，泰昌元年以良家子入宮。北京陷，隨内監劉甲至南京爲尼。

熹宗宛妃任氏，客、魏所進，北京陷，降於自成，入清僞託懿安皇后，有醜聲。舊宮監王永壽白其狀，被執死。永曆二年，天津有張氏者，僞託懿安皇后起兵，亦敗死。

威宗袁淑妃，大興人。父佑，千户。與田妃同入，居翊坤宮，謹飭自持。北京破，上以劍刃之未殊，後數日甦。清給居宅，贍養終其身，永曆五年四月薨，殯葬如禮。妃嬪范、郭、李、馮、邵等，國亡後還家，事皆不詳。

宫人妙音，國亡祝髮京師北城，時談宫中舊事。道玄，陳留人，爲女道士，工詩、左氏。北京亡，在民間浣衣，談孝哀皇后時事甚悉。

又榮昌大長公主軒媖，神宗女，尚固安楊春元，早嫠，有高行。子光夔字允諧，太子太師、左都督，以楊、左事忤璫；光龍字允納，中府都督僉事，北京陷死難。

寧德長公主徽妍，光宗女，尚平山劉有福。有福，萬曆四十四年武進士，美容止，好修飾，累晋太子太師、左柱國。崇禎十五年，慰周王恭枵於彰德。永曆十一年八月，謀起兵北京，被執死。徽妍以帝女，免入官。

贊曰：孝、裕、端皇雖未爲天子，而膺尊號徽稱，典禮俱備，爰本元裕、睿，明興、睿四宗例爲之傳。至悼皇，爲南渡後大案，監國魯王所追崇，不得以跡近方遂而遺之，故以附焉。余向讀諸家記載，諸皇子事，大抵在南者似慈烺，在北者似慈炤。雲庵、士元又似慈焗。然慈焗既依黄蜚，及其入海，何故舍之而奉義陽王朝墠？計六奇謂見李自成者慈烺、慈焗，不見慈炤；錢士馨謂見自成者慈焗、慈炤，無慈烺；張怡謂慈烺薨通州東門外；戴名世又謂東宫於北京，陷逸民間，高起潛遇之皇姑寺，偕浮海抵淮揚，居興教寺，傳聞慈焗之沈，起潛懼，欲加害，高夢箕不可，高成、穆虎挾渡江，起潛之京，微白馬士英，使人追殺不及。蓋事久訛傳，固有不可度者，存疑可耳。

南明史卷二十七

列傳第三

諸王一

無錫錢海岳撰

明南渡後，諸王至舛駁不可紀。清官書載：順治二年，金聲桓奏，克建昌，禽鍾祥王慈𨱏；三年，洪承疇奏，生禽樊山王常炎、瑞昌王議泐；博雒奏，克金、衢，斬蜀王盛濃、樂安王誼石，四年二月，禽周王肖象、益王思恢；八月，聲桓奏禽麟伯王、靄伯王瀘溪山中；五年二月，陳錦奏禽榮王有楨子嵩苗洞，又禽南威王寅衛；九年六月，以槃謀起兵死，大抵不下百餘事。按之世表，百二十字之次，及遺臣紀述，其國其人，百無一合。其尤甚者：三年，博雒奏殺魯王等十一人；四年十一月，楊甲奏禽義王岗；孔有德奏，克寶慶，殺魯王鼎兆、永曆太子爾珠、驪山王埏峣、安昌王埏眷，十三年七月，斬宗室義盛等；康熙三年，李國英奏禽新樂王。烏有子虛，不可究詰。蓋軍士貪俘馘之功，露布沿訛傳之字，崑火同炎，涇渭莫辨，勢使然也。今蒐集舊史私乘，最其終始，著於篇，疑者闕焉。

紹宗莊敬太子琳源　昭宗哀愍太子慈烜　監國魯王世子弘栴 從兄弘枺　潁王由榘　鄧王器塨　陳王聿鏋　沅王慈炆　涪王慈煒　沔王慈熠　澧王慈煇　秦王存樞 永壽王存桑　宜川王敬鑼　崇信王誼洂　敬鐐等　渲瀸等　誼汼　性休　林森　祝仙翁　石哈興

晉王求桂 陽曲王敏渡　西河王敏淦　新堉　慎鏌　敏浮　敏湫　敏濺　敏湞　祖復　敏溏等

周王恭枵 遂平王紹焜　內鄉王在鋆　原武王肅澇　鄢陵王肅汭　潁川王在鏶　義陽王朝墠　臨汝王朝壿　堵陽王在鑣　義寧王在鏓　曲江王朝葼　邵陵王在鉞　東會王肅潔　應城王肅萿　奉新王某　修武王恭棡　汝寧王肅濮　保寧王紹炬　安昌王恭櫄　寧陽王紹炆　仁和王某　朝堼　朝堣　朝霍　在鉉　在錤　恭核　宗正某　章枝　復業

楚王華璧 華堞　永安王華瓔　滎陽王蘊鈐　通山王蘊鉞　通城王英熔　江夏王蘊鋏　東安王盛蒗　武岡王華增　英爕　華圯　華均　華垧　華埼　華圉等　蘊鉌　蘊鏾　蘊鏷　蘊鉋　蘊羅　蘊钀　蘊鑲　蘊鑠　蘊金　蘊鑑　盛澂　盛濂　盛瀣　盛濃　盛灡　盛瀫　盛泳　盛汒　盛湲　盛浗　容藩　寂燈　翠濤

齊王裔睿𤌴 睿熉　睿燧　睿爚　智墭　滋陽王弘懋 鉅野王壽鉤　鄒平王壽硂　樂陵王以泛　翼城王弘榈　陽信王弘楅　高密王弘椅　東原王子弘櫶

壽鉥　壽鍌　蜀王至澍　華陽王至澺　内江王至沂　德陽王至濬　石泉王奉銡　慶符王宣壄　富順
王平欂　太平王至渌　讓栜　宣錜　奉鑈　奉鉫　奉鏂　奉鑲　奉錁　至滲　至溢　山陰王鼎濟
定安王四子　東强王鼎瀰　俊浙　充鱀等　廷堉　廷理　廷鄗　鼐鑢　鼐鐠　鼎姕等　彝檝等　李廷等
延長王識鋅　紳澕　遼王術雅　遠安王儼鍗　巴東王儼鈺　嵩滋王儼錊　益陽王某　光澤王儼
鐵　寧靖王術桂　憲㸌　術珣　儼鉚　儼鋾　儼鑲　儼鏵等　尊倲　鄒王相　慶王倬漼　伸壟　帥欽
帥錞　帥釭　翼王議洐　瑞昌王議瀝　宜春王議衍　樂安王議淜　石城王議滺　弋陽王議澳　建安
王統鐶　謀垔　謀夫　謀雉　謀堡　謀墀　謀理　謀埕　謀鐐　謀晉　統鑭　統鈒　統鐯　統錡　統銓
統錩　統釩　統鐩　統鋌　統錪　統鉟　統鑛　統鎾　統錜　統鑨　統釤　統鈫　統鈶　統釧　統鐦
統鏳　統鐏　統鉡　統鋻　統鏑　統鎮　統錀　統鋑　統罣　統錝　統銮　統鈾　統鈗　統鉷　統晗
議漇　議洿　議澮　議瀘　議澳　議漎　議汴　議鋈　議霂　議泐　議洭　議泏　議洋等　議忝　議
霂　議漆　議黍　議滃　議彬　議潤　議沇　議洞　議瀀　議霶等　議洘　議汶　議㳂　議深　貞吉
奇　熺　奄　弘恩　岷王禋沌　南渭王某　黎山王禋湾　南安王企鉦　善化王禋潭　祁陽王禋泞　禋
潔　禋澤　企錁　企鋑　企鏻　企鈚　企鈺　企鑭　企鈗　韓王亶增　襄陵王逵梚　樂平王子璟滲
長沙王璟湲　謨炌　朗鍖　朗鑠　瀋王迥洪　内丘王迥潚　迥𤅷　迥添　珵瑀　王九式　唐王聿
鐭　安陽王器埈　永興王某　永壽王器圻　西鄂王某　萬安王疇塚　靖江王亨嘉　履蹸　履踉

履跗　履跘等　若讫　若錝　若極等　僧典

紹宗莊敬太子琳源，紹宗元子，母曾皇后，隆武二年六月二十八日生。羣臣賀表，有「日月爲明，止戈爲武」語，上嗟賞，覃恩大赦，蔭輔臣各一子中書舍人。八月薨，賜今謚。

昭宗哀愍太子慈煊，昭宗三子，母王皇后。初，上生二子，奉天之陷，以清兵追躡棄去，與乳母樊氏皆不知所終。慈煊，永曆二年閏三月朔生。五年十月，駕次新寧，册爲皇太子。自後流離奔竄，備極顛危。十一年春，始於滇京出閣講學。十四年，從幸緬甸。時寓公異域，旦夕苟延，而大臣猶請講期；上命楊在授讀。一日，慈煊問：「哀公何名？」在不能對，聞者笑之。明年三月，吴三桂劫致滇京。四月，輦上及慈煊出，進帛弑於行宫。慈煊大駡曰：「逆賊！本朝何負若？我父子何負若？乃至此耶！」薨年十二。鄭經上今謚。公主致北京，將嫁，不二日薨。

監國魯王世子弘桰，魯王二子。長子弘甲，母張妃，紹興監國，册爲世子。江上潰，爲張國柱劫降於清，清沈之錢塘江中，薨。弘桰，母李妃，永曆三年八月五日生，册封世子。弘棅，王三子，陳貞妃生。五年，舟山陷，皆爲申人殺潛挾以去，不知所終。弘甲，乳名留哥，王四子，榮妃生。舟山陷，妃陷清兵，至蘇州，爲順天王守才妻。一夕，有宋氏者攜弘甲至，呼妃娘娘，弘甲小主，自稱王親。六年四月，王命劉忠、鄭登皋、鄭禮詗妃母子，得之，長跪不敢仰視。正擬出重金贖歸澥，爲使女金生出首，致南京遇害。弘桓，王八子。王薨，陳妃明年二月遺腹生，後依寧靖王術桂東寧，娶鄭成功女。臺灣亡，繳金册降於清，爲農山西。

從兄弘枤，魯孝王以派子。兗州陷，與妻張隱泰安天保寨。子孫蕃衍至今。

潁王由榘，孝皇帝次子，安宗弟。萬曆中，封潁上王。崇禎十四年，雒陽陷，遇害薨。安宗立，追封，謚曰沖。

鄧王器壋，端皇帝十一子，紹宗叔。萬曆四十二年封德安王。崇禎十七年六月，居揚州。隆武元年，晋鄧王。紹宗親征，命協唐王聿鐭監國福京。明年三月，上如延平，諭曰：「京中民情安堵，市肆不遷，朕心慰悦。親征原以安民，福京根本重地，王還多方曉諭，禁戢逃兵。朕若早覲孝陵，自有蠲免恩詔。」又敕：「毋私受官民章奏，必繇通政司封進，方不失藩王禮。違者，輔導官方士亮、何九雲治罪。至於詞訟，應歸有司，通政司不許封進。」尋以闕警頻傳，敕力行保甲法。福京亡，走廣州。城陷，遇害薨。

陳王聿錤，裕皇帝子，紹宗弟。南陽陷，死難。紹宗即位，追封，謚曰愍。子琳渼，隆武二年正月册封世子，從征。汀州陷，不知所終。

沅王慈炆，昭宗四子，母王皇后，永曆四年五月十八日生。薨，謚曰哀。

涪王慈煒，昭宗五子，母戴貴人，永曆八年三月朔生。九年八月十九日薨，謚曰悼。

汅王慈熠，昭宗六子，王皇后永曆八年九月二十六日生。九年八月二十六日薨，謚曰殤。

澧王慈煇，昭宗七子，母楊貴人，永曆八年十二月八日生。十年二月朔薨，謚曰沖。

其後康熙四十五年三月，廣通貢生李天極，與富民伎人楊起鳳、蒙自武生朱雲鴻字六非者，以王枝葉託稱昭宗孫，同起兵，建號文興。三年，製「永曆之寶」，散總督、大將軍、總兵、都督僉事劄付，願從者以蓬頭僧、長髮道士爲識。天極能詩文、六壬奇門遁甲。與雲鴻圍石屏不克，期攻廣南、開化，繇蒙自圍省城。先是，有嵋峨魏訓導孫四甲，以不率教出亡，雲鴻奇其貌，引歸。已師宗武生朱漢泗以徵糧得罪，走附雲鴻，相與導四甲稱上孫，改姓名王枝葉；又向聞天極名，欣然共事。雲南督標千總林甲、撫標領旗蒙自張平山、富民練總開化楊春榮附之。文檄封拜，皆歸天極，漢泗心銜之。天極期於九月霜降較武時舉事省城，六門各伏數百人，四甲潛衆城内，放火爲號，六門標兵應之。是午風雨，督撫下令次早行禡祭禮，不出城。忽文興封入，上下大駭。一日，漢泗自首，執四甲、春榮富民响哨山中，天極廣南蠻中，皆死。林甲自刎死，平山、雲鴻走死。

秦王存樞，秦肅王誼漶子，太祖十一世孫，萬曆十五年襲封。崇禎十六年，李自成入西安，妃秦不屈薨，存樞降，爲權將軍，從至北京。自成敗，降清。隆武二年四月九日，有人訐存樞與晉王求桂、荆王甲、德王由櫟、衡王由棷、潞王常淓謀起事。五月，與安宗等十七人同日遇害。弟存極，誼漶四子。弘光元年五月，孫守法奉之起兵，開邸五郎山，稱漢中王。隆武二年四月，與孫守法遣官入賀福京。後武大定奉入四川。永曆三年，趙榮貴奉稱秦王，攻階州，兵敗，投紫水河死。

永壽王存桑，永壽王誼況子，萬曆四十五年襲封。降自成，崇禎十七年執至山西遇害。

弟存梧，永曆三年從賀珍謁肇慶，襲。五年，至房山，與韓王璟溧合，聯絡潼關清兵及拐河山忠義。以公印三、關防二十三，與鎮國將軍敬錇，攜往三邊會兵。存梧於河南散布劄付，謀於十年正月十五日，借看燈爲名，在雒陽起兵。事敗被執，與韓標、萬有、郭從信、傅永庫、孫永太、王廣新、張秀宇、李維翰、司鳳樓、雷可秋、亢從業、張鳳、張維、郭自俊、林順、王國才、陳獻方、王襄、蕭吴才、褚海、甄家璧同死，惟曾士俊得免。

宜川王敬鑵，宜川思裕王秉楀曾孫，太祖九世孫。秉楀無子，不知何以得嗣，襲年不可考。永曆六年，孫守全奉起兵紫陽。未幾，兵敗遇害薨。

崇信王誼洂，秦靖王敬鎔子，太祖十世孫，萬曆二十三年，以奉國中尉加封。永曆四年，居惠州，黄應杰、李士璉畔，與鄧妃及二子自經薨。

敬鐐，秦王裔，天啟元年舉於鄉，建平知縣。敬錖，秦王裔，崇禎十二年舉於鄉。敬鍌、敬瑬，秦王裔，崇禎十五年舉於鄉。敬鐭，字季量，秦王裔，工詩。敬聚，字質楚，秦王裔，去諸生，隱空同山。敬銘，字二玉，秦鎮國中尉懷堲子。國亡，諸王散居州邑，以母爲氏。

誼瀎，秦王裔，崇禎六年舉於鄉，知縣。誼泯，秦王裔，舉選貢，齊河知縣。誼溺，秦王裔，崇禎十二年舉於鄉。

誼泙，字子斗，秦永興奉國中尉，才情横溢，詩文領袖關中。國亡，隱灞川，改姓名楊瑞，卒年八十。顧炎武訪之，其子存杠出所著以見。時有青門七子，皆宗室之賢者，誼泘其一也，六子不可考。存杠改姓名楊謙，字伯嘗。

又性休，秦王裔，諸生，工詩文草隸。國亡，爲僧空同。晚居沁州永慶寺，名尺木。

林森，秦王裔。國亡，易姓名，徙興平孝義村。

祝仙翁，秦王裔。國亡，入華山爲道士，卒年八十二。

石哈興，秦王裔。國亡，易姓名，爲傭真安。身長七尺餘，通經史、天文，力能扛鼎。其徒宋釋之，佐張勇平吴三桂歸，大陳金帛，延哈興。哈興厲聲曰：「吾以君爲非常人，乃爲人作嫁！反啗我耶！」不顧而去。後入華山終。

晋王求桂，晋穆王敏淳子，太祖十一世孫，萬曆四十一年襲封。崇禎十七年，李自成入太原，降。隨至京師。自成敗，間亡吴三桂軍，降清。北京有太子事，命識認，執爲僞，賜金二千。十一月壬辰，安宗猶敕慰。隆武二年五月，與安宗同遇害。

陽曲王敏渡，太祖十世孫。陽曲王鍾鍑革爵，子孫以本等官職管理府事，不知何年襲封。

西河王敏淦，西河王新甄孫，不知何年襲封。福京陷，遇害薨。

新堉，晋王裔，太祖八世孫，選貢，授成縣知縣。國亡，隱秦州麥積崖，詩酒以終。

慎鏌，慶成王裔，太祖九世孫。姜瓖反正，授潞安知府。事敗，死。

敏浮，慶成中尉。兄敏濛，鎮國將軍，死自成兵。敏浮崇禎十五年舉於鄉，有賢行。顧炎武嘗訪之汾州陽城里。

敏敉，選貢，青州通判。清兵至，走。

敏濺，醴泉知縣。

敏湞，歲貢，安塞知縣。

祖復，字立禪，晋王裔，爲僧廬山、茅山，精修禪定，最後入永昌寶臺山。國亡，不食死。

當自成入北京後，命韓文銓逮晋宗室四百餘人送西安死。及敗走西安，留陳永福守太原。恐宗人起事，崇禎十七年八月八日，閉門執睢州知州敏溏、張秋通判新堺等千餘人，殺之海子堰。有慎鉦者，以老得免，曰：「宗人盡矣，義不獨生。」延頸受刃死。宗女皆没於兵。明日，諸宗赦下，村居者皆免。時諸宗室居忻、代者，自成敗西行過之，亦殺戮殆盡。

周王恭枵，周端王肅溱子，太祖十一世孫，萬曆四十七年襲封。崇禎十四年，李自成圍開封，恭枵出庫金五十萬餉守陴者，凡斬一級予五十金，兵民踴躍。自成穴城，守者投以火，爇死不可計。攻七晝夜不下，解去。明年正月，上褒諭曰：「此高皇帝神靈，憫宗室子孫，維城莫固，啟王心而降之福也。」四月，自成復圍城，采樵路絶，至八月食盡。九月，河決城圮，率宫眷露棲城上七日夜。侯恂以舟師至，乘夜濟免。事聞，賜書慰勞，並錫帑金文繡，命寓居彰德。十七年南下。四月，薨於淮安舟次。命於安吉、孝豐卜葬。孫倫奎，弘光時襲封，居蘇州城外，復移湖州。清兵至，妃等見執。倫奎居蕭山，旋移江西。福京亡，走廣州。城陷，與世子遇害演武場薨。弟某，從鄭成功海上，後事不傳。及吴三桂起兵，猶移書清聖祖，自稱「大明罪臣立太祖世孫周王子」云。

遂平王紹焜，遂平王恭欏子，太祖十二世孫，不知何年襲。崇禎末，自成入河南，接戰，身中流矢，負重創。北京陷，隨諸王南走。弘光元年春，疏請往河南招集義旅，不許。南京亡，之嵩江，與吴志葵起兵。事敗，走佘山，改姓名程隱生，依吴易太湖。易潰，隆武元年八月，走總兵吕國興營。未幾，國興降清，職方主事楊謨及魏康侯奉走嘉興王店，欲赴閩粤，不果。縣主尚監國魯王將蔡喬。十一月，依宋元調上海。有周之芳、魏文之劫紹焜資，錢甫首其事於清，遂與妃高、陳及二女見執。永曆元年正月，與謨、文之遇害南京薨，元調瘐死。紹焜志氣果敢，言及國難，輒悲憤流涕。其薨也，人咸惜之。

内鄉王在坙，内鄉王朝𪍿子，太祖九世孫，萬曆二十九年襲封。清命有司送北京，不知所終。

原武王肅㶇，原武王在鋽子，太祖十世孫，不知何年襲。南京亡，爲僧。永曆元年春，厲豫、張華山奉起兵，以隆武爲號，有衆千人，舟百。復廟灣，攻淮安車家橋，中伏，死者殆半，周文山奉入海。九月，復以衆八百入淮安，攻總漕署。天明敗績，華山等死者百八十人，肅㶇、豫走。十月，僧惠光被執興化。二年正月，孫盛宇、張雲龍、晏瑞芝、張龍宇、朱二被執如皋，肅㶇與子恭梟被執北場，張德、徐胤文被執泰州，皆死；丁文垣走免。

鄢陵王肅汭，鄢陵莊和王在𤧞子，天啟元年襲封。廣州陷，遇害薨。

潁川王在鏶，潁川王在𨫼子，萬曆三十九年襲。隆武二年降清。

義陽王朝墠，義陽王勤𪐝子，太祖八世孫，不知何年襲。安宗立，命居太倉。南京陷，田仰、黄蜚、荆本澈、胡來貢、顧容奉駐崇明，陳舟師崇明，以至楊舍、狼山，號稱二十萬。沈猶龍亦奉起兵嵩江。兵敗，依成功中左所。永曆十二年七月，與成功北伐，次羊山，舟覆，薨。妃杜、宫娥張，於舟山陷，從魯王陳貞妃投井。

臨汝王朝壿，臨汝王畦隆孫，不知何年襲。弘光初，居嘗州。

堵陽王在鑲，堵陽恭懿王朝𡑞子，萬曆四十年襲封。安宗立，請居上海，不許。永曆二年，馮弘圖奉之起兵和、廬間。兵敗，遇害薨。

義寧王在𨭌，義寧王朝𡐓子，萬曆二十二年襲封。

曲江王朝𧄼，曲江端靖王勤㸌子，萬曆三十八年襲封。入清，有司送北京，不知所終。

邵陵王在鉞，字西炤，邵陵王朝塍子，不知何年襲。自成兵起，被執得脱。南京亡，唐彪、施普、吴振甫奉之恢復，數仆數起。永曆六年後，居湖州白竹隝。上命與福建義師相應，各邑景附，軍聲大振。兵敗被執，從容談笑薨。

東會王肅溧，東會王在錙子，萬曆四十年襲封。隆武元年十二月，朝福京，賜春宴銀。廣州陷，與長子恭榤遇害薨。

應城王肅䓊，應城王在錠子，萬曆二十二年襲封。入清，與子恭霌、國祥送北京。

奉新王某，奉新王在錝子，不知何年襲。靖江王亨嘉反，執致建寧，紹宗命加管束，隆武二年薨。朝逵，恭僖王勤棚子，不知何年襲。依成功東寧。降於清，屯田河南。

修武王恭梱，修武王肅灦子，不知何年襲。崇禎十七年致北京。

汝寧王肅濮，汝寧王在淦子，不知何年襲。隆武二年二月致北京。

保寧王紹炬，保寧王恭甲子，不知何年襲。崇禎十六年，爲自成所掠，封桃源伯。已自河南走南昌。以舍人無狀，仇於民。南昌降，走建昌。傲睨好談兵。益王慈炲起兵，招同城守，爲大元帥。會趙應選以滇兵援南京不及，慈炲留助戰。戰初合，滇師善用槍，衝清騎，大破之。而紹炬密款清將王體忠，從陣後箭傷滇兵、象，總趙甲死焉，遂大潰。慈炲敗，紹炬降清。至忠誠，爲都綱所殺。

安昌王恭梟，安昌王肅漟子。初以長子朝福京，隆武二年六月襲封。辟蘇兆人、朱甲、衛淇園、周鉉升、陳秉生爲長史。鄭芝龍降清，恭梟與周鶴芝等流涕極諫，不聽。及鶴芝移軍海口，遣其義子林皋隨恭梟徵兵日本，不得要領而還。海口陷，走舟山，不知所終。兄弟子姪皆執死。長子甲，舟山陷後，從母妃挾印爲僧杭州，行遯四方。先，永曆初，有嘗熟嚴君甫，以賣藥爲生，與商人錢佩蘭、嵩江諸生單恂、武進諸生蔣曜，宗室栱榈、光輔及金仲美，往來直、浙，立大乘、圓敷諸教。栱榈改名曰生，光輔改名二官。十三年，謀與黃安、邵臺臣、王君蘭、張迎仙、徐大生、趙同庵、吴先生奉甲起兵。十九年四月，甲、光輔、淩天等至上海，僧六如迎居泗涇龍珠庵。以仲美、宗韓爲總兵，陳山爲遊擊，臺臣爲糧道，陳爵爲練兵官，胡文闇爲中書舍人。造旗印，招兵散劄。事露，皆被執。甲、光輔、仲美、安、臺臣、天、韓、山、文闇、儀賓趙士良，及趙君英、楊琮、徐尚侯、談應魁、艾秀甫、秦壽、何瑞甫、徐鉉官、郁瑞榮、林秀芝、火卯、顧弘遇、殷二、金連、趙米、曾酉、孫良卿、徐實甫、徐元仲、吕道生、嚴大、楊大、馬景山、邵羽明、鍾礎石、田念修、火寅、金六、侯小留、范貴淩遲死；君蘭、張新野、徐孟溪、柳化成、吴月官、戴維仁、莊寶墀、沈仁、周文生、陳廷寀、吕君融、許冬、王酉、吕茲受、金少山、沈耀山、湯二官、楊仲芝、周濬、談二、金伯仁、僧六如、道隱、秦紀、徐成茂、陳元、顧顯言、周玉、張承斌、姜雲臺、宋鳴岐、曹慶、姚瑞甫、吕文運、諸愛石、馬二客、史六侯、柳敬文、彭雲偕、唐二、唐三、周六相、孫賀芳，上海諸生傅純一、蔡宿一及郁氏婦皆斬，唐三妻顧、尼徐妙真以匿光輔，祖母、伯母不出首，亦死於獄，一時株連死者八十餘人；惟栱𣔻、乾官、蔣大倫、李克方、畢完楚、孫華吾、沈子玉、吴銘甫、王君寶、淩達子、張六、宋德、沈沖霄、楊福、孫少山、陳君山、趙能、韓元贊、戴三官、張科、朱德、劉高甫、張君賢、道體、趙相公、張二、徐元官、王瞻雲先事脱去，君甫入勞山爲僧。

寧陽王紹炆，寧陽王恭㦛子，不知何年襲。同恭枵守開封，城潰桴濟。入清，送北京。

仁和王某，恭枵二子，崇禎十七年封。隨守開封。弘光時，居無錫。南京亡，不知所終。

朝埑，周王裔，崇禎十三年進士，授行人。

朝堈，周王裔，舉於鄉，自鄆城知縣謫寧國炤磨。

朝霍，周王裔，興平知縣。

在鉉，周王裔，選貢，棲霞知縣。

在錤，周王裔。弘光時，與黄毓祺守江陰。兵敗，依吴勝兆。永曆五年，監國魯王拜兵部尚書、東閣大學士，督師江北，賜尚方劍，便宜行事。八年十二月，陳德奉之起兵通州、泰州，棲房基，稱東平王，有衆千人，將應張名振。爲下所首，皆死。

恭枝，周王裔。永曆九年，任國璽薦授總兵。六月，謀起兵豐城，與監軍鄧奇、副總兵楊守全、遊擊甘伯龍，皆被執死。守全，字義卿。伯龍，字雲從。

宗正某，周王裔。福京亡，與妻走廣州。妻有殊色，工詩書，城陷，曰：「無留髮地矣，君宜自裁，妾請先之。」宗正沈吟，妻則入室自經，宗正脱之。俄清兵至，將宗正去，妻追半道不及，觸石死。宗正後亦遇害。郡主某，廣州陷，儀賓死難，郡主遁潮州爲尼，名日曜，人稱王姑庵。

章枝，字嵩鶴，周王裔，美鬚髯，風骨偉異，兼工書詩。國亡，與子雲萍爲道士廬山。

復業，亦周王裔。康熙五十七年四月，蘭陽勳裔郭英奉養於家，詭名袁進，合白蓮教首李雪臣、興邦父子。尋主諸生李山義家，謀起兵不克，死。

楚王華壁，楚恭王英燿子，王華奎弟，太祖八世孫。張獻忠破武昌，華奎遇害薨，弘光時謚曰貞，永曆改謚曰定。華壁，萬曆九年封宣化王，不知何年晋封。安宗立，上中興議。靖江王亨嘉反，執致建寧，紹宗命華壁及淮王常清會議，廢爲庶人。出居衢州，城陷，遇害薨。

弟華堞，字用章。讀書審大義，性慈愷，以至誠與人。武昌陷，以護國將軍上疏請結義兵，宣諭山寨，與舒益生身先擊寇。北京亡，與宗室盛瀓、盛濂避洞庭。南京亡，力説潞王常淓監國恢復，不從，裂冠帶擲地，易衰絰，誓曰：「不復中原，以此老地下！」旁觀皆爲感涕。弘光元年閏六月，各郡鄉鄙不約一日稱兵，王教主起以數百人最先指杭州，華堞間迎，下拜曰：「公等爲江南反戈第一，二祖列宗之神靈實式憑矣。幸好爲之！」遂同破關入。兵寡不利，走。會湖州兵起，王期昇迎盛瀓於洞庭，乃與共事。合金有鑑兵，鋭甚，復長興諸縣。隆武元年八月，援盧象觀湖州北門，手刃清兵百餘人。敗，謁監國魯王紹興。時徽州陷，清守未固，華堞至，鼓衆志恢復。下縣亦不守，還紹興。王命督浙、直義師，錢肅樂、馮元飂咸會。鄭遵謙議奉移屯瓜里。以陳潛夫疏止諸師，復次蕭山，陳兵江上，從者甚衆。魯臣以其有功，甚之。封新安王，不拜。紹興亡，欲再起兵長興山中，不果。二年八月，紹宗命襲封楚王。永曆三年六月，以憤激自剄，薨於北芥山石磴之上。遺臣監等以禮葬之，百里之内爲之慟絶。華壥，永曆三年七月襲封，後遇害將樂薨。世孫盛治，在鄭成功軍，十六年被執福京死。

永安王華堧，永安恭順王英燧子，不知何年襲。永曆十年，與總兵、知府、土官一百五十餘人，自廣西降於清。

榮陽王藴鈐，榮陽王顯休曾孫，太祖九世孫。顯休以罪自盡，國除。隆武元年十一月襲封。八年八月〔一〕，閔士英等奉之起兵攻徽州，敗績。永曆二年二月，率苗兵十二營復黎平，爲陳友龍所敗。諸營俱潰，獨興化土司迎奉國將軍煇奎入寨，以兵千人拒守。寨陷，煇奎死。藴鈐於十一年二月，與總兵李盛功，自雲興降於清。

通山王藴鉞，通山榮悼王華埌子，隆武中襲封。廣州陷，遇害薨。弟藴釪，永曆二年二月襲封。上在奉天，清兵陷永州，兩道並進，劉承胤密款，朝臣皆不知。藴釪急請召對，言：「虜騎逼，猝至，當如車駕何？」上懼，召承胤問之。承胤大怒，固詰言者，語不遜。上不得已，良久曰：「宗臣藴釪。」承胤洶洶出，遇藴釪宫門，毆之墮齒。藴釪遯去，從瞿式耜桂林，獨先勸輸。郝永忠至，力請式耜鎮壓。楚師出粤，親冒鋒鏑，調停主客。式耜、何騰蛟屢請晉紹楚封。四年十一月，清兵陷嚴關，諸將皆潰。藴釪涕泣馳告式耜，曰：「先生受命督師，全軍未虧，盍入柳爲恢復計？社稷存亡，繫先生去留，不可緩也！」式耜謝之，藴釪乃走。通城王英焀，通城懷簡王顯柜子，太祖七世孫，不知何年襲。永曆初，居桂林。皆不知所終。

〔一〕八年八月：按隆武無八年，疑爲二年八月之誤。

江夏王蘊鋏，江夏王華埴子，萬曆三十九年襲封。永曆時，陳奇策奉之起兵海上。十三年三月，入上思、太平、江州，居上思羅坡村。閏三月，清兵至那坡村，與南寧知府姬玿被執，薨；妃從殉。

東安王盛蒗，東安王英燧曾孫，太祖十世孫，不知何年襲。昭宗幸滇，走川東，劉體仁、郝永忠等敗死，盛蒗與内官党甲被執於小尖寨，遇害薨；文臣從死者七人，監視太監潘應龍自縊後溪河死。

武岡王華增，武岡王英櫍子，萬曆二十八年襲封。南京亡後，起兵徽州，其詳不可考。

英燦，字復禮，東安王裔，以賢良方正官中正。敦詩悅禮，以孝友聞。武昌陷，與子華㮯削髮居孝感。威宗凶問，振衣盥手，北向再拜，自經死。

華圮，楚王裔，選貢，德化知縣。左良玉兵至，死難。

華埛，楚王裔，選貢。紹宗立，數遷雲南道御史，巡城，管保甲。

華均，楚王裔，恩貢，嵩縣知縣。

華埼，楚王裔。永曆三年九月執死。

華圉，字仲叔，楚中尉英炤子。博通古今，學宗王守仁。國亡，隱桃溪，易名陶朱公。子蘊鉉、蘊釷，國亡，各去「金」旁，曰宏、上，爲僧永昌。

蘊鈢，字玉藻，楚王裔，保縣知縣，與訓導錢養昆修南堡。

蘊鏊，楚王裔。崇禎十七年授徐州知州。

蘊鏷，楚王裔，歲貢，浪穹知縣。

蘊鉋，楚王裔，歲貢，光山知縣，攝息縣。

蘊羅，楚王裔，舉於鄉，蒲江知縣。崇禎十七年張獻忠至，巷戰被執，一門死。

蘊鑬，楚王裔。永曆三年七月，清陷黃州三百寨，被執死。

蘊鑲，楚王裔，光山知縣，復城。

蘊鑠，楚王裔，歲貢。隆武時，崇仁、寧洋知縣。諸生廖淡修、范元會稱勤王，大掠，斬之。

蘊金，楚王裔，選貢，授衡州同知。永曆三年九月，起兵耒陽、永州。累擢僉都御史，巡撫沅、興。十年十月走，入爲通政使。十三年，扈從入緬，先陸行，遇害。

蘊鑑，字衷白，楚王裔。邵起奉之起兵。後官雲南。國亡爲僧，曰不錯，結楚雲庵浪穹標山，坐卧三十年。工詩，與唐泰唱和，清微淡遠，多弦外音。

盛澂，字青潮，通城王裔。弘光時，授劍州知州，未赴。南京亡，與弟將軍盛濂、盛瀣避於太湖西山，易姓林氏。閏六月十八日西山人蔡永新，任俠好義，與王期昇、吴景亶及故嘉湖道弟辰州俞時芳等奉之起兵，稱通城王。期昇攝内事，設六總兵，以永新徐震海、許燮、徐奉江及參將程可久等分將之。初，山中人或夢揭竿其地，上書「青潮」二字，而盛澂字適與之合，衆以爲祥，故多應之者。時金有鑑、陳萬良等亦聚衆起義浙江，盛澂檄至長興，有鑑、萬良箋賀。乃遣盛浲、燮將千人會復湖州，命景亶、王士譽守焉。盛澂、盛瀿入長興、孝豐，會瑞昌王議瀝、姚志卓及總兵屠甲來會，築土木城各一於水蕩莊。命甲攻桐廬、分水、新城，甲復新城。已盧象觀、葛麟以所部至西山，與期昇合營，軍頗盛。而期昇性貪，多剽掠，鄉民引清兵進攻，象觀等敗死，奉江降清。盛澂以小舟亡，景亶亦棄湖州走，盛浲死。清兵間襲長興，盛瀿死。隆武二年二月，命副總兵包酉上疏福京，已退屯湖中。知事不可爲，以衆付吴昜，走衢州。清兵至，督守三門。城陷，曰：「金枝玉葉，惟有死耳！」遂自刎。

盛濂，宿遷知縣，崇禎十六年，與王之仁力拒清兵，卻之。湖州陷，之夾浦湖口。清兵至，總兵汾陽張圖南力拒，投水死。盛濂中矢，間道走海鹽招兵，命遊擊楊甲通盛澂及舟山。事洩，潛鎮江、揚州、蕪湖，回鎮江，從子鳳毛爲僧焦山，與妻弟覃夫爲刻印散劄，盛濂子谿泰妻父貢生譚典若、御史蔣拱宸從之。家人李興訐於清，皆被執。永曆七年春，盛濂死。

盛瀿，雲南知州。新城復，與姚志卓、金有鑑、吴和尚、將軍王甲屯孝豐子午嶺。兵敗，自刎死。

盛濃，字揚廷，通山王裔。弘光時，與武弁周維幾爲馬士英訐黃澍陵逼宗室，嚴旨逮問。士英因薦授池州推官，遷知府。澍嗾左良玉兵東下，盛濃爲之也。池州陷，走石埭。隆武元年七月，起兵復石埭、青陽。與吴應箕合復池州不克，分兵復建德、東流。八月，遇清兵大嶺，戰數捷。九月，兵大至，盛濃不能禦，退甲子嶺。十月，建德、東流陷，走依吴易太湖。易敗，走浙東，紹宗遷浙江道御史，巡按廣、饒，兼學政，駐鉛山。疏請實行訓練兵卒，上曰：「兵宜練膽、練力、練氣、練忠義，方成勁旅，不可放礮吶喊，如兒戲故態。」已復屢疏請入覲，許之。會聞汀州變，乃走肇慶，調廣東道，掌河南道。永曆元年春，擢兵部右侍郎，總督兩廣，協瞿式耜守桂林。清兵將至，託請兵，走靈川，上以于元燁代之，改盛濃刑部。明年，李成棟反正，隨扈肇慶。時馬吉翔、龐天壽擅政。成棟疏論廠衛不得干機務，二人大憾，造蜚語上聞。盛濃信其言，遂揣合成棟意，請奪天壽所掌勇衛營歸李元胤。疏入，上切責，盛濃乃沮。四年十一月，從幸潯州，轉兵部尚書，總督京營戎政。陳邦傅縱兵大掠，一門自火死，盛濃入瑶山，據險練兵，圖恢復。九年九月，與弟盛添，副總兵萬總、王心，千總鍾守御，典史蔣乾相，起兵富川，守菜地沖。寨陷，監軍道周士顯死。十月，茗山諸寨陷，心及其兄恩長子文鼎戰死；盛濃、盛添、乾相被執死；守御與總兵湛志倫，千總蒙時貴、周居道降於清。餘衆敗績龜石源，劉登會、麥有成、王勝章、瞿金科戰死，十總毛文范、龔昇科、莫應龍降於清，一軍俱歿。

盛㵎，楚王裔，選貢。永曆中，自吉安通判累遷廣西布政使。清兵進，遁去。

盛凝，楚王裔，選貢。永曆中，官大理評事。上在南寧，瞿式耜命迎駕，累陞寺丞，從守桂林。

盛泳，楚王裔。永曆中，官賀縣知縣。

盛汒，字宇三，楚王裔，崇禎十五年舉於鄉，隱於詩酒。

盛湲，字巽吉，楚王裔，諸生。武昌陷，突圍出免。好義振，活數萬人。

盛浗，字忍生，楚王裔，有學行。武昌陷，以宗人被逼入江，没三十里免，入梁子山，易名謝世仁。通丹經，詩不作開天後語。卒年七十。子容楝，字二安，以醫稱。清薦太醫，不受。享年九十。

容藩，字石渠，楚王裔，太祖十一世孫。無賴，不恥於王府，逃入左良玉軍，冒稱郡王，諸將惡之。走南京，賄馬士英，以鎮國將軍監督楚營，幾激變。已李自成餘衆入楚，復入其軍，稱楚王世子。衆大喜，欲立爲王。既疑其詐也，乃止。昭宗立，赴行在，言兵中情形甚悉，丁魁楚信之，薦於朝，命掌宗人府事。程源與容藩交甚歡，謂之曰：「川中諸將，兵不下數十萬，吾兩人各請總督之職，公督東北，我督西南，虜不足平也。」容藩喜，具疏請之，授兵部右侍郎、僉都御史，總督川東。及上移蹕桂林，覬入閣，受命不即行。上怒，削其職，將誅之。容藩賂天壽爲言於太后，乃赦之，復其官，遂繇辰州至施州入川，假稱楚王世子、天下兵馬副元帥。適王光興爲清兵所敗，無所歸，不知其僞，與李占春、天大海之衆均附之。清兵自重慶順流下。永曆元年七月，命占春、大海截擊萬縣湖灘，清兵敗走川北。容藩得三人兵十萬，益恣肆，遂稱楚王監國，旋改吴王，鑄副元帥金印佩之，改忠州爲大定府，所居爲行宫，府門爲承運門，設祭酒、科道、鴻臚等官。封光興、占春、大海、楊朝柱、譚弘、譚詣、譚文、楊展、侯天錫、馬應試爲侯伯。以張京爲吏部尚書；程正典爲户部尚書，總督四川；胡平表爲禮部尚書；劉道開爲祭酒；朱運久巡撫湖廣。十一月，容藩率占春至重慶，會李乾德，諷擁戴；占春不許。容藩命占春襲袁韜不克。夔州瀕江，有天字城，容藩改爲天子城，以爲己讖，部衆數千居之，白蛟龍、楊秉胤爲護衛。封石柱、酉陽土官爲伯，挂將軍印，厮養鑾僚授監軍、總兵之職，盡殺宗室之流寓者。時干戈阻道，文告不通，諸將士多爲所惑，競往歸焉。錢邦芑疏劾之，傳檄各大鎮，封稿達堵胤錫，期共討。胤錫率馬進忠繇施州乘舟入蜀，見容藩，正色責之。容藩曰：「聖駕播遷，川中不知順逆，聊假名號馭之耳。」胤錫訶之曰：「公身自爲逆，何能服畔逆乎？公再不悛，錢公率兵下，吾截其後，川將皆朝廷臣子，誰爲公作賊者？」川東文武始知容藩名號之僞，多解散者。吕大器至涪州，占春來謁。適容藩有牌至，大器視其銜，笑曰：「副元帥，非親王太子不敢稱；天子在上，何國可監？此人之畔明矣，而等受其官，必不免。」占春曰：「討賊以贖罪若何？」大器許之。三年五月，容藩攻石柱不克。占春整師至天字城，容藩敗走夔州，匿草舍中，爲土人禽獻，斬之；蛟龍亦被執，川東悉平。郡主某尚岑甲，通兵法，武勇工書。甲以大破張獻忠功官總兵，守荆南，郡主時出奇計佐之。卒以兵寡不敵，城陷，突圍出。國亡，偕隱南直。

寂燈，字天放，楚王裔，主儀真東園十笏庵二十年卒。

翠濤，楚王裔，工詩，有志節。國亡，居衡州，與王夫之友。

齊王裔睿昝，字翰之，太祖七世孫。山水有生趣。國亡爲僧，名七處，構屋南京南郭，瓢笠蕭然，不輕落筆。子智鄌，字思遠，去諸生，入溧水山中。工詩畫，有父風。

睿熉，字四臣，副貢，廣信推官。

睿燧，字冷庵，爲草堂石城。能詩，與余大成、淩世韶續蓮社故事，逃禪終。

睿燴，字渤海，精詩畫，法倪瓚。

智熾，字炎洲，太祖八世孫，孝友工詩。以宗長管理齊宗，情法兼施。弘光初，議復齊封，不願，之青州，改封鎮國將軍，隨班朝謁，列勳臣後。已請換授官，不許。國亡，改名鄒復之。

滋陽王弘懋，魯滋陽王以洪子，太祖十一世孫，不知何年襲封。李成棟反正，起兵惠州山寨，稱翊運大將軍，衆數萬。請出師北伐，杜永和不允，黄應杰患之。成棟延至廣州，弘懋命總統十三營總兵馮明高率三千人助守南雄。永曆四年，李士璉以惠州畔，誘執諸王，杜永和不允。弘懋聞變，衣冠出，面無戚容，大罵士璉逆臣，遇害薨。妃孔，元年葉南芝奉居龍南，與子爲清兵執，薨。繼妃某，色美，應杰將辱犯之，不從，贏上衣閉室，乘間拆下衣縷自經薨。弘懋妹興寧縣主，尚陳文升。文升字叔薦，惠州興寧人，諸生。縣主年九十五，文升年八十五，以壽終。

鉅野王壽鏴，太祖九世孫。鉅野惠榮王觀熰無子，國除，不知何所出，隆武中襲封。廣州陷，遇害薨。

鄒平王壽硂，鄒平康順王頤在子，萬曆三十三年襲封。衢州陷，遇害薨。

樂陵王以泛，樂陵王壽鎬子，太祖十世孫，天啟元年襲封。永曆三年十月，被執遇害薨。

翼城王弘㭕，翼城王頤𡐤曾孫，不知何年襲。福京亡，遇害薨。

陽信王弘楅，陽信王以澍子，萬曆四十三年襲封。亦薨於士璉之畔。

高密王弘椅，高密王頤封無子，國除，不知何所出，隆武中襲封。廣州陷，遇害薨。

東原王子弘橞，東原王以源子。崇禎十七年五月，清兵入山東，降。

壽鋏，字桂林，魯恭王頤坦子，崇禎中，官臨安通判，有聲績。弘光時，與陳賡募兵勤王，多驍武。紹宗擢僉都御史，安撫雲南。孫可望至曲靖，與總兵孔思誠、副總兵孫守約、通判張京元堅守。思誠等降，知不免，張麾蓋往見可望，行三揖禮，曰：「謝將軍不殺不掠之恩。」脅之降，不從。繫之他所，題詩壁上。或以告可望，遂遇害。

壽鋆，降清，官赤城道，以罪死。又魯敬王壽鏳妃何氏，國亡後，清命優養，以壽終。

蜀王至澍，蜀恭王奉銓子，太祖十世孫，萬曆四十四年襲封。世傳獻王椿得鴻寶書於内府，子孫善黄白術，故蜀府最稱富。北京亡，衆議奉監國，以楊鏘、齊瓊芳、楊鑑、劉道貞爲大學士，不果。崇禎十七年，張獻忠兵迫，發銀三萬犒重慶師，二萬給成都兵。劉之勃、方堯相請募兵設守，以祖制不典兵辭，而謀遷於滇，之勃持不可。内江王至沂與之勃爭，乃以六月十三日啟行，守門卒洶洶亂，輜重有被掠者，乃止。城中一日數驚，火藥局災，雷震寢殿，大雨雹，至澍始懼，復出財募勇，三日無應之者。城破，投井薨。獻忠出至澍屍，刃而沈江中。子某，獻忠封太平公，後殺之；某，隆武元年十二月襲封，從扈滇京，不知所終。

華陽王至漮，字敬一，華陽安惠王奉鈗子，萬曆四十三年襲封。四川亂，依都督李應祥孫指揮元亮。清陷九溪，同執。永曆元年，致北京，次武昌薨，僧葬之鸚鵡洲。世子平懋，致北京遇害。妃李，歸華容母家，完節終。

内江王至沂，内江王奉鍬子，萬曆四十一年襲封。成都受圍，出私財募兵千八百人，後事不詳。妃閻被執，觸樹未死，大罵遇害，羣鳥環屍，哀鳴不散。

德陽王至濬，德陽榮康王賓瀡子天國除，不知何所出，襲年不詳。永曆初，賀珍以兵奉之。上幸緬甸，與内官王應遴匿安南高平，而是時安南已入貢於清，勢益孤危。十四年正月，遂出降。

石泉王奉銓，石泉王宣垷子，太祖九世孫，弘光元年閏六月襲封。昭宗幸緬，走四川。永曆十六年五月，敘州馬湖陷，遇害薨。長縣主尚資陽陳璟。成都陷，寇訪得之，自知不免，請於舅姑曰：「爲婦十年，未敢背訓，今寇索，無死所矣！」乃去髮刺血，訣夫經死。

慶符王宣㙉，慶符王承炆子，太祖八世孫，萬曆四十年襲封。成都陷，走土司董卜韓胡，後居崇慶，被羈。永曆十三年冬，脱走邛州。十四年八月，郝承裔奉起兵雅州。子奉鑄，先於二年十二月起兵樂用寨，與侯天錫仇殺，錢邦芑命王祥執之，將入告，奉鑄誓改過，乃出之，終事皆不詳。

富順王平㮮，富順王至深子，太祖十一世孫。初封鎮國將軍，曹勳等奉之起兵，稱蜀王。隆武二年十二月襲封，後居貴陽。永曆三年十一月，爲孫可望所弒薨。

太平王至渌，奉銓子，至澍弟，萬曆四十四年封。成都陷，與妃丘、宫人素馨等投井薨。

讓㰒，字几山，太祖六世孫，蜀奉國將軍，孝友隱遁。

宣錜，蜀王裔，寧國通判，攝旌德知縣，能聽訟。

奉鑈，内江王裔，永曆十五年十月降於清。

奉鉀字連水，蜀王裔。崇禎七年進士，歷御史，劾丁啟睿諸疏，爲時所稱。巡按貴州，杜絶苞苴，辨疑獄數十案，稱神明。弘光元年三月，偕楊之明起兵，敗績死。兄弟皆失名，當成都破，大搜宗藩，投水死。妻李姊妹而娣姒也，聯袂投江死。

奉鑷蜀王裔，德安推官。

奉鑲，蜀王裔，歲貢，黑鹽井提舉、楚雄同知。

奉錁，蜀王裔，選貢，陵川知縣。

至滲，蜀王裔，永曆時考選兵科給事中，尋卒。

至溢，蜀王裔，選貢，鎮遠知縣。自成都破，蜀王宗支羣居灌縣。崇禎十七年冬，爲張獻忠屠滅無遺。大慈寺僧以匿宗支事，連死者千人；匿雅州者，亦繇牧王國臣告獻忠，盡死。

山陰王鼎濟，代山陰王廷理孫，太祖十世孫，不知何年襲。永曆二年四月，武大定奉之起兵漢中毛壩關，以單一涵爲元帥。明年二月，被執遇害薨。

定安王四子某，定安王聰潏裔。永曆二年八月，忻州王師第奉起兵死。

棗强王鼎洲，棗强王鼐錞子，崇禎七年襲封。清兵入關，姜瓖請嗣藩大同，奉明宗社，不許。後事不詳。

俊淅，代府中尉，太祖六世孫。顧炎武嘗考其世次，於孝宗爲昆季。

充鱻，代王裔，太祖七世孫，官行人。李自成至，不從隱。充轉，代鎮國中尉。充鑽，代鎮國中尉，與子廷佐降清。

廷埍，代王裔，太祖八世孫。崇禎十六年進士，授行人。十七年十月四日，與王緒弘謀起兵陽城不克，緒弘死。廷埍於隆武二年改姓名張大海，起兵復同官。終事不詳。

廷理，代王裔，太祖八世孫，選貢，四會知縣。

廷鄆，代王裔，選貢，秦州知州。

鼐鐻，字憲之，襄垣王裔，太祖九世孫，襲中尉。以諸生薦廣平知縣，調南陵。清兵迫，謁福京，遷河南道御史。國亡遁去。

鼐鍺，代王裔，選貢，陳留知縣

鼎婆，代王裔，崇禎十六年進士，絳州知州，皆隱居。鼎清，代王裔，給事中，降清。鼎濵，代奉國將軍，奉母喪，以孝聞，清賜四品服，并以千金旌之。

彝槐，代王裔，太祖十一世孫，順德知府。彝杰，代王裔，甘泉知縣。

李廷，字華海，又號尺蠖生，代王裔，歲貢，通經史百氏。永曆三年預義師。兵敗，易姓名，授徒歸德。晚而目盲。詩有哀郢遺音。又代王裔某，國亡後亦遁獲嘉，改姓李氏。

延長王識鋍，肅延長王紳封子，太祖九世孫，不知何年襲。國變後，流落西陲。永曆二年三月二十三日，丁國棟奉之起兵。五月，被執涼州馬家坪，遇害薨。

紳澌，肅王裔，太祖八世孫，諸生，渾源知州。又肅王識鋐妃熊氏，國變後，貧不能自存，清命送北京，贍養終其身。

遼王術雅，長陽王憲炑子，太祖八世孫。遼王憲㸅以罪降庶人，國除。術雅，萬曆二十四年襲封長陽王。弘光時，命居寧海。南京亡，入閩。隆武元年十一月，續襲遼王。福京亡，走廣州。城陷，與世子儼鐐、宗室由梧、慈熼遇害薨。

遠安王儼銻，太祖九世孫。遠安王貴燮，以不孝國除，不知何年襲。弘光元年六月，招臨武砂兵及東鄉淨室庵僧等萬人據郴州，號遼王，王允符與團練熊自秩拒之。十月，爲曹志建兵所弒，薨，兵死過半。十一月，志建去，砂兵再攻郴，知州鄭爲霖督義兵曹三台守禦，未幾圍解。

巴東王儼鈺，巴東王貴煊以罪爲庶人，國除，永曆元年七月襲封。六年，從幸安龍。時行宮庳隘，奄寺宮人假館於外，分班宿衞。嘗在郭良璞，故奄夏國祥之對食也，年十九，姸麗捷敏，能擊劍走馬，妃某與之善。有張應科者，孫可望之私人也，窺見良璞，心好之，移居近第，晨夕致殷勤；儼鈺亦暱就之。應科呼妃爲嫂，因得通於良璞。事覺，上命杖殺良璞并内監李安國，賜儼鈺與妃悉自裁。子尊江，六年十一月襲封，後依鄭成功東寧。臺灣亡，降，屯田河南。

嵩滋王儼鋅，嵩滋王術䋄子，不知何年襲封。隆武元年十二月，朝福京，疏請練鄉兵、廣積貯、收豪俠、愼轉遷、閔勞吏、守關用土著，上皆嘉納，賜春宴銀。福京陷，遇害薨。弟儼鍢，隆武二年十二月襲封。從昭宗入緬，咒水之禍。與妃楊遇害薨。有宮人將分娩，亦自經死。

益陽王某，益陽王憲熾子，不知何年襲。武勇絶人。南京亡，起兵嚴州，居龍遊，方國安與之相應，遂用監國印，署置官吏。及紹宗立，黄道周馳書曉以大義，猶豫未決。未幾，國安歸魯，勢益孤，乃遣其監紀邵有璟、總兵馮生舜奉表入賀，而監國之號未除也。詔讓之曰：「國家敦厚懿親，自有典制，朕復天性仁恕，篤愛宗支。王借受慈禧太后之命，又借勳鎮國安之推奉，近日表奏雖來，公然用監國之寶，不知此寶授自何人？勳鎮國安等疏王本末甚明。朕不忍顯戮，王其戒之哉！」時魯王在紹興，某屢訐王於福京，李長祥責之。一日，某命刺客入王朝堂，爲總兵張林方所執，王命討之。某有龍虎二大營，總兵大同任和、貴州土司李建功分主之，皆勇猛善戰。長祥誘宴諸將，以計降之，某遂不振。隆武二年春，張鵬翼兵至，不納，攻之，某敗墮坑，走廣州。城陷，遇害薨。妃某有色，清將欲逼取之，曰：「王，故夫也，棺殮將盡一哀，以事汝。」將從之。妃縛小刀數十衣中，整刃外向。喪服泣殮葬，將犯之，大駡，將抱持益急，身數十處受創，血涔涔倒地，乃反刃自殺。子儼錦，不知何年襲，陳奇策奉之起兵海上。永曆十三年，與奇策入上思、太平、江州。閏三月，與嵩滋輔國將軍尊浤、監軍道林中桂、上思知州陳龍知被執遷隆，遇害薨。

光澤王儼鐵，光澤王術堣子，不知何年襲。昭宗入緬，與楊祥亡安南。安南人執送廣西，遇害薨。

寧靖王術桂，字天球，術雅弟，初授輔國將軍。崇禎十五年，李自成破荆州，隨惠王常潤避兵湖中。弘光時，晋鎮國將軍，同術雅守寧海。術雅入閩，有傳其歿者，魯王命襲封長陽王，寓福寧。黄斌卿疏稱其賢能，紹宗命福寧道王芉禮奉。後聞術雅尚存，已襲遼王，術桂疏請以長陽之封讓兄次子儼鏈，上不許，改封寧靖王，仍依魯王，督國安軍。江上潰，航海至石浦，從魯王舟山、中左所。時鄭芝龍已降，鄭鴻逵迎淮王常清軍中，留術桂監其軍，合成功復泉州不克。鴻逵載常清、術桂南澳，欲朝昭宗於肇慶，不果。永曆二年春，命督鴻逵、成功師。廣州再陷，乃與鴻逵旋金門。及成功定臺灣，遂東渡竹滬，墾田以自贍。妃羅薨，葬焉。術桂爲人方面偉體，美髯宏聲，善書翰，喜刀劍，沈勇寡言，兵民咸尊禮之。聞澎湖之敗，嘆曰：「主幼臣强，將驕兵悍，不知託足何所矣！」已而劉國軒議降，曰：「是吾歸報高皇帝之日也。」分其田賞佃人，舍府舍爲佛宇。召妃媵袁、王、荷姑、梅姑、秀姐曰：「我死期至，汝輩自便。」咸對曰：「王全節，妾豈失身乎！請先賜尺帛，死隨王所。」術桂曰：「善哉！」備六棺，沐浴更衣，環坐歡飲。五人起自縊，術桂爲殮畢，加翼善冠，衣袞，腰玉繫綬，以寶付鄭克塽，拜辭天地祖宗。郡人士無幼老，皆四拜，術桂答拜，乃結帛於梁，舉手曰：「吾去矣！」遂絶。侍宦二人從死。前數日，術桂自書曰：「自壬午寇陷荆州，攜家南下，甲申避亂閩海。總爲幾莖頭髮，保全遺體，遠潛海外。今已四十餘年，歲六十有二，時逢大難，全髮冠裳，歸報高皇，生事畢矣，無愧無怍。」薨葬竹滬。子益王後宗位子儼鈴，降清，耕許州五女店。

憲燮，字叔和，遼王裔，太祖七世孫，封鎮國將軍，工詩。

術珣，字均焉，遼輔國中尉，自鎮江通判遷户部陝西司主事。請仍設漕運總兵，不允。

儼鉚，字紫溽，遼王裔，靖安知縣。

儼錮，遼王裔。永曆時，官職方郎中。

儼鑲，遼王裔，慷慨多才畧，官洪雅知縣。

儼鏵，字啟宇，益陽王裔，諸生。國亡，改姓名孔自來，字伯靡，隱居三湖，著述。曾孫雲煇，字天霞，山水傲岸，兼工花鳥，隱荆州。從弟士瓊，善畫神駿。國亡，改姓郭。雲燝，字尋源，山水爽邁，改姓楊。

尊倲，遼遠安王裔，太祖十世孫。荆州陷，隨惠王常潤至衢州，轉紹興，主陳潛夫家，薦授監紀推官。紹興亡，走徑山，改姓名吕巨源，又稱舟山和尚、老師太。遇黄岳，以敕印與盛貴、沈良等。良欲殺尊倲，俞子久迎至其家。尊倲妻雷、子某依之。貴亦改名蔣四知，從之。永曆五年，在海寧造遠安王印，謀起兵。十二月，事洩，尊倲、貴被執至杭州。尊倲曰：「忠不成忠，孝不成孝，無顏見二祖列宗。」大駡死。朱秋佳、李迓仙杖，王潛夫、高介甫、李大吾、官孫、戴文祥、鄭應奇走，蔣五、章賢、王匾匠死獄中。

鄒王相，遼王裔。國亡，改姓名，隱耒陽。工真草書，便弓馬。吴三桂兵起，爲清總兵。

慶王倬漼，慶王帥鋅子，太祖十世孫，萬曆四十五年封世子，已而襲封。崇禎十六年，李自成破寧夏，被執。十七年四月，遇害山西薨。

伸壟，慶王裔，太祖八世孫，濟陽知縣，降清。

帥欽，慶王裔，太祖九世孫，諸生。崇禎中，官香河知縣。十五年，清兵攻城，固守不下。北京陷，棄去。至吴橋，李自成防禦使羈致德州。馬元騄、謝陛兵起，奉帥欽權稱濟王，移告遠近，於是兗、青、登、萊皆堅壁自守。是年六月，清兵陷德州，大學士謝陞以帥欽降。終保定知府。

帥錞，慶王裔，歲貢，萬泉知縣。

帥釭，慶王裔，恩貢，慶雲知縣，降清。

翼王議汸，字治海，寧瑞昌王拱栟四世孫統鉦子，太祖十世孫。拱栟罪繫高牆，國除。安宗立，議汸得釋，居蘇州。隆武二年二月，謁福京，襲封瑞昌王。五月，謁監國魯王紹興，晉翼王，命合義師。改姓名許天乙，託爲青烏術謀生，與羅光耀至濟寧散劄。永曆元年，與董北隆之西山通李赤心，不果。二年二月，爲僧，與徒月隱遊金壇珥村天聖院，遇僧宗岱。五月，至寶應。七月，與董國正至長清五峯山，依孫化庭，自稱許化龍。已魯王使張鳳翔至，識爲議汸，化庭禮之。以王英爲兵部右侍郎，宗岱爲監軍僉事，司馬延爲軍師，陳抒、顧貴寰爲將軍，董小鎮等三十人，分馳各省號召。旋陳思治、荆富明在亳州被執。三年正月二十二日，山陷，議汸被執，昂然自述義師始末，遇害薨。宗岱從死。宗岱，義烏人，諸生。國正，宣城人，先歸免。延，商丘人。抒，寧陵人。

瑞昌王議瀝，議汸弟。安宗立，自高牆釋出。弘光元年六月，盧象觀遇之西湖，相與痛哭起兵。閏六月，糾集義師溧陽、宜興、金壇。同時建平兵起，攻城不下。議瀝、朱君兆謀復南京，事洩，匿水竇中逸出。隆武元年十一月，再攻南京神策門不利。二年正月十二日夜，城内民與城外謀起兵，事洩，死者三十人。十八日夜，再合議漇二萬人，三路攻神策門失利。間至蕭縣，與吴任之起兵碭山，攻蕭縣不利，爲僧，命鄺報國等起兵淮安不克。已與任之至宜興，李闇宇等起兵死。九月六日，議復六合、儀真，合京、管、鎮、太、廣義師攻南京，常爾韜敗績，議瀝攻溧陽不克。會方明屯廣德，迎議瀝入其軍，連復孝豐、臨安、寧國，軍聲復振，乃於孝豐開府治事。奏捷紹興，命挂平虜將軍印，福京命襲瑞昌王，魯王封如之。無何，明敗走，依喜正。清兵跡至，任之挺身出代，議瀝遷鎮江潘文煥家，邏者執致南京。十月十二日，遇害薨。子某，永曆元年十二月襲封。十四年九月，從扈緬甸。爲人鯁直，每與馬吉翔、李國泰面叱廷爭，力勸召李定國兵出險。二人不可，仰天嘆曰：「死無葬身所矣！」歐血斗許。十五年七月五日薨。

宜春王議衍，宜春王拱櫞四世孫。拱櫞罪繫高墻，國除。議衍，安宗立，得釋，不知何年襲。國變爲僧，衆呼大和尚。永曆二年正月，自江西入汀州。四月，鄒華、丘選奉之攻寧化龍上里大坑口，有衆數千。三年十二月，爲于永綬所執，遇害薨。李芳泰以其衆入山，久乃敗歿。

樂安王議淜，樂安王謀顗孫，不知何年襲。永曆八年八月，與僧文秀、道士張應和等謀起兵江西不克，遇害薨。弟議浚，十一年十月襲封。依鄭成功東寧。降清，屯田山東。

石城王議漇，石城安恪王宸浮無子，國除，不知何所出，襲年不詳。永曆三年十一月，與德化王慈燁守將軍寨。寨陷，遇害薨。

弋陽王議澳，弋陽恭懿王多焜無子，國除，不知何所出，隆武時封。永曆元年三月，與廖文英避兵連陽山中，土人擁戴之。連陽從英德之滄光廠溯流而上，爲陽山、連州連山，達於湖廣，地皆深林峭壁，人善用礮，以背負之，發輒命中。李成棟屢攻不克。反正後，遣洪士彭往，亦不得入。王承恩請行，命賫敕往，遇議澳於陽山。其衆皆居奇自恣，不聽赴闕，標下彭鳴京、鍾甲、羅甲願以衆隨承恩自效，亦不果。已居懷集。四年九月，馮天保奉村夫稱天啓太子於陽山，議澳命總兵李友梅、莫杏一執誅村夫。未幾，謀㙺至，與友梅執議澳，遇害薨。分其宫眷資財，誣議澳與村夫通。朝廷不問。懷集人攻城爲議澳復仇，謀㙺、友梅走。

建安王統鑽，建安王謀壠子，太祖九世孫，萬曆四十五年襲封，弘光末薨。孫中果，國變隱南昌西山，見執死。

謀㙺，寧王裔，太祖八世孫，封輔國將軍。與金聲桓反正。南昌急，乞師肇慶，主吉翔，逕擢僉都御史，諭復使何騰蛟催援江軍，後搆堵胤錫於曹志建，幾激變，事見胤錫傳。永曆四年七月，命聯絡江右義旅，巡撫南直，爲蒙正發所駮，乃去撫銜。已爲志建所劾，走懷集，以軍門行事。終事不詳。

謀𡘋，寧王裔，歲貢，無爲知州。

謀𤲶，寧王裔，陽春知縣。

謀堡，寧王裔，歷西寧知縣、德慶知州，職方主事。

謀墀，寧王裔，歲貢，汀州通判，署寧化知縣。黄通突至，受傷免。

謀理，寧王裔，選貢，鎮南知州。

謀埕，寧王裔，鎮安知州。

謀鐐，寧王裔，廩貢，西鄉知縣。

謀㙉字康侯，寧王裔，工詩。國亡，居南京，不知所終。

統鏌，建安鎮國中尉。安宗立，以恩貢謁吏部候考。馬士英、阮大鋮謀逐姜曰廣、劉宗周，知統鏌無賴，大鋮自爲疏，使上之。疏言曰廣定策時有異志，詞及史可法、張愼言、吕大器。疏入，高弘圖票擬究治，上坐内殿，召輔臣入，厲聲曰：「統鏌，天潢，何重擬也？」踰二日，統鏌復疏劾曰廣五大罪：一、引用東林死黨鄭三俊、吴甡等，把持朝政，以劉士禎爲通政，沮遏章奏，以王重爲文選，廣植私人；二、令楊廷麟出劇盜於獄，交聯江河大俠與水陸奸弁，日窺南京聲息，非謀劫遷，則謀别戴；三、庇從賊諸臣；四、納賄；五、奸媳。請并士禎、重、廷麟、宗周、陳必謙、周鑣、雷縯祚俱置之理。舉朝大駭。士禎、袁彭年劾統鏌誣詆大臣，不聽。曰廣、宗周既去位，以統鏌爲行人。統鏌不悦，語人曰：「須還我總憲。」尋訐御史周燦，命不究，蓋上亦厭薄之。或曰統鏌既劾曰廣，大鋮意不厭，復募統鐶爲之，再疏劾者，非統鑕也。紹宗立，削籍。終事不詳。

統鈒，字德符，瑞昌王裔，行五。性豪暴，里中少年多歸之。金聲桓以清兵陷江西，統鈒棄家走廣信，號召諸客，轉戰饒、廣間。聲桓憚其威名，不敢犯。永曆元年冬，間歸南昌，爲偵卒所執，見清撫章于天，不屈膝。詰之，厲聲曰：「我帝室藩王，豈爲若辱！」竟釋不殺。二年，聲桓反正，起兵廣信應之。其夏，譚泰攻江西，統鈒走寧州，督鄧雲龍入援。雲龍見清兵盛，謀納款，而統鈒執藩王禮，使雲龍戎服拜階下。雲龍不能平，執之以獻，大駡遇害。

統鐳，寧王裔，魯王命掛平海將軍印，與宗室慈鯛，前鋒都督葉輔、高儀、王建昌、區美、林大壯等攻福寧，皆歿於陣。統鐳、慈鯛贈太僕少卿，輔等贈總兵。

統錡，石城王裔，放誕好大言。南昌陷，渡江，聞英山張福寰起兵三尖寨，潛至，不得通，授徒自給。繼乃微言我宗支也，福寰知之，即善護焉。永曆二年，迎入潛山。明年二月，奉之居飛旗寨，稱石城王，造作符印。各寨謁見，以次拜官，自部院、科道、撫按、總鎮、監司、郡縣之屬咸備。他寨有未謁者，以兵定之，於是撫有二十四寨。因聯絡蘄、黄四十八寨，其來謁者，各授職有差，聲威大振。其夏，清兵會攻，諸寨相繼降陷，惟統錡尚守飛旗不下。清攻將軍寨，統錡以四百人間入包家河援之，爲褚良輔所截，入山。十一月，清兵攻玄圍、飛旗諸寨，進至湯池衙前，攻圍十日，縱火箭仰射，寨中大亂，清兵乘之入。統錡從後關走馬園，清兵追至霍山界寶纛河。統錡亡匿英山，收兵五六十人。四年正月十日，胡經文、胡玉良受清操江李日芃指，誘統錡自羊角河來馬園，被執遇害。

統銓，字叙庭，寧王裔，崇禎元年進士，授來賓知縣。弘光時，遷御史。永曆五年，清兵陷來賓，以天潢義不受辱，一門投井死；千户方甲，百户姜甲、吴甲從死。

統錩，宜春王裔，天啟七年舉於鄉。國亡，入鄱陽湖中。永曆二十八年，起兵貴溪詹源，屯洪山。八月，復貴溪，李標復都昌。十月，復南康。上自吴鎮豬溪，下至青山，舟楫蔽湖。後爲清兵所敗，走都昌，又走餘干，入廣信山中散劄。二十九年五月，耿精忠參將陳武魁、趙和尚來歸，授都督，以衆數千復萬年；尋不守，南走。十月，復建昌、金谿，斬同知蔣汝霖、知縣吉必兆。十一月，朱三、朱四攻金谿，入上清宫。命都督徐達榮入弋陽，朱三、朱四入閩。三十年，精忠授敉遠將軍，稱宜春王。三十一年八月，復貴溪、瀘溪、光澤。九月，金淇、尹文郁敗瀘溪死。十月，入江滸山。總兵陳龍、蔡淑、馮珩、吴萬惠、何應元畔，執統錩光澤，與子議潛、從子總兵議浙死。兵戰死者四千五百人，降者三千人。同時，許志遠爲統錩犄角，屢敗清兵，至是率官百八、兵九千一百人；武魁都督施建宇，亦率官二百十四、兵萬九千人降於清。

統釩，瑞昌鎮國中尉。國變後，撰崇禎遺詔事實，其辨野史妄傳遺詔參錯，讀者至聲淚俱下。

統鐩，字司烜，寧王裔，舉於鄉。崇禎末，以臨安通判、同知，遷石屏知州，恤民疾苦。異龍湖有水壩，魚梁塞水道，令折去，爲堅隄數百丈砥之，湖水東流，淤田復墾，捐給傭值，合州永食其利。後署蒙化知府，有遺惠，民祀十賢祠。

統鋞，字夢得，寧中尉謀墇子。崇禎七年進士，授行人。使蜀，郤餽金，揭重熙薦學冠古今。國亡入山。詩文澹遠。子家相，歲貢，不仕。

統鏌，寧王裔，嚴州通判。

統鉟，字無外，寧中尉謀敖子。崇禎十三年進士，授休寧知縣。張獻忠入皖，三日出甲士五百，保守一邑。遷禮部主事，轉禮科給事中。魯王擢僉都御史、總督，以母老歸隱。

統鑛、統鎾、統鈴，皆寧王裔，天啟四年舉於鄉。

統鑻，寧王裔，崇禎三年舉於鄉。

統鉁，寧王裔，崇禎六年舉於鄉。

統鈫，寧王裔，崇禎十二年舉於鄉，注經終。

統鉛，寧王裔，龍泉知縣。

統釧，寧王裔，寧波通判。安宗立，疏請行保舉。上以先朝之壞繇於保舉，不允。

統錭，弋陽輔國中尉，中江知縣。

統鐕，寧王裔，選貢。魯王授吏科給事中。

統鐏，寧王裔。隆武時，清流知縣。

統鉡，寧王裔。永曆時，以通判從軍，自祁陽知縣累陞太僕卿，從守桂林。

統鍙，字梅園，石城鎮國將軍，靈山知縣。永曆元年四月，陳瑾兵至，内應復城。十月，與上官星拱復廉州，自稱輔國大將軍。十一月，與孫總兵、王海宇、梁舉人圍雷州，擢僉都御史。八年六月，敗走靈山，遇害，麾下謝天封葬之烏江橋嶺，土人歲祀其墓。

統鏑，字德沖，寧王裔。崇禎十六年進士，歷侯官、福清知縣。紹宗立，遷浙江道御史，加太僕少卿。永曆時，以廣東道御史，巡按高、雷。

統鎮，寧王裔，進士，樂至知縣，歲饑，振活無算。調將樂知縣，修城治舟，習水戰，寇不敢犯。卒官。

統錀，寧中尉。永曆時，浙江道御史，與宗室統鎔劾金堡等。

統鋟，寧王裔，廣西驛傳副使。

統鋻，寧王裔，自廣通知縣遷通判，以侵糧逮。累陞府江參議。廣西陷，不知所終。

統鋐，字葵園，寧王裔，選貢，黄平知州，遷貴州監軍副使。藍二亂，一門死。

統銮，寧王裔，大姚知縣。

統鈾，寧王裔，知縣。

統鈂，字雪臞，寧奉國中尉。工詩畫。與新昌吴滕交，已入洞山，與僧已任居。永曆末卒。子議滮，字子莊，諸生，襲。善詩書蘭竹小景。國亡，改名容重，隱南昌蓼洲，卒年七十九。

統鉷，字發若，樂安鎮國中尉，諸生，將貢國亡，居南城。工文章。

統鹼，寧王裔，國亡居南昌。

議漇，字潤生，樂安中尉謀𩒐子，副貢，授安縣知縣，調句容。弘光元年六月，與諸生周鏃起兵宜、溧間南新湖，會何成吾茅山。閏六月，同議瀝攻南京，以三百人復句容。紹宗賜璽書曰：「朕自許忠孝，爲法受過，百折千磨，今爲祖宗復仇，有進無退。宗卿朕猶子行，其克悉朕心，出險屯亨，助朕以助祖宗。嗚呼欽哉！高廟亦乎祐爾於無窮。」已劉良佐攻城急，不支，入長蕩湖。隆武元年十一月，再合議瀝攻南京失利，以餘衆數千與盛瀲合軍，又敗，入安吉、孝豐。二年正月，合議瀝再攻南京神策門，清兵出朝陽、太平二門截其後。師覆，走徽州，所至成軍。而華堞已先在，有衆萬人，不自安，孑身謁福京。張家玉疏薦浙江道御史，同周定礽出廣信援江西，已擢僉都御史，巡撫衢、嚴，自稱閣部。六月，衢州陷，死。

議汚，字霽峯，寧王裔，選貢，授嘉興同知，民心愛戴。南京亡，與屠象美起兵，遷知府。城陷，自經城樓死。

議澮，樂安王裔。永曆元年春，趙正及子應捷、應登奉之起兵宿嵩涔池。宿嵩裘有緯、李際遇、趙友禄、朱美中、張向、劉都、何復圖、吴養龍、陸應星、羅滿、喻斗、許國祥皆拜官。後兵敗見執，同遇害。

議瀘，寧王裔，廣濟知縣，免龍坪兑，戢弁旗。

議瀕，寧王裔，舉於鄉，霸州知州，降清。

議滌，寧王裔，官總兵。金聲桓反正，鄧雲龍奉之起兵武寧山中。已雲龍降，遇害。

議汴，字天中，寧王裔，崇禎十六年進士，授行人。桂王常瀛薨，命治喪。隱居。

議淴，字聖契，寧王裔。崇禎十三年特用，鎮原知縣。國亡，訓蒙爲生。

議霂，寧王裔，崇禎十五年舉於鄉。

議泐，寧王裔，歲貢，潯州通判，死豐城。

議洭，字大匡，寧王裔，恩貢，授富順知縣，有德政，遷敘州通判。

議汖，字連山，寧王裔，推官。

議洋、議淋，寧王裔，魯王同授僉都御史。

議柔，寧王裔，恩貢，衡州推官。

議汞、議漆，寧王裔。議汞，永曆時官廣西道御史。孫可望請王封，金堡七疏爭之。舉朝方畏五虎勢，莫敢異同，議汞獨劾堡把持誤國，陞僉都御史。後與密敕，死安龍，贈左都都御史。議漆，死咒水之禍。

議黍，寧王裔，選貢，衡州推官。

議滃，寧王裔。江西亡，起兵山中。永曆十二年十二月，與都督王祐、經畧彭坤文武百餘人、兵三千餘人詣南昌降清。

議彬，寧王裔，歲貢，養利知州。

議潤，寧王裔。永曆十三年七月，與舒瑛、張定之、李勇士、李贊美、譚武周、陳國輔、魏名觀、徐介、石詩起兵江西，被執皆死。

議沆，寧王裔。永曆初，官南寧知府，以墨追贓。改平樂，陞府江參議。廣西陷，自刎死。

議泂，寧王裔，選貢，歷長寧知縣、興化通判，死廣東。

議瀴，寧王裔，歲貢，桂陽知縣。

議霶，字用霖，寧奉國中尉。父統鐼，江夏知縣。議霶幼慧，佐司財賦，老胥懾伏。性豪邁，見天下將亂，愈輕財結客。左良玉東下，與毛珏、任濟世謀集衆遏之九江。與當事議不合，散去。及南昌陷，乃與宗室適庵，挈妻子依魏禧翠微峯，變姓名林時益，傭田而耕。子楫孫，門人吴正名、任安世，皆帶經負鋤，歌聲出金石。晚工詩，喜二王草法。適庵，字麗公，以賢聞，後卒大石山中。

議洘，字燕西，寧王裔，諸生。國亡，從母姓熊，名非熊，一名公奭，字野人。入廬山。幅中嘯咏，不入城市，食貧，充然自得，山居二十年卒。

議汶，字遜陵，瑞昌王裔，工書。弘光時，奉使淮、揚。

議浤，寧奉國將軍。永曆六年四月，自四川降清。

議滐，寧王裔。永曆二十七年十一月，以完髮被執，論死，尋免入旗。

貞吉，寧王裔。國亡，改姓名隱南京。

奇，字治生，寧王裔，恩貢。南昌陷，遁吴鎮丁家山。隆武元年七月，爲絶命詩，痛哭自經死。

熺，寧王裔，依鄭成功東寧。降清，屯田河南。

㚔，字雪個，石城王裔，諸生。國亡，匿其姓名，號八大山人，遁奉新山中爲僧。居數年，精其法。臨川知縣聞其名，延至署。歲餘，忽忽不自得，一日，忽發狂疾，或大笑，或痛哭，裂其浮屠服焚之，獨自走南昌市肆間，履穿踵決，拂袖蹁躚，市中兒隨觀譁笑，人莫識也。喜水墨畫，花竹、怪石、蘆雁、汀鳧，翛然有出塵姿，草書亦怪偉。人得之，爭藏以爲寶。然遇貴顯者，則堅拒勿與，雖以數金易一石，亦不可得。或持綾絹至，直受之，曰：「此贈我襪材。」貧士山僧置酒招之，飲醉後，潑墨淋漓，雖數十幅不厭，己閉口不復言。人至，則掌書啞字示之。而喜飲愈甚，或饋之酒，持觴笑不休，醉復欷歔泣下。其他文字，皆古雅幽澀，而祕不示人。

弘恩，瑞昌鎮國將軍，爲僧廣西。工詩古文。旋主嵩溪萬山古寺卒。

岷王禋洮，字文水，岷顯王企鏜子，太祖十世孫。工詩草，禮文士。崇禎十六年，張獻忠入湖南，企鏜謀築城武岡，民聞之，皆洶懼。奸人袁有志因激衆反，執害企鏜，劉承胤奉禋洮之黎平，且娶以女。有志平，令禋洮視府事。弘光元年閏六月始襲封。永曆元年八月，清兵逼奉天，承胤挾之降，後與郡王七十餘人遇害武昌。子某，二年正月襲封，以宗人數百人從扈入緬，陸行抵阿瓦，緬人圍之，多自殺，乃率八十餘人流入暹羅，育爲僧奉天大倪山，名佛浪。

南渭王某，南渭莊順王譽𣏌無子，國除，不知何所出，襲年不詳。永曆二年四月，清兵至，遇害全州，薨。

黎山王𥙿𣳾，黎山王企鋏子，崇禎十年襲封。永曆中，居貴陽。六年八月，爲孫可望所弒，薨。

南安王企鈺，南安王彥泥四世孫，太祖九世孫。彥泥罪發高牆，國除。企鈺，安宗立，得釋，不知何年襲。隆武時，進頌德詩四章。上曰：「大雅之音，愧未及追。」廣州陷，遇害，薨。子𥙿黎，字紹南，諸生，永曆元年襲封。工詩書，好禪。起兵隆回，遥應滇、黔。昭宗崩後，以南安王册寶隱，薨。子冰壑，亦能詩。

善化王𥙿𤃫，善化王企鉅子，萬曆三十六年襲封，居貴陽。永曆六年八月，爲孫可望所弒，薨。

祁陽王𥙿泞，祁陽王企𨦟子，萬曆四十五年襲封。疏薦陳睿謨、張天麟、李春蓁。弘光初，居邵武。兩粤再陷，嚴瑋奉入瑶中自保，薨。子某，母妃攜走江西。爲僧，名本圜，字蛤庵。妃亦爲尼，名霜溥老人，爲詩清奇。

𥙿濼，岷王裔，舉於鄉，永淳知縣，遷新寧知州。

𥙿滭，岷王裔，隆武二年舉於鄉，從張煌言軍，官無爲知州。

企鋘，岷王裔，例貢，授户部主事，黨孫可望。自武選郎中出爲都清僉事，轉貴州布政使。姚安陷，降於清。

企鋋，岷王裔，黔陽知縣。

企𨭆，岷王裔。奉天陷，死於兵。妻陳，自刎。

企鈚，南安王裔，崇禎十七年選貢，武庫文選主事。

企鉦，岷王裔，刑部司務。

企鑨，字瀛海，南渭王裔，天啟七年舉於鄉。

企鈂，亦南安王裔，永曆十年歲貢，有詩集。國亡後，懼禍，易姓名金尤。

韓王亶𪣻，韓莊王逵杞子，太祖十二世孫，萬曆三十九年襲封。天啟中，助餉一千五百兩。崇禎十六年，李自成破平涼，被執。十七年四月，遇害山西薨。璟溧，端王朗錡子，太祖十世孫，不知何年襲封。南京亡後，間關流寓貴陽，皮熊厚奉之，進女爲妃。璟溧故出入患難中，稍習戎伍，恒挾關隴健兒自隨，展轉至韶州、仁化。福京亡，乃自立於平溪，稱定武元年。旋聞昭宗即位，上章叙長幼，不稱臣。北拒清兵，保鄖西房山，自爲號令。奉天之變，黔、粵隔絶，行在消息不通，熊、范鑛、楊鼎和欲奉之，以張同敞言而止。已郝永忠入楚，獨稟其正朔，與李來亨、劉體仁、王光興等相應。李國英以清兵當房山，而以全力圍來亨，房山粗安。永曆十六年十一月，房山陷，遇害薨。

襄陵王逵梚，襄陵王璟洗子，太祖十一世孫，不知何年襲。崇禎十七年降清，致北京。

樂平王璟滲，樂平王朗鎏子。國亡後南走。子小哥，繫西安獄。

長沙王璟湲，長沙王朗銃子，天啟二年襲封。永曆十八年五月，降清。

謨烇，太祖八世孫；朗鏗，太祖九世孫，皆韓王裔。永曆八年二月，改姓名彭二陽、劉性德，爲道士平淙，遇隆德有王道真者，詭稱熹宗大子慈燉，謀起兵。事露，與武胤秀、武寅皆被執。長揖不拜，索紙筆自書死。

朗鑠，韓王裔，副貢，冠縣知縣。崇禎十六年拒清全城，後降於清。

瀋王迥洪，瀋裕王效鏞子，太祖十世孫，崇禎十二年襲封，年幼。李自成破潞安被執，不知所終。

内丘王迥灊，内丘王效鋰子，萬曆四十三年襲封，以慾睢廢爲庶人，安置高牆。安宗立，得釋。南京亡，隱居薨。

迥潥，瀋王裔，歲貢，臨朐知縣，爲政明敏，散寇有功。

迴添，濬王裔，恩貢，鄒平知縣。

琞堝，潘王裔，太祖八世孫，選貢。隆武時，歷桂陽知州、衡州知府。

王九式，字抑之，潘王裔。國亡，改姓名，居新鄭，好詩，通醫術。

唐王聿鐭，紹宗四弟，太祖九世孫，隆準日角。紹宗立，襲封唐王，以主唐祀，國南寧，未之封。上親征，命留監國。上家法嚴，不以友愛故假借。聿鐭沖厚宰謹，在福京一年，未嘗有過。福京亡，浮海至廣州，林察迎之。時昭宗已監國肇慶，梁朝鍾、關捷先倡兄終弟及議，蘇觀生遂與何吾騶、黄士俊、王應華、顧元鏡、李覺斯、曾道唯、葉廷祚，以隆武二年十一月朔，擁稱監國。五日，立爲皇帝，改明年爲紹武元年，以都司署爲行宫。封弟聿鐭唐王，觀生建明伯，王之臣忠惠伯。以觀生爲兵部尚書、東閣大學士，吾騶、士俊以原官入閣，應華、元鏡、捷先、道唯並拜東閣大學士，簡知遇爲兵部尚書，龍倫、郝時登、趙千駟、劉昌業、趙繼宗、李志義爲將軍。鑄「紹武通寶」錢，按日行幸學、大閲、郊天、祭地諸鉅典。一日覃恩數次，舉朝無三品以下官。昭宗聞聿鐭建號，命彭燿、陳嘉謨齎詔諭止，觀生執殺之，乃命陳際泰督師攻三水，爲林佳鼎所敗。十二月二日，察大破佳鼎，方相持未下，而李成棟以清兵自閩入廣。十五日，聿鐭方閲射，百官朝服行禮。俄報清兵掩至，始召兵登陴，兵已踰東門入，城遂陷。聿鐭急易服踰垣走應華家，不納；尋縋城走雒城里，元鏡家僮劫獻於清，居東察院。佟養甲進椅請坐，曰：「豈坐犬羊之坐！」飲之茶，曰：「豈飲腥羶之味！」饋之食，不食，曰：「我若飲汝一勺水，何以見先帝地下！」遂遇害薨。自稱帝至是日，凡四十日而敗，士民藁葬大北門流花橋。觀生等死之，吾騶等皆降清。聿鍔於廣州陷，率宗室依王興文村，興事之甚謹。成棟反正，奉表賀肇慶。廣東再陷，仍保文村。十三年八月，興死，聿鍔亦服腦子薨。

安陽王器埈，唐端王碩熿七子，太祖八世孫，萬曆二十七年封。同周王恭枵守開封，城陷乘桴免，走彰德、寧陵間。安宗立，南下。崇禎十七年十月，居無錫，後從安宗北狩，遇害薨。

永興王某，永興王器培無子，國除，不知何所出，襲年不詳。福京亡，依鄭成功中左所。

永壽王器圻，碩熿十子，萬曆三十七年封。從器埈自開封南下，至無錫，而母妃吴薨。南京亡，舟載妃柩欲北歸葬。至丹陽，傳上蒙塵，諸王降者皆得所，宫人皆喜，勸之降。器圻獨默然。一夕，置酒與宫人叙平生歡，因泣下，乘人不備，與妃鄭投江。數日，上流得其屍，二人以帨相繫，被服儀觀如生。既殮，器埈奉三柩至南京，葬石城門外扇股營舊中官生壙。

西鄂王某，伊西鄂恭靖王訏漈無子，國除，不知何所出，襲年不詳。崇禎十七年冬，命居寧國。

萬安王疇璛，萬安王采鏗四世孫，太祖十三世孫，不知何年襲。國亡，清命送北京。

靖江王亨嘉，靖江榮穆王履祐子，太祖兄南昌王興隆十一世孫。初以庶子襲封，其嫡偕宗人疏訐之，歷天、崇兩朝，獄未具。亨嘉厚賂朝貴，得直，而下訐者於獄。弘光元年，表賀登極，因劾奏永、全、連三州爲土寇所據，撫按匿不聞狀，遂竊據三州，駐桂林。及南京陷，遂睥睨神器，以其黨吏科給事中顧奕爲文淵閣大學士兼修撰；參謀孫金鼎爲參贊軍機、東閣大學士；柳州同知史其文爲兵部尚書；平蠻將軍楊國威爲大將軍，封興業伯；參將嚴天鳳、范友賢爲將軍，總統左右前鋒；與吴之琮、張龍翼等授職有差。曹燁等皆俯首聽命。隆武元年八月三日，亨嘉自稱監國，以桂林爲西京，改元興業。紹宗詔至，不受。籍兵千人，選宗室五百人爲親軍，檄左右兩江土狼四十五峒標勇。不待兵集，命國威留守，自率藩衛城守及先至狼兵二萬，即日繇水道出平樂，會陳邦傅梧州，再合兩江兵下廣東，而文武皆不朝。亨嘉怒，執瞿式耜。丁魁楚逆攻府江，亨嘉敗歸桂林。天鳳以十餘人入城不出，皆爲焦璉所禽。金鼎走潯謀再舉，道見邦傅、成大用及柳慶參將陳可觀舟師如櫛，恃邦傅爲兒女姻，赴其舟，被執。亨嘉檻車致建寧，廢爲庶人，安置連江，以幽死。奕、金鼎、其文、國威、天鳳、友賢、之琮、龍翼、吴三就及錦衣曹昇、太監魏應科，送福京伏誅。亨嘉弟亨歅，隆武元年八月襲封。厚重不佻，温恭好禮。守桂林日，外當清衝，内直兵變，宫殿鞠爲茂草，行李齎爲盜糧，亨歅盡捐私産充御餉，式耜屢稱其賢，疏請改兩字之封爲一字。永曆元年十二月，上自象州返蹕桂林，偕式耜迎於郊。四年十一月，桂林陷，亨歅及二子若春、若昇哭辭祖廟，與宗室黑舊爺、西輔、崇善，長史李甲六人縊於宫中。妃湯，國亡隨母家居西延茅竹庵。事聞，贈亨歅靖王，若春靖江王，若昇鎮國將軍。奕，字晋昭，長洲人，崇禎九年舉於鄉，自馬湖推官調桂林。金鼎，慈谿人。其文，字允兹，溧陽人，崇禎十三年特用。國威，上元人；子奇，事别見。

又興隆十世孫履躁，崇禎十三年特用，授白水知縣。李定國至，調江華，與典史郭明龍、教諭黄時英撫字多勞，累遷桂林副使。

履踉，崇禎十二年舉於鄉。

履踀，字懷德，崇禎十五年舉於鄉。

履跘，隆武元年舉於鄉，廣西監軍副使。魯可藻命招撫陽朔。履祧，永曆二年四月詭言起兵，執死。

興隆十二世孫若讫，崇禎九年舉於鄉，連山知縣，平瑶亂，卒官。

若琮，諸生，藍山知縣。

若極，國亡改名道濟，字石濤，一名苦瓜瞎尊者。能詩，工繪事，雲烟變幻，夭嬌離奇，見者驚猶神鬼，兼精分隸書，大江以南無出其右。兄亮，字喝濤，爲僧宣城姑山，詩畫齊名。

僧典，字嵩籍，亦興隆裔。國亡，爲僧遊浙、直，主太倉萬壽寺，卒年八十一。

南明史卷二十八

列傳第四

諸王二

無錫錢海岳撰

豐城王常㴻　瀘溪王某　峽江王某　安義王由柵　新建王由模　奉新王常漣　仁化王慈炳　興安王由橦　和順王慈燩　嘉祥王慈焅　建城王慈燦　常澴　常浤等　常沖　常默　由欙　由柄　由榼　由枡

由欙　由榴　由柳　由林　由林　由枝　由栧　由枋　由梃　由榛　由楸　慈爛　慈煸　慈煌　慈昚

⿰火齊　元長　素庵等　俞昌等　昌王由榶　慈炎　衡王由椒　玉田王常洦　高唐王常澤　齊東王

常漎　平度王常湍　寧陽王翊鍬　翊辯　常浭　⿰氵勅　慈燃　慈愁　榮王由楨　貴溪王常滮　仁和王

由棓　常涹　由楙　潞王常淓　寶豐王常泩　瑞王常浩　惠王常潤　桂王由榔　宗室某鏌

等　曉庵　翊鐮　常渼等　由⿰木受　由桹　由極　由相　時寰　蘭皋　善詞　逸吾　王杞人　介衲　淨空

逍遥山僧　卓望　李傲機　卧雲道人　野鶴道人　纘之　纘　朱齾鼻等

趙王由棪，字係易，趙恪王常湨子，成祖十世孫。少有逸才，善飲，工舞劍、擊球，詩畫、音律皆入妙品。弘光元年夏，與黄蜚起兵太湖。蜚死，自嵩江謁紹興。隆武二年四月，襲封於温州，命居南寧。道興寧而福京亡。冬，李士璉與十三營都司、四營閻、羅、宋、王總兵迎稱監國，即北山寺爲宫殿。永曆元年二月，佟養甲使人招之。由棪知不敵，命兄子慈⿰火耆爲僧河南。慈⿰火耆去而復返，由棪因亦爲僧。六月，至廣州，居光孝寺。十二月，陳子壯、張家玉兵起，上啟請内應。知府陸元璣受清指逼，自盡，慈⿰火耆從死。

臨漳王常海，臨漳王翊鏘子，成祖九世孫，天啟二年襲封。

雒川王慈焜，雒川王由㭶子，成祖十一世孫，天啟三年襲封。皆於崇禎十七年十二月致北京。

南樂王常汏，南樂王翊鏑子，萬曆三十年襲封。崇禎十七年十二月薨。

平鄉王某，平鄉安莊王載坋子，成祖八世孫，不知何年襲。崇禎十七年十二月致北京。

由杍，趙王裔。國亡，居彰德。心疾死。

孟桐，失其名，趙王裔。與弟由檄偕隱，以友愛稱。由檄，字仲梓，工畫竹。

鄭王常澂，鄭靜王翊鐸子，仁宗八世孫，不知何年襲。廣州陷，遇害薨。子某，襲封，從鄭成功東寧。臺灣亡，降於清。

東垣王常潔，東垣恭懿王翊鎧子，崇禎八年襲封。及孫慈燻，國亡，清命河南有司送北京。子由彬，不知何年襲。國亡，不知所終。

常淵、常資、常渾、常漾、常濯，新平王裔。新平懷僖王祁鋭，無子，常淵等不知何所出。國亡，亦繇河南送北京。

襄王常澄，襄忠王翊銘子，仁宗八世孫。初封福清王。崇禎十四年，張獻忠破襄陽，翊銘遇害，弘光元年四月，始襲封，并册妃潘氏，命居九江。後徙汀州。終事不詳。

荆王慈某，荆定王由樊子，王慈烎弟，仁宗十世孫，不知何年襲。崇禎十七年十二月，命與世子居九江。九江陷，清兵執致北京。隆武二年五月，與衡王由棷鑄印，謀起兵，遇害薨。妃桂，蘄州人，放歸，爲尼雨湖頭陀庵。世子和至，不知所終。

樊山王常滄，樊山王翊鋠子，仁宗八世孫，萬曆三十三年襲封。國亡，流落蘄東，改姓名樊孝山，爲醫自給。

弟常巢。弘光元年，清兵陷安慶，英、霍、舒、潛間諸山寨多拒守不下，奉常巢居司空山，稱荆王。十二月，復太湖，逐知縣饒崇秩，屢敗清兵。永曆二年三月，李棲鳳、夏繼虞、卜從善、黄鼎、馬進功兵四至，其部將余垣以三百人降，因誘執，常巢遇害。

常𤇘，封鎮國將軍。張獻忠破襄陽，攜家人一夕遁。隆武二年春，歸蘄州，與英山王六齊起兵斗方寨，兵敗死。

常潬，荆王裔，宜黄知縣。

慈鍛，富順王裔，清致武昌。終事皆不詳。

淮王常清，字霞新，淮王翊鉅子，仁宗八世孫，萬曆四十四年襲封。性至孝，親賢樂善。立菁莪書院，令子弟從長史潘一諤講學其中。知府張允掄有惠政，楊嗣昌督過之，封劍至饒，索金犒師，幾蹈不測。常清命較尉齎金貸之，事得已。南京亡，起兵謀恢復。不數月，爲樂平軍士所掠，出居景德鎮。饒州亦陷。時紹宗即位福京，賜璽書曰：「鄱陽，天下之奥區。黎獻無事，擊壤以誦王風二百餘年矣。比來兩京繼陷，無復吴芮、英布之倫荷戈以紓敵愾者。朕爲兩浙、粤、閩之所推戴，長此亟憂。將率六師，以復二京，灑掃孝陵，以覲列后之寢廟。晨夕惕厲，不遑啟處。語曰：『江湖之民多盜。』鄱陽、彭蠡今獨不然，則亦資賢王訓討之力也。王尚撫綏斯民，湛洽於德禮，以贊我無疆之休。敦睦首義，朕其敢不自勉焉。」常清遂入閤。明年，福京亡，偕諸王走廣州。廣州陷，諸王皆遇害，獨常清走免。後鄭鴻逵迎於軍中薨。子由桂，不知何年襲。隨夏雨金入閩，後依鄭成功東寧。臺灣亡，降於清。聘妃餘干李闇若金女，守貞不字。由桂弟良彦、良佐，入清隨祖母王太妃、母李太妃負牒像自韶州至紹興卧龍山下，改宗姓，子孫甚繁。

永豐王由桐，永豐王常灝子，仁宗九世孫，萬曆三十五年襲封。李士璉降，誘執遇害薨。

德興王由枍，德興王翊鍊孫，不知何年襲。弘光元年夏，清兵陷江西，由枍起兵，誅民之薙髮者。紹宗諭曰：「江西苦兵，甘爲敵用，情罪可原。赦過之條，已云有髮爲義民，無髮爲難民，王其曲加矜恤焉。」終事不詳。

高安王常淇，高安王翊鈌子，萬曆三十四年襲封。好客，工詩文。隆武元年十二月，起兵婺源小坑，與金聲相應。二年正月，攻徽州不利。十二月，再攻婺源，與其四子被執嚴杭山薨。

上饒王常沅，上饒王翊鉅子，弘光元年一月襲封，不知所終。

嘉興王某，嘉興王厚爖孫，仁宗七世孫。厚爖子載坰，國除，襲封事不可詳。饒州陷，流寓都昌譚家埠。汀州之變，紳民奉以舉義，以邑人石光龍、僧了空等爲將，衆萬人。兵敗，走湖口，渡江而西，見執遇害薨。

金華王由榩，金華王常瀇子，不知何年襲。福京亡，起兵，與宗室常洊、常沘、常涫守饒州，後見執鄱陽湖，遇害薨。

德王由櫟，紀城温裕王常澍子，王由榡弟，英宗七世孫。崇禎十二年，清兵陷濟南，德王由樞被執薨。十三年六月，由櫟襲封。十七年四月，李自成令喬茂桂之任，由櫟走。防禦使丁昌期、濟南牧高丹桂索王寶不得。德州都司劉世儒欲斬茂桂，茂桂走，諸王歸府。

六月，濟南再陷，降於清。十一月，安宗猶敕慰。隆武二年五月，與安宗同遇害於北京。

泰安王由𣗳，泰安康惠王載堙無子，國除，不知何所出，襲年不詳。濟南陷，與臨朐王常浣子由棆、寧海王常湎子由柁、嘉祥王常浵孫慈焫、清平王由枲子慈菈、泰安奉國將軍由衎、臨朐輔國將軍常菬、奉國將軍由𣔽、清平鎮國將軍慈茾，同降於清。慈焫、慈菈、慈茾，英宗八世孫。

崇王慈爚，崇愍王由樻子，英宗八世孫。崇禎十五年，李自成破汝寧，掠由樻及弟河陽王由材世子慈煇以行，薨於道。十七年春，慈爚偕諸王南走，命居温州。弘光元年二月襲封。三月，自請遠徙福州。命錢增敕獎，風厲各王。隆武二年六月，清兵陷衢州，遇害薨。

懷安王由札，懷安王常澗子，英宗七世孫，天啟元年襲封。北京亡，留河南。隆武元年九月，降於清。

吉王慈某，吉貞王由棟子，英宗八世孫，崇禎十二年襲封。張獻忠至，與惠王常潤、桂王常瀛走梧州。十七年六月薨，葬蒼梧五量山。十月，弟慈煃襲封。南京亡，轉徙閩、粤。永曆四年正月，朝梧州行在，隨扈入緬。疏劾丁調鼎，連及馬吉翔，不報。十五年二月，疏請出險，反復千言，上召見，涕泣不已。兕水之禍，偕妃張自縊薨。

長沙王常淠，長沙恭簡王翊鉦子，英宗六世孫，天啟元年襲封。永曆二年四月，清兵至全州，被執遇害薨，謚昭靖。子由楫，三年襲封。終事不詳。

穀城王由𣚍，穀城温裕王常瀌子，英宗七世孫，不知何年襲。國亡起兵，遇害薨。

德化王常汶，吉宣王翊鑾子，萬曆二十四年襲封。李士璉畔，誘執遇害薨。妃龐，數士璉、黃應杰罪數百言，與縣主自經。諸王宫眷同時死者三百餘人。

福清王子由杞，福清王常瀫子。永曆七年四月，被執沅州卒。又吉王裔某，國亡後，改鄒姓。時施州張、王氏，長沙張氏，相傳皆其子孫云。

徽王常浤，徽悼王載埨孫，英宗六世孫。載埨以罪廢庶人，發高牆，國除。安宗立，常浤與紹宗同釋。隆武元年十一月襲封，居都勻。永曆六年六月，爲孫可望所弒，與襄陵郡主同遇害薨。

太和王翊釪，太和恭莊王載墾子，英宗五世孫，萬曆三十九年襲封。同周王恭枵守開封。城潰，以桴得濟。

新昌王載墇，新昌端僖王厚熥子，英宗四世孫，萬曆中襲封。隆武元年九月，淮安王翹林、繆鼎吉奉之起兵海州雲臺山，遇害淮南薨。

隆平王某，隆平悼康王厚熗孫。厚熗無子，國除，不知何所出，襲年不詳。康熙二十八年，與張儀生起兵浦城，未幾敗，遇害薨。

懷慶王常濯，懷慶莊惠王載塋孫，保平王某弟。崇禎十七年六月襲封，居福建。永曆二年七月在浙，被執至杭州，遇害薨。弟常浹，不知所終。

延津王常滄，延津王翊錚子。萬曆四十三年襲封。南京亡，起兵旌德。隆武元年十二月，朝福京，賜春宴銀。二年六月，起兵曹河海口，攻婺源敗績。後事不詳。

孟津王翊鍛，孟津昭順王載垐子，萬曆四十年襲封。蕭然稱賢。李自成執至開封免，不知所終。

翊鏞，徽王裔。永曆五年，張武奉之起兵平陽，攻聞喜敗歿。

益王慈炲，字涵素，益定王由本子，憲宗七世孫。由本崇禎七年薨，慈炲九年襲。安宗立，白城詹庚乙亂，守備南昌葉維城戰死。慈炲以兵駐撫州爲守。南京繼陷，儀賓鄧思銘言於慈炲曰：「王身兼臣子，宗社傾危，豈容坐視。」慈炲大感動。會夏萬亨自撫州來，與王養正、王域等謀城守。域曰：「國無主不可以集衆。」乃奉慈炲監國。萬亨攝僉都御史，巡撫江西；養正兵部右侍郎，理尚書事；劉浩戎政尚書、僉都御史、經略；史夏隆監軍僉事；楊廷麟、萬元吉大學士、左右司馬。慈炲固年少仁柔，不習武事，戰守事悉永寧王由槵、羅川王由棪主之。進圍南昌，軍聲頗振。紹宗聞慈炲起義，賜璽書曰：「甲申而後，星漢初回。留都不競，復驚我孝陵，移我鐘簴。自晉、宋以來，禍變爲烈。我殿下聞之，爲輟餐廢寢，頓足思奮也。朕自龍江出渡錢塘，爲閩、浙藩鎮諸大臣之所推挽，不能造滕商興復之務。顧念江南蘊義攄忠，能光我帝室者，獨有殿下耳。敵氛雖騰，天命未改。我兄弟既輯睦，無長沙、東海之衅；諸宗茅靡，亦無復聖公、盆子之事。此太祖神靈，累朝惠澤，沁於人心，不可誣也。顧以朕區區，悉率二鄭、閩、粵之師，精鋭可戰者，尚未滿六七萬，誠欲約撫昌之卒，下於罌子；章贛勁士，萃於鄱陽。不知誰當與謀者。虔臺李永茂，朕之故人，亦頗相聞乎？廣信，吾之北門，未有能操其鎖鑰者。行當於此會大江左右之士，無衣之賦，可朝發而夕遠乎？嗚呼！吾家宗社，豈可殄於仇讐；太祖聲靈，幸猶存於遥覲。殿下將何以教朕焉？」時隆武元年七月也。會保寧王紹炬至建昌，慈炲信之，而紹炬私與清將通，爲内應，遂大潰。城陷，趙民懷負慈炲走。已率弟慈爥及宦者李祥十餘人走旗塘佛舍爲僧。鄉人見其貌偉，疑之，賴曹山僧指爲故人而免。踰月，始間朝福京，命居興化。福京亡，走廣州，城陷，遇害薨。奄人李翔盱歸櫬附葬二仙山莊王園。慈爥與弟逃免，金聲桓反正，得之，將奉爲監國，不果。永曆三年四月襲封。國亡，走安南，往返經吴川，有詩傳世。後不知所終。

金谿王由櫺，字擘寰，金谿王常湁子，天啟元年襲封。江西陷，居仙遊，終事不詳。

文昌王某，常湁子，不知何年封。隆武時居仙遊。

舒城王慈煁，舒城王由權子，憲宗七世孫，不知何年襲。與宗室翊鎬從魯王思明，後依鄭成功東寧。臺灣亡，降於清，屯田河南、山東。

阜平王由樽，阜平王常潋子，憲宗五世孫，不知何年襲。隆武元年八月薨。叔祖翊鐉，不知何年襲。李成棟陷廣州，逼自裁薨。孫由欑、由栖與母妃李，永曆六年十月，自雷州降清。

銅陵王由梃，銅陵王常溗子，萬曆二十九年襲封。李士璉降，誘執遇害薨。同死者滋陽十三王，王子在襁褓、郡主縣主已嫁者，不免，凡江右宗室俱盡。

淳河王由栻，淳河懷僖王常汭子，萬曆三十年襲，隆武元年八月薨。

筠溪王某，筠溪王常湪子，不知何年襲。從鄖西王常潮落魄入閩。永曆二年三月，走沙埕，被執薨。

羅川王由柭，羅川懿康王常湑子，萬曆三十一年襲封。從慈炲起兵。紹炬用事，由柭策其人叵測，而未敢以諫，謀别舉義，乃之東鄉，與艾命新、艾南英約王廷垣及諸生楊師古等共事。得楊名琦、楊猶龍、潘丹竹等三十六將，就南英家歃血誓盟，廷垣、謝德溥助餉，練義軍八千人，自爲一軍。其秋，建昌陷，由核復與命新招兵貴東、安仁間，有衆二萬。自金谿復撫州，秋毫無犯，民大悦。清聞撫州克，濟師來爭，命新北拒，而清兵之在建昌者又至，屯黄太渡，由核腹背受敵，議退兵。清兵躡之，乃入金谿山中，以民車數百塞山險，清兵不能進，因全軍還東鄉。已由檍以侗兵復撫、建，將合兵分向南昌。侗兵以爭舍鬭，由核急出止之，中流矢薨。由檍聞之大慟。諸軍皆散，子慈瑩一門死。

德化王慈煒，德化王由楬子，不知何年襲。永曆元年二月，曾慶奉之起兵平和，復漳州，敗入平和山中。七月，起兵小桃源，兵至數萬。十二月，誘何應裕盟，殺之。三年四月，守延平將軍、白壁、酒埕諸寨。合石城王議滺等，出復尤溪、大田，攻順昌、將樂，命兵部尚書羅南生及張仲開復沙縣。已而敗績，慈煒退保將軍寨。寨地高險，清將陳錦於對山疊土乘高攻之。十一月朔，寨陷，遇害薨，宗室皆盡，南生等降於清。

鄖西王常潮，鄖西王常湖弟，憲宗五世孫，不知何年襲。永曆元年四月入閩，王祁奇其貌，與俱入古田，與鄖城、寧陽諸王起兵，復建寧、邵武、嵩溪、慶元、將樂、順昌。明年三月，建寧陷，遇害薨，監國魯王贈閩王。弟常湷官總兵。永曆元年七月，爲涂覺執於福寧。李守寶不屈死。常溍致天興死。

豐城王常㴬，益宣王翊釕子，萬曆二十八年襲封，崇禎十七年十二月薨。子由㮕，不知何年襲，隆武元年八月薨。由植，護國將軍。永曆三年六月瑞金番天王、閻王總、四營頭屯會、瑞沈香地方，奉之起兵。事聞，賜尚方劍。兵敗，與中官李元培、副總兵藍千金、都司周泰、軍師張良佐同死。陸繼望、陸洪基及南城某響應，死。劉治國自廣東分三路攻忠誠，亦死。

瀘溪王某，瀘溪王常淄子，不知何年襲。南京亡起兵。隆武元年十二月朝福京，賜春宴銀。福京亡，入成功軍。永曆五年六月被執潮州薨。子慈爌襲，後依成功東寧，降清，屯田山東。

峽江王某，峽江王常渪無子，國除，不知何所出，封年不詳。江西亡，起兵，事敗，不知所終。

安義王由柮，安義王常漴子，不知何年襲。江西亡，起兵，嘗招撫蕭陞、羅榮，後事不詳。

新建王由樸，新建王常泫子，不知何年襲。永曆元年八月，與林土、陳泰、梁欽起兵攻永安，十一月復之，斬知縣高咸臨。三年四月，與劉逖從慈熚復尤溪、大田，至四十五都。

道經龜峰，與大臣皇甫吉賦詩勒石。九月，復延平高峯諸寨。清將楊名高陷石磯嶺高峯寨，延平陳光、德化鄭文薦救之，皆敗歿，大田遂陷，都督郭奇、總兵廖明正被執死。名高進邵武，由模自建寧走新城，依李安民。明年正月，出攻沙縣、永春、尤溪、大田。二月，延平清兵大至。三月，拒戰尤溪四十五都，與弟由栱及遴、王進才、總兵黃繼盛、副總兵李成、參將王所攀等爲錦所執，遇害薨。

奉新王常漣，翊鈏十九子，萬曆三十四年封。福京亡，絶粒七日薨。

仁化王慈炳，仁化王由椽子，天啟二年襲封。李士璉誘執，遇害薨。

興安王由橦，常灃五子，萬曆三十五年封。工詩。與魏一柱從常潮復建寧。城陷，以先事出，獲免，從王興文村。後隱思明。

和順王慈爀，和順王由榑子，不知何年襲。隆武時，疏言建陽百姓因王師久屯，溪山漁樵久絶。上曰：「如此何以聊生！」令兵毋入城，犯者以聞。

嘉祥王慈焻，嘉祥王由樫子，不知何年襲。崇禎十七年見執。清佟岱疏陳衰殘，命送北京。弟慈瑩，不知何年襲，隆武元年八月薨。

建城王慈燦，由本子，弘光元年封，不知所終。

常潺，益王裔，恩貢，始興知縣，累遷海北、南參議。

常洼，字紘良，益鎮國將軍。建昌陷，與子由梈、由槺大罵不屈死。由欗逸去，同傅鼎銓起兵死。由補，城陷不知所終。由㮕，與謝文洊遊。由槺子順免。由梈字文田，由槺字文藻，由欗字文蔚，由㮕字文倣，皆諸生。

常沖，字俊生，益王裔，儀制郎中。從扈緬甸，約總兵徐鳳翥以死士奉駕合李定國軍，馬吉翔不可。永曆十三年五月，憤死。

常默，字槎庵，益王裔。嘗居荆州，與郭都賢唱和，詩成納布袋。出遊名山，飯可斗米，或七日不食，冬不絮，酒石不亂。手擎千斤，日夜走五百里。後授徒山東。

由欖，益王裔，崇禎十五年舉於鄉，授廣東教諭。隆武二年，充天興鄉試同考官。歷吏科給事中、翰林侍讀、修起居注、翰林學士。昭宗還蹕肇慶，以陳邦傅薦，遽拜户部尚書、東閣大學士。李成棟忌之，誣以他罪，逮獄殺之。

由柄，益輔國將軍。隆武時，以職方主事監軍定江營，協理軍器。

由榼，益王裔，選貢，詔安知縣。隆武二年死於山寇。

由栟，益鎮國將軍。魯王次長垣，起兵數千人，屯尤溪。

由欒，益王裔，天啟四年舉於鄉。隆武時，授惠安知縣。

由槢，益王裔，選貢，自永福知縣遷職方主事。陳君陞變，與林汝載、張自金率民死戰，被執，不屈一門死。

由柳，益王裔，歲貢，長泰知縣，遷建寧通判，被執不屈死。

由林，字先民，益王裔。崇禎十三年特用，什邡知縣，遷湖廣道御史，巡按廣西。桂林陷，入山。

由林，益王裔，歲貢。汝載，字克厚，諸生，妻方經死。自金，字生白，廩生。

由枝，益王裔，歲貢，知縣。

由拽，益王裔，恩貢，昭平知縣。

由枋，益王裔，恩貢，長寧、始興知縣。

由梃，益王裔，選貢，綏陽知縣。

由榛，常灃子。福京亡，寓潮州，圖恢復。永曆元年九月，至揭陽，許元烈、劉有、潘俊、吴元、程纓、吴英、吕耀、林夢祥、林西疇復城，奉稱監國，將攻潮州。十月，元畔，引清兵入，元烈等皆死。由榛爲車任重所執，遇害。

由萩，益王裔，恩貢，南寧推官，累遷蒼梧副使。永曆五年正月降清。

慈爛，益王裔。崇禎十三年特用，冀州知州，拒寇全城，調昌平。

慈熻，益王裔。隆武時，歷泉州推官、通判，邵武知府。清兵至，與知縣熊兆行遁。

慈煌，益王裔，恩貢，高州通判。弘光元年，茂名狼目韋翅鳴略信宜。隆武二年六月，張興明攻信宜，救之走。永曆元年二月，清兵至，不知所終。

慈畬，益王裔。永曆元年七月屯兵潮州城外。

慈熷，益王裔，恩貢，太平通判。

元長，益王裔。建昌陷，沈玄妙觀池死。

素庵，失名；鎬，字西槐，皆益王裔性峻行端，氣度偉然，文章尤淹雅。國亡，流寓樂陵。

俞昌，字嘉言，益王裔，副貢。國亡，改姓名爲僧，醫隱嘗熟北山。清徵力辭。又瓊秀、瑤芳，益王裔石虹二女。石虹，廉州同知，清兵至去，瓊秀、瑤芳與姪婦廖井死。

昌王由樬，字冠寰，益敬王常遷十子，憲宗六世孫，萬曆三十九年封永寧王，沈靜有志畧。益王慈炲舉兵，徵募皆倚之而辦。幕客贛州諸生曾子鋮，由樬推重之，引參密議。建昌陷，由樬及諸郡王走寧都大函鄉，日夕悲號。有鄉人蕭甲雄於資，二子能武好俠，見而疑之。由樬告之故，因與圖興復事。時蕭陞、羅榮在汀、贛間，分四營，前左營張安最强，有歸正意。蕭甲乃厚資裝橐，導由樬往招之。先一日，陞、榮夢紅日臨門，明日而由樬至，以爲休徵，而潮州五指石帥謝志良亦願受節制，得兵六萬。以張家玉爲倚重，遂出兵湖東，復建昌、撫州、進賢、廣信、南康、信豐、龍南、崇仁、石城，欲俟西師乘勝併力取南昌。南昌清兵將走，兵威大振。紹宗璽書褒美，晋昌王，遣鄭彩出永定關。因由榱兵出南昌，彩頓不進，而朝議亦疑之，或欲并取由榱以獻。軍無後繼，又乏見糧，不能守，復棄進賢，退撫州。王得仁圍之，由榱躬冒矢石。尋家玉捷許灣，撫圍解，志良、榮亦捷千金城。家玉敗於新城，由榱登陴死守，相持二月，糧盡，欲還建昌。會病痺不能行，被執，與世子慈炎、慈美檻車赴北京，至蘆溝橋薨；子鉞執入得仁營死。

慈炎，字太素；妃彭，奉新人，有國色，智勇敵萬夫。由榱未敗，先與指揮李威以兵屯汀州，爲犄角。及聞難，走永安、貢川間。故將范繼宸知而跡之，輸誠焉。繼宸落魄山寺，久之，至延祥，自露其事。粤人張、黄二將，繇永定、上杭出清流，抵延祥。鄉人遂密迎妃九龍寨。以繼宸掌兵，楊禾兄弟有力，爲前鋒，衆幾萬，自督之，清兵畏之如虎。永曆元年八月，攻歸化，禾死，敗走洋源。明年正月，繼宸、廖心明衆數千繇石城出延祥。二月，出歸化雷澗，張、黄亡走。會歲饑，妃爲畔將王夢煒所執。清兵義之，勿忍加害。慈炎之死，妃使心明負其子和墾歸石城，曰：「勉之！忠孝紹宗，汝責也。」三年二月四日，清吏賫紅羅七尺至，妃慨然曰：「吾得死所矣！」沐浴更衣，裂羅自經汀州靈龜廟。將死，責郡邑官，詞旨慷慨，竟無懼色。婢金保隨殉。有婢魏真者，年未及笄，有力善射，潛葬妃及金保，入山爲尼。

和㙻，永曆元年正月襲封。賴其肖奉之起兵饒平，已扈廣西，事敗，爲僧建昌中洲寺，曰雪萍，字懶公。嗜山水，能詩。

衡王由棷，衡憲王常㴚子，憲宗六世孫，不知何年襲。崇禎十七年四月，防禦使王道成單騎至，由棷走。五月，率諸生驅殺姚甲等，斬千餘人，復青州，兖、登、萊義兵從之，東輔大震。尋請徙内地。七月，降清。十一月，安宗猶敕慰。隆武元年秋，偕宗屬三百許人致北京。二年五月，與世子某、宗室等及潞王常淓、荆王某謀起兵，遇害薨。

玉田王常洦，玉田王翊鍵子，憲宗五世孫，不知何年襲。國亡，清命與弟常浭、常洎、常㶏致北京。隆武二年四月十八日，常洦破甌自刎薨，妃自經薨。七月二日，子由榛起兵臨朐死。

高唐王常澤，高唐王翊鑲子，萬曆四十六年襲封；齊東王常漎，齊東王翊錭子，萬曆二十五年襲封；平度王常湍，平度王翊鏉子，萬曆三十二年襲封；寧陽王翊鍬，寧陽王載塝子，憲宗四世孫，萬曆三十九年襲封。隆武二年六月，清命常澤與弟常溓、常漎，與孫慈熑、四子小四、常湍與子，由櫶、由柲、翊鍬與子常泓入京，相率遁免；惟常漎於隆武二年四月十八日不食，與妃相對自經薨。

翊辯，字翼宸，新樂王裔，崇禎十三年特用，自懷慶、鄖陽推官，累遷下荆南僉事。善馭將士，從高斗樞拒李自成兵鄖陽，命諸生劉源泗縋城下間諸寇相攻。圍解，詔以京堂用。徐起元降清，與諸生吴雕龍、藍甲、吴緒揚十餘人起兵，權署襄鄖南陽府縣官，事不克，皆死。

常涄，玉田王裔，崇禎末全州知州。

常潮，邵陵鎮國將軍。青州亡，攜子南走。妻楊，依母家，常潮卒，涕泣經死。

慈燃，衡王裔，憲宗七世孫，崇禎九年舉於鄉。南京亡，走萊州，與滿之章觀變南京。會之章敗，乃亡，不知所終。

慈愈，字火西，衡王裔，崇禎十五年舉於鄉，工詩。青州亡，南遊，造次一觚，改名曰孫，卒於揚州。又查野王，益都人，廪生，世襲指揮僉事，尚新樂縣主。青州亡，新樂諸王子皆爲僧，投止焉。好作米書，授徒自給。晚，誅茅康浪水側。

榮王由楨，榮王常溸五子，憲王由榑弟，憲宗六世孫，天啟六年封肇慶王。張獻忠兵至，榮王慈炤奉姚太妃走辰溪，不知所終，由楨襲年不可考。奉天之變，楚中諸臣不知乘輿所在，堵胤錫議奉之，建號辰州，寓書熊開元，以元輔相期；開元不可，乃止。是年十月，辰州陷，由楨走苗峒，被執遇害薨。

貴溪王常㴬，貴溪王載埏孫，憲宗五世孫，不知何年襲。永曆元年冬，與向登位起兵永寧山寨，圍沅州。明年二月，寨陷，遇害薨。

仁和王由棓，常㵾子，隆武元年封。國亡，不知所終。

常浚，字次梅，榮王裔，歲貢，歷峽江、新淦知縣。監國魯王時，以御史巡按台州，累遷户部尚書。從扈舟山，爲黄斌卿所殺。

由𣝗，榮王裔，歲貢，授安順同知，清正愛民。永曆元年春，駐平壩，保李子山。二月十四日，孫可望兵至，戰敗，一門五十人死。

潞王常淓，字敬一，潞簡王翊鏐子，穆宗孫，萬曆四十六年襲封。崇禎中，秦、晋兵起，常淓告急，言衛輝城卑土惡，請選護衛三千人，捐歲入萬金資餉，不煩司農，上嘉之。尋以盜發王妃冢，上言寇蔓延及江北，鳳泗陵寢可虞。時諸王能急國難者，惟潞、周二王云。十七年二月，衛輝陷，走杭州。常淓工書畫，好古玩，造琴三千張，倣宣和博古圖式爲銅器數千，瘞土中；兼通釋典，號潞佛子。指甲長六七寸，以竹筒護之。雖有賢聲，實非撥亂才。

南京議紹述，吕大器、張慎言、姜曰廣、錢謙益等慮安宗立，且修衅三案，僉謂常淓賢明，可定大計。安宗既即位，馬士英、阮大鋮輒以是齮齕異己。常淓初至杭州，疏請討逆雪恥，上慰答之。時海寧百姓訴鄉官陳之遴於撫按，之遴懼，彭遇颽以括餉爲士民所逐，思所以自媚。會之遴起原官，與遇颽同入對，因言定册之初，大臣意在常淓，省會非所宜居；常淓亦自危，疏請僻靜一郡。弘光元年四月，左良玉兵逼，命移周、魯二王江西、廣東，召惠、桂、安仁、永明諸王近畿，而命常淓居湖州。未行而南京陷。士英奉太后至杭州，羣臣請常淓監國。首召錢龍錫、商周祚、祁彪佳與士英議事，士英、大鋮亦勸進。羣臣入朝，常淓素服過謝太后，士英、大鋮、朱大典、袁弘勳、張秉貞入謝。黄道周亦至，常淓問何人？道周袖出名刺，常淓欣然曰：「真一代忠良，幸共大事。」因執士英袖曰：「每事與黄先生商量。」再召道周入，勸用人望。明日，道周勸進。吴太沖三上箋請誅奸臣，不報。道周上七事及求賢、逐奸、命將、會師四箋。常淓於六月八日監國杭州，是日彩雲見府上。以陳盟爲大學士；秉貞爲兵部尚書；張鳳翔爲兵部尚書，總督直、浙；陳洪範爲浙江總兵；長史曾甲爲監軍御史，往方國安營，命守千秋、獨嵩、四安；吴克孝以僉都御史，巡撫浙江；屠象美爲兵科給事中，監士英軍往蘇州，同王之仁堵遏；李國輔、高起潛守平望。十日，召道周入閣辦事，爲士英所阻。旨頒行道周七事，不果。于穎上啟請誅士英，不報。

先，常淓命國安總兵汪甲、王甲屯塘棲拒守，仁和吴允淳力言不可守，且詡清盛，乃撤兵。十一日，清兵平行至塘棲，士英、大鋮上内閣、兵部印去。鄭鴻逵請常淓入閩，不許，而與秉貞、洪範謀款。命中書舍人杭州諸生顧明彪兼兵科給事中，迎貝勒博雒於嘉興。百姓譁然曰：「王愛我而以我北畔也！」楚宗華堞聞而説常淓曰：「國祚憫凶，至於此極，撫膺北睇，何以爲生？以殿下之賢，遠近所聞，天下絶智殊力，方將憑附以起。周之孫子，能無睠然；宋人半壁，亦嘗有年。况閩、粵、滇、蜀，延袤萬里，猶吾故物。失今不爲，時事一去，萬世不復。他日求尺寸地爲死所，豈可得哉！」常淓不省，顧以不擾民、全城爲義。華堞又曰：「理有大小，務有緩急。今日之事，不宜以殺人爲諱，以取譽爲能，當顧其大者急者矣。屠妻子，任盜賊，猶當爲之。持踵而泣，婦人之義也，非所望於殿下。」時陳洪範力説常淓無戰，郊迎清兵。常淓因曰：「公休矣！吾匪其才。此百姓之心已不可挽任，吾誰與爲之？」華堞作色曰：「殿下何悖！朱家子孫謝勿力，彼何望而不跂向他氏？果提三尺劍，誓與國共存亡，即孱弱可起，况乎皆衣食吾祖者耶！」常淓曰：「營兵恐不任用，錢穀必不給。吾爲此，不失爲知幾。」華堞泣且告曰：「今國安兵數萬屯西郊，方請命，而鴻達潰卒尚可集，發布政司存金，益以鹽運司所貯，無煩徵比。此五營額兵，出東義皆健，又召募良人，當一日至，錢索在手控縱間耳。」常淓終不聽。華堞乃嘆曰：「殿下不觀古事，有諸王以其國奉人而得長世者哉？有可爲之勢，顧自棄此國仇，何足與論事。」遂拂袖起，裂冠帶擲地而出。十三日，常淓開城降於清。博雒兵至，營於江岸，杭人見之，謂潮來必没，既而三日不至，浙人以爲天助，列城相繼迎降。隆武元年九月，從安宗北狩。明年五月，與荆王某、衡王由㰘世子十一人遇害薨。事聞，謚曰閔。

寶豐王常𣳸，常淓弟，天啟三年封。隨常淓至杭。常淓降，入閩，不知所終。

瑞王常浩，神宗五子，萬曆二十九年，與福、惠、桂三王同封。年二十五，尚未選婚，羣臣交章言，不報，而日索部帑爲婚費，贏十八萬，且言冠服不能備。天啟七年，之藩漢中。常浩佞佛，不近女色，丞監以下皆化之。吴民有解瑞府糧者，必厚給使歸。崇禎中，屢捐禄助餉。歲大饑，出藏粟半以振，民多全活。張獻忠逼秦中，常浩告急，將吏不能救。乞援於蜀，侯良柱援之，遂自漢中走重慶，隴西士大夫多從之。十七年六月，重慶破，遇害薨。妃劉，剛斷有才，投井殉。世子、次子亦死。方常浩就執，雷忽震，獻忠曰：「若再雷者，釋之。」已而竟不免。衆見常浩乘白氣冉冉而歿，或謂之兵解云。三子某，十七年十二月襲封。弘光初，命居肇慶，後移紹興。紹興陷，降於清。後裔在城固者改牛姓，在洋縣者改王姓，繁殖至今。

惠王常潤，神宗六子，天啟七年之藩荆州。崇禎十五年，李自成再破夷陵、荆門，常潤走湘潭，荆州遂陷。常潤渡湘，遇風陵陽磯，宫人多漂没，身僅以免，就吉王長沙。十六年八月，張獻忠入長沙，復就桂王衡州。衡州繼陷，與吉、桂二王走永州。劉熙祚遣人護三王入廣西，寄居梧州。明年，安宗立，命駐肇慶，旋移廣信。弘光元年五月，復移嘉興。未幾，南京亡，走蕭山。紹宗即位，貽璽書曰：「板蕩以來，無言不疚。每夜禱天，願我諸宗藩，發憤舉義，蕩滌寇氛，復我高皇帝之宇；而寂寂數日，未有應者，豈天亦陰隲下民，使王郎、盆子之事無所張其牙翼乎？朕爲閩、粤士民之所推戴，非有他勇智當於民心，亦謂是發憤禱誓者，與蒼黎同志也。浹月以來，黎民勸進，書至數百本，朕六七辭不得避。其元老舊學，亦以高皇開闢之天下，當有高皇之孫子起而奠之。或誦南陽九世之説，近於符讖，朕不敢聞也。書曰：『予有十夫同心。』語云：『衆志成城。』朕持是以往，藉諸藩夾助之力，將大帥六師，撻伐底定，以仰覲孝陵，灑掃宗廟，扶十三宗之緒。唯賢王幸垂誨焉！」後與王親王天瑞，賀國泰至肇慶，再走廣州。隆武二年城陷，與子由梁皆遇害薨。

桂王由樱，禮宗三子，昭宗兄，劉貴人出。崇禎九年，封安仁王。十六年，張獻忠攻衡州，走全州，達廣西。明年，禮宗薨，承國事。時宫眷僚屬，尚有千餘，資用恒苦不足。左夢庚逼南京，命移居近畿。未及行而南京亡，陳子壯等議奉監國。會聞紹宗立，湯來賀持不可，議遂寢。是年八月，賜璽書曰：「自板蕩以來，念我宗藩，未嘗不臨食廢箸也。太祖以大功大德，廓清天下，休曆未半，皇天睠顧，蠢爾何知！每以此義，正告我大小友邦，未有應者。而閩、粵豪傑雲起景從，是亦天所以佑我高祖，重闢日月也。已有詔諭，宗姓不能自立者，各赴行在，相度授爵。蒼梧嶺外奥區，嵐烟消釋，或亦可遂安枕，不煩懸慮乎？黍離麥秀，古人所悲，帶礪山河，於今未替，世子勉之。行將賁爾介圭，以繹神宗之澤焉！」旋襲封。

時上繇疏藩繼統，聞前議，頗生疑忌，徙居肇慶，下優詔結丁魁楚等，用杜推戴。初，魁楚涖粵，以寓公禮入謁，由櫻不懌，自是有隙。已靖江王亨嘉反桂林，上益疑，密諭魁楚偵動靜。由櫻實質樸，無喜事心。魁楚以夙怨，欲因事中之，由櫻不知也。一日，置酒就王邸飲，大言：「天下傾亂，殿下爲高皇帝子孫，能勿憂耶？」由櫻曰：「宗社破碎，孰能忘憂！倘得藉先生力削平之，俾孤假手以報高皇帝，死且不朽。」問答間頗相牴牾。他日復就昭宗飲。問如前，唯唯而已。魁楚僉以聞。隆武二年三月，由櫻得疾薨。或曰，魁楚爲之也。

由櫻英明，有知人鑒，嘗謂：「居安可寄社稷，臨難不奪大節者，惟司馬瞿公一人。」疾革，召式耜入，屬好輔昭宗，故上得無恙。昭宗立，謚曰恭。妃吴，永曆五年十二月，上自新寧出幸，倉卒不能相顧，妃無輦，舟順流下，至南寧，陷線國安軍，送致桂林，不知所終。子某，不知何年襲，從幸緬甸，後隨至滇京，遇害薨。

昭宗弟二，名佚未封。張獻忠至，被執。逼之朝，且擬易己姓官之，名曰龍、虎，皆不拜，大罵死。昭宗即位，贈新田王、江華王。宗室某，獻忠入湖南，爲僧衡州高峯庵。隆武二年，由櫻命使訪求，迎至桂林，惜名失考。

時先後宗室之可紀者：

某謨，字將之，江西宗室。永曆中，與江西宗室廣西布政使漢及陳宗琳、徐皋遊桂林棲霞，有詩。

曉庵，工書法。國變爲僧，主河曲海潮庵，徙香山寺樓。一夕，村中演劇，遇村人回者，問演何戲？曰：「鐵冠圖。」曉庵淚涔涔然不已。所至供萬歲牌。臨行，自言係王十三。永曆四年，與長史至杭州，被執死。

翊鎌，國亡爲僧無錫，名雪徑。工詩，善鍾、王書法。

常渶、由杠，永曆三年十月被執陝西死。

由梫，選貢，江安知縣。

由棖，從監國魯王舟山。舟山陷，死。

由極，永曆七年九月，自稱光宗三子，楊德先謀奉起兵宛平，爲寧忠弼所首，死者二十九人。

由相，廣東督學副使。永曆五年，試士萬州，爲海寇王吉所執，曹君輔救出之。終事不詳。

時寰，失其名，選貢。隆武時，官福清知縣。福京亡，曰：「天潢安得討他家活！」令家人先盡，闔户自經死。

蘭皋，南京亡，改姓李，匿海寧俞子久家，與太湖義師同死。

善詞，國亡爲僧天童山，氣宇不凡。出遊靈隱、徑山，爲人所訐，不屈死；餘杭飯者亦死。

逸吾，鳳陽歲貢，工六書，官南海教諭。

王杞人，國亡變姓名，遊江西、廣東，嘗題詩關廟，情見於詞。

介衲，諸生，國亡慟哭爲僧。能詩畫。語時事不答。夜深輒聞其悲聲。

淨空，國亡至雲南丘北，開建半邊寺清修，不入城市。既殁，人胠其篋，知係扈緬歸者。

逍遥山僧，國亡至撫州山寺，不言名姓，彈琴工書，卒年九十。

卓望，自山東走廣東，久之歸，粤人多贈詩。

李傲機，國亡爲道士漢陽。好酒，見人則笑。善書，署「九江王世子」。與武昌顛道士魏知己友，言禍福輒中，或歌哭於市。或曰，知己，徐達裔。

卧雲道人，國亡改姓李，主蘄州玄妙觀。擅詩詞。

野鶴道人，世襲指揮使，以武科官狼山副總兵。戰通州北郊七日夜，斬殺過半，不支，走揚州，改姓名，隱天寧寺賣卜。同官幕屬多爲大官，薦之，以死力拒。

纘之，人稱朱二鬍子。永曆二十八年四月，與山寨李成龍、海寧羊子嘉起兵嘉興、湖州，攻烏鎮不克，戰湖州白鶴嶺敗績，被執。崇德陳彪、富二死者百餘人，餘衆降。

纘，於康熙二十九年四月，以數千人至大埔湖寮，葉胡子戰九龍走，纘執死。

朱齾鼻，康熙時，居湖州南潯授徒。有戴纓帽來者，弗納。識者曰：「此宗室也。」嘗起兵傷鼻，治得不死，而鼻遂齾。又肇慶再陷，某隱高州白土，子孫繁衍至今。皆不詳何王裔。其後，康熙五十三年，陝西賈甲與雲南張殿臣聲奉呂宋明裔。五十六年，御史畢文襄、中書舍人王臣與、平湖貢生陸同庵謀起兵嘗州。陸劍門與濟寧、溧陽義師宋南朝、馮衡南、包六癡友善，至是爲兵備軍儲御史，稱東明龍飛六年，福建高晴主僕爲通消息。六十年，鳳山黄殿等以朱一桂起兵，稱中興王永和元年。雍正時，張玉起兵山東。商丘周璕嘗訪王士元，與邑人張天球、固始夏林生、安慶卜者、浙江蔡鬍、鎮江潘朝輔合同庵、劍門再謀起兵。江寧張雲如與邑人甘鳳池，無錫諸生范龍友及李尊彝，僧圓實，舉人華介綏，勇士李九徵、劉尚文、金甸、南華、希渭至乍浦、預一念事。事露，株連者一百八十五人。乾隆三十三年，荆門孫大有自稱大明天子朱童郤，以何世習爲元帥，李耀宗、向必朝爲先鋒，郭愷造旗幟，號召遠近，於三月十四日起事。清兵至，與妻么女，及何世義、孫國正、孫大德、何進文、趙克純、孫大綱、孫國柱、孫昌萬、何佩玉、孫國治、何世學、李東昇、田登相、李之龍、葉新、葉全、張天柱、何士高、何士榜、何羅文、何士敏、何士珍、何仲文、孟義、吴君瑞、金純五、袁之新、趙連修、馮相倫、何士兆、馮耳順、何秀文、孫履吉、孫永吉、何升玉、李文德、余友尚、郭斌、何士紀、馮相福、僧清和、劉乙、陳上位、姚允茂、祁逢泰、白玉、張三皆死。

嘉慶時，胡秉權奉朱毛里起兵江西；王發生起兵河南。道光時，朱九濤起兵廣東。同治初，張寶初起兵桐梓，稱秦王，鑄「嗣統錢」，亦皆託宗支云。

贊曰：易曰：「天造草昧，利建侯。」古者分封諸侯，所以屏翰京師。「宗子維城」，意至善也。明世，諸王衣食縣官，綴旒下國。安宗初立，適有潞藩之議，杯弓懷懼，羹齏是吹。崇禎十七年九月辛亥，停宗室換授。弘光元年正月戊戌，禁宗室朝見。二月己巳，嚴緝假宗。左良玉兵起，命徙直、浙諸王他所，用杜推戴。遂平王請團鄉勇，亦不允行，幾幾如曹植之所云矣。其後江東父老，卒扶琅琊，一時山澤所奉，亦皆中山帝裔，殊於卜者王郎。惜謭陋之才，不勝鼎器，隨起隨仆，周、鄭夾輔之事未聞，鬩伯實沈之隙屢見，天下事卒至於難爲。嗚呼！葛藟失庇，箇糧其寒。悠悠蒼天，殷鑒不遠，有國者可忽乎哉！清雍正二年，始詔求明裔代簡王桂後真定知府之璉，封延恩侯，以主祭祀。

南明史卷二十九

列傳第五

無錫錢海岳撰

史可法　子德威　從子醇等　弟可程等　陳方策　卓煥　龔士傑　高弘圖　弟弘商　孫璪

史可法，字憲之，大興人。崇禎元年進士，授西安推官，歷户部主事員外郎、郎中，出爲池太參議。

八年秋，盧象昇疏改安池副使，監江北軍。張獻忠再攻安慶，可法連營拒之，獻忠不敢逼。

十年，廷議安廬急，宜設重鎮，即陞僉都御史，巡撫安、廬、池、太及河南光州、光山、固始、羅田，湖廣蘄州、廣濟、黄梅，江西德化、湖口，提督軍務。東西馳禦，迭奏捷，賀國見乞降。丁父憂，服闋，起户部右侍郎、僉都御史，總督漕運，巡撫鳳、淮、揚。修濬南河，漕政大釐。可法感上知，每自奮勵。其治軍也，身雜行伍間，與同勞苦。士不飽不先食，不授衣不先御，故將士皆激發，戰輒有功。既乃開屯田，招流亡，繕城郭，訪賢豪而咨以軍政，江淮南北屹然稱重鎮。上嘉其能，凡所奏悉報可。已而清兵陷兗州，可法出屯徐州，禦之廟灣河口，預埋火器於河北待之。清兵畏其威望，遂北去。獻忠、李自成連破荆、襄、承天，蔓延河南、山東，可法陳師淮上，獻忠、自成望見旗幟即遁走。

十六年，擢南京兵部尚書，參贊機務。因武備久弛，奏行更新八事。

十七年四月朔，聞自成迫北京，乃馳檄勤王，渡江，次浦口。聞北京不守，痛哭，首觸柱，血流至踵，議提兵決戰。諸將請先擇君，以安宗社。時福、周、潞、崇諸王俱南來，而福王最親。張慎言、姜曰廣言福王有不孝、虐下、干預有司、不讀書、貪、淫、酗酒七不可立，潞王賢明，可定大計，移牒可法。馬士英亦傳語可法，立君以賢，倫叙不宜固泥。可法信之，答以七不可立之説，而身還南京。士英欲居推戴功，既得可法移文，即結黄得功、高傑、劉澤清、劉良佐等移書諸大臣，謂以叙以賢，無如福王，責可法當主其議，發兵衛福王至儀真。可法始知爲士英所賣，倉卒迎福王。可法入陳戰守大計，謂當素服郊次，發師討罪，示天下以必報之義。明日再朝，慎言以國虚無人，可遂即大位。可法曰：「太子存亡未卜，倘南來若何？」

福王既監國，方廷推時，劉孔昭攘臂欲入閣，可法曰：「本朝無勳臣入閣例。」又議起廢，孔昭特舉阮大鋮，可法曰：「此先帝欽定逆案，毋庸議。」越二日，拜可法東閣大學士、禮部尚書，仍掌兵部事，與高弘圖同入直，士英仍督鳳陽。可法念傑、得功、澤清、良佐之衆，未盡爲國用，寓書士英，言：「今日之事，非可法與公誰任之者！」合疏請分江北爲四鎮，以澤清駐淮安，傑駐泗州，良佐駐臨淮，得功駐廬州，設督師於揚州，節制諸鎮。又請裁去南京内外守備、參贊各銜，依北京舊制，設京營府衛，簡精壯募義勇以實之。侍衛、錦衣、鑾儀諸司所隸軍役，當多事之日，悉宜入伍操練，毋坐耗錢糧。至錦衣鎮撫司官不必備，亦所以杜告密，節繁費，收人心，於新政有裨者也。又言操江舊兵單弱，請增設九江、京口兩鎮，文臣二人協理戎政。上皆如可法議。

是時士英旦夕冀入閣，聞仍督鳳陽，則大怒，密以七不可立之書陳，而擁兵江干，上疏勸進。既至京，謂可法曰：「我馭軍寬，頗擾於民。公威名著淮上，公誠能經營於外，我居中帥以聽命，當無不濟者。」可法知勢不兩立，乃曰：「居者守，行者禦，敢辭難乎！」遂請行。京師士民譁曰：「何乃奪我史公！」太學生陳方策、諸生盧涇材疏言：「淮，揚門户也，京師堂奥也，門户有人而堂奥無人，可乎！」不聽。

福王即天子位，明日，可法陛辭，命百官郊餞，給銀二十萬，改兵部，加武英殿。以總兵劉肇基、李棲鳳、于永綏、卜從善、金聲桓隨征，李藩、何剛爲監紀。可法出，孔昭益無顧忌，結勳臣許慎言於朝。可法嘆曰：「黨禍起矣！」上疏力言吴甡無罪：「即諸臣以爲不可，亦須平心入告，何至痛哭喧呼，滅絶法紀。昔主辱而臣死，今主亡而臣生，凡在臣工，誰能無罪？國難之作，勳臣之殉國者誰！文臣固多誤國，武臣豈盡矢忠。若各執成見，文武水火，國家朋黨之禍自此開，人才向用之途自此塞，臣不願諸臣存此見也。」報聞。尋遣使訪大行帝后梓宫及太子二王所在。可法祭告祖陵、皇陵事畢，因上疏曰：「臣伏見二陵嵩楸如故，佳氣鬱鬱，知萬年靈祚之方未艾也。惟是北顧神州，山河頓異，感痛填膺，不能已已。連歲鳳泗之間，災異迭見，天鼓一月數鳴，地且三震，以致今春罹兹大禍。先帝躬神明之質，敬天法祖，勤政愛民，一十七年，有如一日，尚不免身殉社稷，抱恨千古。天命之難諶，而地靈之不足恃，於此可見。陛下踐祚之始，祇謁孝陵，哭泣盡哀，道路感動。若使躬謁二陵，親見鳳、泗境中萬井悲風，千里赤地，蒿萊極目，雞犬無聲，湯沐遺黎死亡殆盡，其嗚咽悲憤又不知何如也。伏願陛下堅此一心，慎終如始，察天人相與之故，考祖宗靈爽之依。處深宫廣廈，則思東北諸陵魂魄之未安；享玉食大庖，則思東北諸陵麥飯之無展。膺圖受籙，則思先帝之集木馭朽，何以忽遘危亡；早朝晏罷，則念先帝之克勤克儉，何以卒墮大業。戰兢惕厲，無敢刻忘，則二祖列宗在天之靈，必爲請命上帝，默相陛下，光復中興。若宴處東南，不思遠畧，濫恩施，開告密，賢奸無辨，威斷不靈，老成激而投簪，豪傑因之裹足，竊恐祖宗怨恫，天命潛移，東南一隅，猶未可晏然自保也。」上嘉答之。

六月，自成西遁，山東、河南郡縣多據寨自保，而清攝政王多爾衮已陷北京，傳檄四方。臨清中軍張顯榮報清六總兵駐德州狀。可法請速遣使北行，頒發監國、登極二詔，使中原知南中有君。疏入報可。

時四鎮爭欲駐揚州，傑尤暴橫，命可法往解。可法以次往，得功、良佐、澤清皆聽命，乃詣傑。傑素憚可法，具櫜鞬迎謁，升帳之日，灑然變色。可法故示以坦易，偏裨而下，召見慰勞，因責傑曰：「將軍之所以貴顯者，以有君命也。如不奉詔而妄冀非屬之地，則諸軍與揚州之民，皆得彎弓而射將軍矣。」傑色沮，然浸易可法，請誅首惡，納其兵，不許。則止可法於其軍，屏其左右，易所親信者杖刀侍側。可法談笑不爲動，徐草奏以瓜洲與之。

遂開府揚州，設禮賢館，招徠智謀之士及通天文陰符遁甲術者廩餼之，以應廷吉主其事。又疏請行保舉之法，以補危疆守令。時士英亦未敢爲難，凡請餉則屬户部，多方應之，用是諸鎮益和。

七月，多爾衮聞安宗立，命副總兵韓拱薇、參將陳萬春貽可法書，責以春秋不討賊新君不書即位之義，欲令削號稱藩。可法表上其書，勸上爲自强計，即自具答書曰：

南中向接好音，法隨遣使問訊吴大將軍，未敢遽通左右，非委隆誼於草莽也。誠以大夫無私交，春秋之義。今倥偬之際，忽奉琬琰之章，真不啻從天而降也。循讀再三，殷殷致意。若以逆賊尚稽天討，煩貴國憂，法且感且愧。懼左右不察，謂南中臣民偷安江左，竟忘君父之仇，敬爲貴國一詳陳之。

我大行皇帝敬天法祖，勤政愛民，真堯舜之主也，以庸臣誤國，致有三月十九日之事。法待罪南樞，救援莫及，師次淮上，凶問遂來，地坼天崩，山枯海竭。嗟乎！人孰無君，雖肆法於市朝，以爲泄泄者之戒，亦奚足謝先皇帝於地下哉！爾時南中臣民，哀慟如喪考妣，無不拊膺切齒，欲悉東南之甲，立翦凶仇，而二三老臣謂國破君亡，宗社爲重，相與迎立今上，以係中外之心。

今上非他，神宗之孫，光宗猶子，而大行皇帝之兄也，名正言順，天與人歸。五月朔日，駕臨南都，萬姓夾道歡呼，聲聞數里，羣臣勸進。今上悲不自勝，讓再讓三，僅允監國。迨臣民伏闕屢請，始以十五日正位南都。從前鳳集河清，瑞應非一，即告廟之日，紫氣如蓋，祝文升霄，萬目共瞻，欣傳盛事。大江湧出栴梓數十萬章，助修宫殿，豈非天意也哉！

越數日，遂命法視師江北，刻日西征。忽傳我大將軍吴三桂借兵貴國，破走逆成，爲我先皇帝發喪成禮，掃清宮闕，撫輯羣黎，且罷薙髮之令，示不忘本朝。此等舉動，振古鑠今，凡爲大明臣子，無不長跪北向，頂禮加額，豈但如明諭所云感恩圖報已乎！

謹於八月，繕治筐篚，遣使犒師，兼欲請命鴻裁，連兵西討，是以王師既發，復次江淮。乃辱明誨，引春秋大義來相詰責，善哉言乎。然此爲列國君薨、世子應立、有賊未討，不忍死其君者立説耳。若夫天下共主，身殉社稷，青宮皇子，慘變非常，而猶拘牽不即位之文，坐昧大一統之義，中原鼎沸，倉卒出師，將何以維繫人心、號召忠義？紫陽綱目，踵事春秋，其間特書。如莽移漢鼎，光武中興；丕廢山陽，昭烈踐祚；懷愍亡國，晉元嗣基；徽欽蒙塵，宋高纘統。是皆於國仇未翦之日，亟正位號，綱目未嘗斥爲自立，率以正統予之。甚至如玄宗幸蜀，太子即位靈武，議者疵之，亦未嘗不許以行權，幸其光復舊物也。

本朝傳世十六，正統相承，自治冠帶之族，繼絶存亡，仁風遐被。貴國昔在先朝，夙膺封號，後以小人搆釁，致啟兵端，先帝深痛疾之，旋加誅戮，此殿下之所知也。今痛心本朝之難，驅除亂逆，可謂大義復著於春秋矣。若乘我國運中微，一旦如同割據，轉欲移師東下，而以前導命元兇，義利兼收，恩仇倏忽，獎亂賊而長寇仇，此不惟孤本朝借力復仇之心，亦甚違殿下仗義扶危之初志矣。

昔契丹和宋，止歲輸以金繒；回紇助唐，原不利其土地。況貴國篤念世好，兵以義動，萬代瞻仰，在此一舉。若乃乘我蒙難，棄好崇仇，規此幅員，爲德不卒，是以義始而以利終，爲賊人所竊笑也，貴國豈其然乎！往者先帝軫念潢池，不忍盡戮，剿撫互用，貽誤至今。今上天縱英武，刻刻以復仇爲念，廟堂之上，和衷體國，介胄之士，飲泣枕戈，忠義兵民，願爲國死。竊以天亡逆闖，當不越於斯時矣。

語曰：「樹德務滋，除惡務盡。」今逆賊未伏天誅，諜知捲土西秦，方圖報復，此不獨本朝不共戴天之恨，抑亦貴國除惡未盡之憂。伏乞堅同仇之誼，全始終之德，合師進討，問罪秦中，共梟逆賊之首，以洩敷天之忿，則貴國義問，炤耀千秋，本朝圖報，惟力是視，從此兩國世通盟好，傳之無窮，不亦休乎！至於牛耳之盟，本朝使臣久已在道，不日抵燕，奉盤盂從事矣。法北望陵廟，無涕可揮，身陷大戮，罪應萬死。所以不即從先帝於地下者，實爲社稷之故。傳曰：「竭股肱之力，繼之以忠貞。」法處今日，鞠躬致命，克盡臣節而已。即日獎率三軍，長驅渡河，以窮狐兔之窟，光復神州，以報今上及大行皇帝之恩。貴國即有他命，弗敢與聞，惟殿下實昭鑒之。

是時可法銳意恢復中原，閻澤清、良佐軍虛夸不足用，惟傑所統四萬人，皆山陝勁卒，欲使爲前鋒，乃與傑往復論事，多所獎借。奏李成棟、賀大成、王之綱、李本深、胡茂楨爲大將，讓揚州乙府，以處其妻子。傑大喜，刻日進取開歸。可法亟請餉於朝，而士英以鎮將與可法協，爲不利己，陰裁抑之，且使可法不見信於四鎮，於是四鎮缺餉則號可法。可法以聞，士英益靳之不發，數詔趣出師。可法舉示四鎮，皆曰：「不能給我餉而責我戰乎！」繇是坐困。無何，大鋮掌兵部，弘圖、曰廣相繼去位。可法乃上言：

近今人才日耗，仕路日淆，繇名心勝而實業不修，議論多而成功絕少。遇清卿臺省，則曰謀猷經濟，非其人不可；遇錢穀之任，則曰此危地，何爲困我？此推彼卸。始付庸人，倏用倏更，有同兒戲。即偶出特簡，亦必百計求全，非託病則棄官，曾無爲國家實心任事者，以致敗壞至此。今乃勢更非昔比，必專主討賊復仇，舍籌兵籌餉無議論，舍治兵治餉無人才。有摭拾浮談巧營華要者，罰無赦。停不急之官，罷不急之務，俾大小臣工，併力恢復，則中興之業可成。

上優獎之而不能行。又言：「欲用大鋮者以才，爭大鋮者以逆案也。大鋮即可用，何必罪爭者；即不可用，當采羣議，何至以一人壞天下事乎！」不聽。

初可法慮傑跋扈，故移得功軍儀真防之。九月朔，二人搆兵土橋，賴可法調劑始解。是月，閱得功士馬，將赴河南，朝命以款使方行，命暫止。前北京降順諸臣南還，可法言：「諸臣原籍北土者，宜令投呈吏兵二部，註名録用，否則絕其南歸之心。」又言：「北都之變，凡屬臣子皆有罪。若在北者始應從死，豈在南者獨非人臣？即臣可法謬典南樞，臣士英叨任鳳督，未能悉東南兵甲疾趨北援，鎮臣澤清、傑以兵力不支，折而南走，是首應重論者，臣等罪也。乃因聖明繼統，斧鉞未加，恩榮叠被，而獨於在北諸臣毛舉而概繩之，豈散秩閒曹責反重於南樞鳳督乎！宜摘罪狀顯著者，重懲示儆；若僞命未污，身被刑辱，皆當姑置不問。其逃避北方，徘徊後至者，許戴罪討賊，赴臣軍前效力。」從之。

既傑率所部北駐徐州，可法進駐清江浦，奏以成棟爲徐州總兵，大成爲藩標先鋒總兵。命標下總兵李世春駐泗州，張天禄駐瓜洲，賀胤昌駐揚州，許大成領忠貫營，棲鳳駐睢寧，肇基駐高家集，張士儀駐王家樓，沈通明駐白洋河，茂楨爲中軍總兵，馬應魁、李正春爲副總兵，翟天葵、陶匡明爲旗鼓，汪一誠爲參將，分任防河，黄鉉、剛、吴道正及通判紀克用、知縣吕彦良、殷垤分理糧餉，廷吉爲軍前監紀。又與諸鎮分汛地，王家營而北至宿遷爲最衝，可法自任之，並緣河南岸築壘。

十一月，舟抵鶴鎮，諜報清兵陷海州、贛榆，都司王有年、守備王建仁戰死，已陷宿遷。遣肇基、棲鳳往援。越數日，清兵圍邳州，推官沈泠之固守。清兵軍城北，肇基、棲鳳軍城南，相持半月，各引去。先可法檄諸鎮出兵，傑首奉命渡泗水，之綱前驅薄歸德，可法亦移營次白洋河，建纛誓師。而朝政大亂，所奏請多中格，并鎧仗芻糧皆不至。復上疏曰：

自三月以來，陵廟荒蕪，山河鼎沸，大仇在目，一矢未加，臣備員督師，死不塞責。蓋晉之末也，其君臣日圖中原而僅保江左；宋之季也，其君臣盡力楚蜀而僅固臨安。蓋偏安者，恢復之退步，未有志在偏安而遽能自立者也。大變之初，君臣灑泣，士庶悲哀，痛憤相承，猶有朝氣。今則兵驕餉屈，文恬武嬉，頓成暮氣矣。屢得北來塘報，皆言虜必南牧，水則廣調唬船，陸則分布精鋭，黄河以北，悉染腥羶。而我河上之防，百未料理，人心不肅，威令不行。復仇之師，不聞及於關陝；討賊之詔，不聞達於虜廷。一視君父之仇，置諸膜外。近見北示，公然以『逆』之一字，加之於南，譏我使臣，蹂我近境，是和議固斷斷難成也。一旦寇爲虜併，必以全力南侵。即使寇勢鴟張，足以相扼，必轉與虜合，先犯東南。宗社安危，决於此日。今即庳宫室，菲飲食，嘗膽卧薪，破釜沈舟，尚虞無救，况臣觀廟堂之謀畫，百執事之經營，尚有未盡然者乎！夫將之所以能克敵者，氣也；君之所以能馭將者，志也，廟堂之志不奮，則行間之氣不張。夏之少康不忘逃出自竇之志，漢之光武不忘蕪蔞爇薪之時。臣願皇上之爲少康、光武，不願左右詟御之臣以晉元、宋高之説進也。

憶臣初迎聖駕時，陛下言及先帝，則泣下沾襟；恭謁孝陵，則淚痕滿袖。皇天后土，實式鑒臨。曾幾何時，頓忘斯志。先帝以聖明罹慘禍，此千古以來所未有之變也。

先帝崩於賊，孝皇帝亦崩於賊，此千古以來所未有之仇也。先帝待臣以禮，馭將以恩，一旦變出非常，在北諸臣死節者寥寥，在南諸臣討賊者寥寥，此千古以來所未有之恥也。庶民之家，父兄被殺，尚思穴胆斷胸，得而甘心，況在朝廷，顧可膜置？以臣仰窺聖德，俯察人情，似有初而鮮終，改德而見怨。以虜之强若彼，而我之弱如此，以虜之能行仁政若彼，而我之漸失人心若此，臣恐恢復之無期，而偏安未可保也。今宜速發討賊之詔，嚴責臣與諸鎮悉簡精鋭，直指秦關。懸上賞以待有功，假便宜而責成效。絲綸之布，痛切淋漓，庶海内忠臣義士，聞風感激，必有投袂而起者矣。國家遭此大故，陛下嗣登大寶，原與前代不同，諸臣但有罪之當誅，曾無功之足録，得免斧鑕，已爲大幸。

臣於陛下登極詔稿，删去加恩一條，不意頒發之日，仍復開載，貽笑敵人。今復恩外加恩，紛紛陳乞，貂璫滿座，保傅洊加，名器之濫，於斯爲極。似宜稍加慎重，以待有功，庶使戮力行間者，有所激勵。至兵行討賊，最苦無糧，搜括不可行，勸輸亦難繼。宜將内庫一切催解，湊濟軍需。其餘不急之工役，可已之繁費，一切報罷。朝夕之晏旰，左右之貢獻，一切謝絶。即事關典禮，萬不容廢，亦宜概從儉約。蓋賊一日不滅，虜一日不歸，即有深宫曲房，豈能晏處；即有錦衣玉食，豈能安享？此時一舉一動，皆人情向背所關，狡寇窺伺所及，必陛下早作夜思。念祖宗之鴻業，復先帝之深仇，振舉朝之精神，萃四方之物力，以併於選將練兵之一事，庶乎人心可鼓，天意可回耳。臣待罪戎行，不宜復預朝政，然安内實攘外之本，故敢痛切直陳，惟陛下留意。」

疏出，朝野傳誦。可法受事數月，疏凡數十上，皆中興大計，言極痛憤。而諸鎮位秩既隆，咸無北進意，且數相攻。可法深悔之，嘗語其客曰：「宜斬可法、弘圖、士英、日廣四人頭，爲任事不忠者戒。」復疏言：「先帝待諸鎮甚厚，皇上封諸鎮甚隆，乃不思報國，自弄干戈，捨父母之仇，尋同室之鬬，今和議不成，惟有言戰，戰非諸鎮事而誰事乎！」可法每繕疏，循環諷誦，於邑不自勝，幕下士皆爲飲泣。而上方耽聲色，士英、大鋮爭門户，於出師聚餉，未暇及也。

弘光元年正月，以新殿推恩，進建極殿。辭，不許。三月，清兵分道南下，以沂州、濟寧兵從廟灣薄邳、宿，彰德、衛、輝兵從孟津逼歸、徐。可法飛章告急，言：「我與虜僅隔一河耳。河長二千里，非各鎮兵馬齊禦，不能周也。故傑欲自赴開、雒，而以得功、良佐守邳、徐。久知虜之乘瑕，必在開、雒，無如兵力不能遠及何。今虜已渡河，則長驅而東，剋日可至，禦之河北，艱難百倍矣。兵在河上者，月糧壓欠，苦飢苦寒，當歲暮時，每名求三錢過節，亦不可得。臣標如此，各鎮可知。傷心時事，有淚空灑。今虜既南渡，併力攻寇，而兵力及我，亦不過二月間，況虜中傳言久有正月南侵東西並犯之說。今攻邳之虜未還，濟寧見集糧喂馬，意詎一刻忘江北哉！若非廟堂上多發糧餉，移得功、良佐屯潁、亳，傑守歸、徐，戮力同心，無分畛域，臣恐江北之禍，祇在目前。江北危，而江南亦詎得安枕耶！」疏入，士英謂可法徒欲叙防河將士功，卒不省。會衞胤文自北京南歸，傑請留監軍，聞朝嚴從逆之罪，欲媚士英以自解。疏言督師贅疣，宜置居内員，備顧問，勿令久當津要。可法因乞罷。上切責胤文而諭可法盡職。已而睢州變聞，傑兵倉卒未有所屬，互相雄長。可法馳至徐州，擐甲戴牟，坐以待旦，召諸將歃血盟，疏立傑子元爵爲世子，甥本深爲提督，爲請卹於朝，一軍帖然。士英聞可法得傑軍心，弗善也，乃擢胤文總督興平營。將士怒，於胤文涖任日，無一人至。可法再三慰諭之，若忘其曾劾己者。傑軍士益以此歸可法，即胤文亦心折焉。而得功聞傑死，則引兵趨揚州，可法自徐州馳還，説而罷之。提督之命久不下，將士無固志，本深等皆棄汛走。時清以豫王多鐸出淮南，都統準塔出淮北，自開封以南，如入無人之境。陷蒙城，逼淮、徐，南直震恐，始詔從可法議，以本深爲左都督，領興平諸將，命可法督扼盱眙，進徐州，良佐屯臨淮，守壽州。

四月朔，淮南告警，可法將移鎮泗州，護祖陵。會左良玉東下，上手詔可法督諸軍入援。可法言：「虜日逼，請留諸軍迎敵。上遊不過欲除君側之奸，原不敢與君父爲難。若虜一至，則宗社可虞，不知輔臣何蒙蔽若此！」復遺書士英，請其選將增兵。大聲疾呼，士英不應。又欲親往諭良玉，要與俱西，有功則割地王之，勿聽而後擊之。詔書切責，乃合諸軍倍道抵浦口，將入朝面陳。士英等懼，揚言可法且爲内應，遂弗許。清兵已入亳州，詔還師北禦。馳至天長，檄諸將救盱眙，單騎先進，不避風雨。忽報盱眙降，晝夜兼行抵泗州，總兵李遇春已舉城畔。可法一日夜冒雨退保揚州，血書寸紙，馳詣兵部請救，不報。俄報成棟等降，多鐸兵自天長、六合水陸至。傑衆十餘萬，訛傳許定國引清兵復仇，分走通、泰、瓜、儀，揚州一空。可法急檄天禄、張天福、孔希貴赴援，皆不應，畔。乃命黄日芳檄川將胡尚友、韓尚良領所部駐茱萸灣，廷吉帥移泗諸軍屯瓦窑鋪，以爲犄角。剛以忠貞營兵來會，方午食，而清哨突至，射殺廷吉家丁，衆大駭，川將遇之，斬七級。時南風大作，諸軍復退屯邵伯湖，可法乃督肇基、翁萬裕及總兵楊同翥兵二萬與諸文武官閉門堅守。舊城西門險要，自守之。禮賢館士獻策決高堰水灌清兵，可法謂民爲貴，社稷次之，傷敵少而淮揚先爲魚鼈矣，不許。

清以紅夷礮攻城，彈大如罍，堞墮不能修。多鐸命遇春、之綱及盱眙知縣傅覲光持檄抵城下，可法數其罪。遇春曰：「公忠義聞華夏，而不見信於朝，死何益也？」可法趣矢射之。復令鄉民持書至，守者引之入。撻守者，人與書俱投於水，城守愈固。多鐸故欲生致之，麾諸軍緩攻，既知其不可，攻始急。相拒七晝夜，清兵四面環攻。時朝命王永吉救揚州未至，棲鳳及監軍道高岐鳳已有異志，危詞劫可法，可法正色拒之。二人夜拔營，偕尚友、尚良以兵四千北去，城中勢益孤。可法乃以敕印交胤昌、先帝像交指揮卓煥持出，爲書辭母妻伯叔兄弟，呼部將史德威訣曰：「我無子，汝爲我嗣，以奉吾母，汝毋負。我死，當葬我於高皇帝側，其或不能，梅花嶺可也。」

二十五日擐甲登陴，礮殺數百人。時多鐸孤軍深入，慮有變，欲回師，孔有德、定國止之曰：「揚無援，更待數日城可下。」乃留不去，自督勁卒，用巨礮摧城西北隅，崩聲如雷，守者猶不退。礮矢交注，城下死傷山積，清兵藉屍登城，城遂陷。可法欲巷戰，兵散，左石勸出北門，圖再舉，不許。自刎不殊，莊子固、許瑾共抱持之，龔士傑以二十七騎擁之下城，而子固、瑾已中飛矢死。參將張友福掖可法，追至，戰死。可法大呼曰：「我史閣部也。」衆驚愕，執赴新城樓上。多鐸勞之曰：「累以書招而先生不從，今忠義既成，可爲我收拾江南，當不惜重任。」可法曰：「我天朝大臣，豈可偷生，作萬世罪人哉！吾頭可斷，身不可屈，請速死，從先帝地下。」又曰：「吾意早決，城亡與亡，即劈屍萬段，甘之如飴。但揚城百萬生靈，不可殺戮。」遂慨然就命，年四十二。清兵留城十日，屠其民、殘其城而南。

可法督師幾一年，行不張蓋，食不重味，夏不箑，冬不裘，寢不解衣。短小精悍，面黑色，目爍爍有光，見者多懾伏。年四十無子，妻欲爲置妾，太息曰：「王事方殷，敢戀兒女私乎！」在軍中絶飲。除夕，遣文牒至三鼓，倦索酒肉，分餉將士已盡，乃以鹽豉下之。思先帝泫然淚下，隱几卧。將旦，僚吏畢集軍門外，門未啟，左右遥詰其故。任民育曰：「相公此夕不易得也。」戒鼓人更擊四鼓。可法寤，怒曰：「誰犯吾令？」左右述民育意，乃已，然自是不復隱几卧矣。可法既死，而四方起兵者念其遺烈，多假名號召，故或誤傳不死云。隆武時贈太師，謚忠靖；魯王監國謚忠烈；永曆時謚文忠。

德威，字龍江，以功累官閣標總統、内五營副總兵，晋都督同知。城陷被執，多鐸勸之仕，誓不屈，命釋之以保忠臣後。歸與士傑覓可法屍不可辨，具衣冠葬之梅花嶺。

可法從子醇，字子厚，任指揮，從可法軍。揚州急，可法付以譜牒，致家口，令返上海。後卜居溧陽。多鐸將用之，辭。弟以愚，國亡隱宿遷。

可法弟可程，字赤豹，崇禎十六年進士，改庶吉士。北變不能死，乘間南歸。可法請置之理，上不許。後深自悔艾，國亡，迄不仕，奉母居宜興四十年以終。

子蔚青兄弟，千户；可傳，百户；可鑑、可尊與婦翁韓大忠六人，當可程南歸，皆爲清執，不屈死。

陳方策，莆田人。自北京南歸，上書可法，言皆剴切。

卓煥，字文伯，廣寧衛人。城陷先一日，妻錢抱子水死。煥姑適王，及煥妹二、幼弟三，從死。

龔士傑，江都人。

高弘圖，字研文，膠州人。萬曆三十八年進士，授中書舍人，遷陝西道御史。天啟初，陳時政八患，並請用鄒元標、趙南星。尋與同官張慎言交章論救賈繼春，忤旨停俸。出按陝西，誅奸民扇亂者，吏治澄清。因題薦屬吏，爲南星所糾，心銜之。是時東林齊、楚、宣、浙之黨，互相詆誹，弘圖無所附麗。及楊漣獄起，乃上疏力詆南星，微言魏忠賢過當，且引漢元帝乘船事。又諫毋出東郊，而忠賢方導遊幸，矯旨以抗沮切責之。尋極論陝撫喬應甲罪，語刺崔呈秀，忠賢大怒，名以此起。巡視四衞營，請視三大營例，分弓弩、短兵、火器，加以訓練。既乃乞歸，令閒住。

威宗即位，起故官。劾罷奄黨田詔、劉志選、梁夢環，轉太僕卿。逾年，累擢左僉都御史、左副都御史、工部右侍郎。時中官張彝憲受敕總户工二部事。弘圖恥與並坐，七疏爭之不得，乃於彝憲涖任前二日，鬃公坐椅案以不乾之漆，彝憲不得已於川堂後座，無陪侍，弘圖遂罷。家居者十年，言者交薦。崇禎十五年，清兵攻膠州，出資數十萬助守全城。上聞其功，召至闕，咨以時事，補南京兵部，就陞户部尚書。李自成迫北京，史可法謀勤王，弘圖轉芻粟浮江入淮以濟師。方發而北京凶問至，南京大臣議所立，可法謂非英主不足以定亂，弘圖與姜曰廣、吕大器佐之。會安宗立，以弘圖物望所屬，拜東閣大學士、禮部尚書，與可法同入直。弘圖因請移蹕中都，進山東，以示大舉討賊。

疏陳新政八事：一宣義問。請聲逆賊之罪，鼓發忠義；一勤聖學。請不俟釋服，日御經筵；一設記注。請召詞臣入侍，日記言動；一睦親藩。請如先朝踐極故事，遣官齎璽書慰問；一議廟祀。請權附列聖神主於奉先殿，仍於孝陵側望祀列聖山陵；一嚴章奏。請禁奸宄小人借端脱罪僥倖；一收人心。請蠲江北、河南、山東田租，勿使賊徒藉口；一擇詔使。請遣官招徠朝鮮，以覘女真之逆順。又請修國史、實録、玉牒。並褒納焉。當是時，朝廷大議，多出弘圖手。未幾，廷議起廢，慎言舉吴甡、鄭三俊，劉孔昭率諸勳臣叱慎言於朝，目爲奸邪，聲震殿陛。弘圖曰：「文武各有所司，即文臣中，各部不得侵吏部之權，武臣何得越職相爭？且甡、三俊三朝遺老，清望在人。孔昭妄思侵害，非其黨者，目爲奸。臣忝在政府，宸陛之嚴，化爲訟庭，愧死無地。乞賜斥罷」。温旨慰留。召弘圖對，上曰：「國家多故，倚畀方殷，先生何言去耶？」弘圖曰：「臣非敢輕去，第用人一事，臣謂可，勳臣則謂不可，是非淆亂，臣何能在位？」上曰：「朕於行政用人未習，卿言無一不從，勿疑有他。」弘圖曰：「冢臣清正，吏部用人爲職，無日不用人，是無日不修職也。如推劉宗周、黄道周，使勳臣處之，亦必藉重，何獨以爲罪。牲前撫按著聲，先帝簡在内閣，督師少緩獲譴，殺周延儒而不殺牲，即可知其人，假先帝在今日，亦必用之，何勳臣以此罪冢臣也。」弘圖復奏近臣貪黷狀，上曰：「朕固聞之。諸臣賄賂，出之袖中，誠可嗤也。」既而馬士英疏薦阮大鋮，弘圖持之。士英曰：「我既犯人言，豈敢相累？」因自擬旨，命假冠帶來京陛見。大鋮既見，疏陳江防要害。將退，士英奏曰：「大鋮名在丹書，非其罪也，人誣之耳。」大鋮因奏向日冤陷狀，引弘圖爲證，以弘圖素不附東林，必不忌己也。弘圖曰：「大鋮頃者陳説兵事，臣不知兵，無所參駁。若其起用，關係非細。昔崔魏亂政，風教墮地，先帝首鋤大惡，定逆案一書，以遏羣妖，大鋮與焉。臣不知其果知兵以否，但以先帝明鑒，豈容擅改。即如士英奏，乞下羣臣集議，以彰公論，則大鋮用亦光明。」士英憤然曰：「臣薦大鋮，非受賄也，何不光明之有？」弘圖曰：「何必受賄！但一付廷議，國人皆曰賢，用之可也。」出即具疏乞罷，不許。而大鋮卒起爲兵部侍郎，弘圖則漸不安其位矣。

左懋第北使，弘圖力主山東決不可棄，因奏事宜曰：

一山陵。聞梓宫葬於田貴妃寢園，此出自寇意，請合於天壽山，特立陵寢，選日恭厝；一分地。割榆關外甌脱與之，若議關以内，即華夷無復夷限，而山陵單弱，將何以安」，一款賞。俟三年匹馬不犯之後，量增歲幣十之三」，一國書。虜已建號，勢成敵國，或炤夷俗稱可汗，或稱金國主」，一使儀。本朝使外夷，具有成禮，我使第不至屈膝，即是不辱命也。

後議簡用中官督畿輔、浙、閩糧餉，復設東廠，弘圖與大學士王鐸皆力爭之，不得。再乞休，不允。已用中旨傳陞張有譽户部尚書。弘圖謂其端不可開，封還詔書。又請召還可法入直。士英愈怒，矯旨切責。因力求去。

八月，晋吏部尚書、文淵閣。十月，四疏乞休，乃許致仕，命行人持銀幣馳驛送歸。弘圖在閣，上召對無虚日，或日再召，上亦有意爲明主，士英尚不敢肆。及其去，益無忌，上遂高拱聽之矣。時山東已失，弘圖無家可歸，流寓於吴，久之入浙，居紹興，人乞一面不可得，日惟一餐祈死。既聞上蒙塵，避野寺中。博雒以書幣招，不應，絶粒卒。紹宗即位，猶命官敕召入輔。魯王監國，贈太師，謚文忠。

弟弘商，任光禄丞，北京亡，脱歸。

孫璪，字子素，任中書舍人，遷尚寶丞，隱居。

贊曰：可法忠以犯難，勇以制斷，知以當機，其規模大畧，雖宋之李綱，何以加諸。北京之亡，爲江南計，防河爲中策，守淮爲下策，畫江爲無策。使可法得畢力殫慮，莫或撓之，則興微繼絶，撥亂反正，足以建中興大業。已馬阮亂政，諫言不行，樹寇門庭，内攘不給，雖有忠誠，終致僨績。惜哉！弘圖不激不隨，持正守直，恪尚有古大臣風，立朝僅閲五月。然弘圖在而憸邪猶有所牽制，弘圖去而事遂無所不爲。衛藜藿者必猛獸，逐烏爵者必鷹鸇，孔父立廟，莫敢致難，拂士之重國如是夫。

南明史卷三十

列傳第六

無錫錢海岳撰

張慎言 子履旋 梁羽明 徐石麒 子爾穀等 顔渾 何應奎 葛含馨 王寑大 姜應龍 武備 沈烇晃 王夢鼎 張有譽 練國事 子彦吉等 解學龍 弟學尹 高倬 程註 子良符等 何應瑞 劉宗周 子汋

張慎言，字金銘，陽城人。萬曆三十八年進士，授壽張知縣，有能聲。調曹縣，遷御史。熹宗即位，時方會議三案，抗疏必摘發奸謀，明君臣之義。賈繼春被譴，抗疏救之。上怒，奪俸二年，出督畿輔屯田。嘗疏薦趙南星，劾馮銓。銓大恨，陷之，戍肅州。崇禎初，起故官。會當京察，請先治媚璫者附逆之罪，其他付考功，報可。旋擢太僕少卿、太嘗卿、刑部右侍郎，調工部。屢疏陳開採、鼓鑄、屯鹽。楊嗣昌議令責州縣訓練土著爲兵，言其不便者八事，其後卒不能行。繇左侍郎晋南京户部尚書，改吏部，掌右都御史事。南京官本閒曹，政事一决於北。愼言雖位冢宰，養望而已。

安宗立，以愼言宿德重望，命專理部事。愼言上中興十議：

一曰議節鎮。淮、安、鳳、廬、荆、襄爲鎖鑰重地，自寇盗充斥，城郭荒殘，宜申明鎮撫大臣分戍增保，扼守險要，東西闗闔，首尾相援，添戰艦於江淮之間，郡縣積穀，爲倉卒轉運之資。

二曰議親藩。諸王流離南竄，宜擇浙東名山郡邑及閩粤間暫居焉。其府第之護衛官屬，暫從節省。

三曰議開屯。江北地廣，今爲畿輔，若招集流離，開立屯田，擇其邑之豪，以百夫屯爲百夫長，千夫屯爲千夫長，連其什伍，教之兵陣，亦强富之一策也。

四曰議畔逆。河北淪陷，有能誅禽僞官者賞。

五曰議寬宥。諸臣陷賊，事非得已，家屬在南，企望歸正，不宜以風聞苛議，堅其從賊之想。至若自拔來歸，宜隨才録用，不宜概以死責。

六曰議褒卹。忠烈之臣如范景文、倪元璐、李邦華等，傳聞確者，宜贈卹以慰幽魂，次第詳核，勿有所遺。

七曰議功賞。一階半級，原用勸酬，恐爛羊酬爵，市歆售官，反增貪倖，今武爵稍寬，文資無濫，綜核名實，無開倖門。

八曰議起廢。起廢之條，不可不慎，逆案無容更議，其在戍籍廢居者，一從清論，不撓毀譽。

九曰議懲貪。百司貪黷，成盜賊席捲之勢，今約在内都察院科道，在外撫按，廣刺墨吏，究贓重擬。

十曰議漕税。北漕萬有餘旗，柁工挽夫實煩有徒，今漕登近地，此十餘萬人，無室無鄉，遊食不已，爲患非細，安輯宜亟也。

俱嘉納。會銓曹乏員，以王重、梁羽明爲文選考功郎中，李沾持不可，慎言卒起之，繇是有隙。未幾，大起廢籍，慎言薦吴甡、鄭三俊。時阮大鋮方謀起用，而詔款有「逆案不得輕議」之文，慎言秉銓持正，度不可進言。劉孔昭故與大鋮善，因置酒約諸勳臣趙之龍等，欲廷訐慎行以起衅。次日朝罷，羣詬於廷，指慎言、甡爲奸邪。慎言立班不辨，孔昭遂拔刀向慎言。慎言於人叢中展轉相避，班行大亂。上曰：「文武各宜和衷，何得偏競！」乃出，復具疏極詆三俊，且謂慎言欺蔽罪狀，乞寢甡陛見之命。慎言疏辨，因乞休；高弘圖等亦以不能戢和文武乞休。上柔，置不問，但慰留而已。

慎言四疏乞罷。

六月，乃得請，加太子太保，賚銀幣，給應得誥命恩蔭，命僑寓需召。慎言固辭，其表有云：「先帝山陵未卜，而臣之祖父先受絲綸；青宮皇子安在，而臣之子孫妄叨恩蔭。況風塵不定，逐虎驅狼，回首長安諸陵，嵩楸麥稷，諸臣何以爲心，而猶侈口論功乎！」自慎言罷，徐石麒亦繼去，大鋮乃起其黨張捷爲之，於是銓政不可問矣。時山西盡陷，流寓蕪湖、宣城間。南京亡，鬱鬱疽發背，戒勿藥，卒年六十九。

子履旋，字伯坦。崇禎十五年舉於鄉，官知縣。陽城陷，嘆曰：「吾父決不爲亂臣，吾豈爲賊子！」遂投崖死。弘光時贈御史。

羽明字芝山，蘭陽人，侍郎雲構子。崇禎七年進士，歷行人，考功主事、員外郎，後陞太嘗少卿，降於清。

徐石麒，字寶摩，嘉興人。天啟二年進士，授營繕主事。魏忠賢興三殿之役，每牘請，石麒折以法。黄尊素忤奄下獄，石麒爲盡力，因削籍。

崇禎三年，起南京祠祭，累遷文選考功郎中。八年，佐鄭三俊京察，澄汰至公。歷尚寶卿、應天府丞，先後十餘年，始入爲左通政。三俊下獄，疏言：「皇上御極以來，諸臣麗丹書者數千，闔扉爲滿，使情法盡協，猶屬可憐。況怵惕於威嚴之下者，有將順而無挽回，有揣摩而無補救，株連蔓引，九死一生，豈聖人惟刑之恤之意哉！」三俊遂得釋。累陞光禄卿、通政使。十三年，面對禦清救荒安民策。十五年，擢刑部右侍郎，讞李日宣等獄，予輕比，貶秩。

時上威刑馭下，法官引律深文，石麒多所平反，出冤滯近萬人，貫城幾空。而於陳新甲之獄，朝士多方營救，石麒謂新甲便宜款虜，辱國無君，罪不可赦，新甲即日棄市。

尋轉左侍郎，晋尚書。最後以熊開元、姜埰之獄，忤旨落職歸。李明睿倡議南遷，廷臣不能決，石麒聞而嘆曰：「膠柱死守，亦非臣子愛君父之道。苟萬乘南幸，各鎮撫兵騰勇奮發，以謀恢復，亦不爲無策。倘觀望狐疑，至求遷不得，尚忍言哉！」爲文檄同志起義兵，北首赴難，而北京凶問至矣。

安宗立，起右都御史，未任，改吏部尚書。再疏辭，舉三俊自代，不許。乃入朝，陳定官制、慎破格、行久任、重名器、嚴起廢、明保舉、交堂廉七事，末請急收山東人心，以保山東疆土。因薦王永吉總督二東，巡撫河北，朱大典赴兩河，又請追封于謙伯爵，皆褒納之。

石麒剛方清介，與人言移日不倦，而不可干以私。中官田成輩請屬，拒不應。馬士英、阮大鋮植黨樹私，權傾中外，石麒以法裁之。士英欲得侯封，諷韓贊周入言之。石麒奏曰：「世宗以外藩入繼，將封輔臣伯爵，楊廷和、蔣冕謙不受。今國恥未雪，諸臣裂土自榮，不愧廷和等耶？且俟海内一統，議之未晚。」又言：「孝皇帝殉國，先帝尚遺勳臣、黄門、内侍審啥具殮。今先帝梓宫何處、封樹若何？僅遣一健兒應故事，則羣臣之悲思大行，徒具文耳。」士英惡之。御史黄耳鼎、陸朗有物議，石麒以年例出之。朗賄内侍留用，石麒發朗交通之罪，朗、耳鼎亦疏訐石麒枉殺新甲，以敗和局；士英助之。石麒益憤，乃歷陳自有建事以來主款之誤，且言：「先帝之誅新甲，曰『陷我七親藩』，七藩之中，孝皇帝居一焉，皇上忘之乎？」因引疾乞休。士英擬嚴旨，上不許，命馳驛去。辭朝。疏言：「聞虜騎蹂躪已徧二東，今日之虜非復昔日之虜，乞大修戰備。」不省。

南京亡，嘉興降清，石麒移居城外，扁舟水宿。博雒遣使禮聘，爲書力拒之。已與陳梧、沈輝辰募衆，倡義城守。梧敗，主客猜疑。石麒出城集餉犒師，聞城不可守，呼於城下曰：「吾大臣也，城亡與亡。」縋之入。城陷，朝服自經死，年六十八。僕李茂、僧真實葬之。

先石麒致仕，築堂榜曰「可經」，人莫解。及其死是堂也，始知其素志云。隆武時，贈少傅、文淵閣大學士，謚忠襄；魯王監國，贈太師。

子爾穀，字似之，太學生。紹宗授中書舍人，魯王授職方主事兼御史。吴易軍起，與其謀。易有緩急，匿爾穀妻孫家，事露，孫赴水死，弟鉅一門從死。有毛和尚者，與爾穀雅故，先期護之得脱。遷太僕少卿。率衆持糧依吴勝兆嵩江。事敗，被執至南京，對簿無撓詞。

訊者曰：「而父忠臣，汝定孝子。」遂遇害。和尚囊屍歸，并匿其子生申。

杜臣，字貞侯，去諸生。冒難收爾穀屍，矢傷，杜門卒。

又徐成、徐錦、祖敏、李升四人者，皆石麒僕也。成老矣，錦年少。石麒縋城，成欲先登，錦止之曰：「君老矣。」成怒曰：「童子何知？謂我老耶！」俱縋入，從死。敏、升在城外聞之，亦自經死。

時吏部先後司官之可紀者，爲顏渾、何應奎、葛含馨、王寢大、姜應龍、武備、沈烇晃、王夢鼎。

渾，字伯通，懷寧人。崇禎十三年進士。授稽勳主事，調文選。以要津持銓司短長，倣范仲淹百官圖，將除授淺深，分注小册，遇請託者，出册示之，見者慚沮。遷員外郎。安宗立，陞郎中。南京亡後，入宣城山中，祈死卒。

應奎，字任城，桐城人。萬曆四十七年進士。歷吉水知縣、儀制主事、考功郎中。左良玉、大鋮交搆，多所調停。

含馨，字德孚，濮州人。崇禎元年進士。歷廣平推官、光禄丞、吏部員外郎歸。國變起兵，陞考功郎中，上清吏、用人、請賑三疏。

寢大，字幼章，合肥人。崇禎十年進士，授即墨知縣。有捍寇功，史可法重之，機務悉咨而後行。累遷稽勳主事、郎中。

應龍，餘姚人。崇禎十年進士。歷泉州推官、福建道御史、驗封郎中。

備，字彝白，蘭陽人。崇禎十年進士，歷長垣、興化知縣，高郵知州。戢巨盜秦重應等百許人，高傑畏之，不敢逼。自考功主事、員外郎遷驗封郎中。降於清。

烇晃，字叔子，紹興山陰人。崇禎十年進士。授中書舍人。座主薛國觀權傾中外，絶不與通，十年不調。册封岷王，卻餽千金。自文選主事遷員外郎。

夢鼎，字兆吉，嘗熟人。天啟七年舉於鄉，司務。

張有譽，字難譽，江陰人。天啟二年進士。以户部主事権税蕪湖，力持清操。崇禎中，出爲饒州知府，累遷江西督糧副使、四川按察使，俱有惠政。鄭三俊舉天下廉能方面官五人，以有譽爲首，上書其名於屏。擢南京户部右侍郎、僉都御史、總督倉場，抵任則安宗立矣。轉左侍郎。

内官張執中收白糧，勒鋪墊費踰舊制，杖斃解户。有譽收其胥役送獄，疏論之，執中稍斂。嘗因召對，言統計一年經費須千餘萬，今所入僅八百萬，惟有汰冗兵冗費，願聖明躬行節儉，爲天下先。

既馬士英鋭意起阮大鋮，而廷臣持之急，思以中旨用之，難於發端，以有譽人望，傳旨爲户部尚書。高弘圖謂有譽才望堪用，而内傳不可開，封還詔旨，羣臣亦交章論奏，不聽，自是傳陞紛然矣。尋加太子太保。時四鎮各需餉二十萬，有譽計無所出，至嘔血，連疏乞歸，不允。

南京亡，有譽走武康爲僧，名大圓。久之旋里，卒年八十一。

練國事，字君豫，永城人。萬曆四十四年進士。方正有特操，歷沛縣、山陽知縣。淮黄漲溢，決裹河王公祠，力塞決河有功，遷四川道御史。疏論山東妖寇漸大，巡撫趙彦不宜遷延畏避。葉向高、史繼階俱以病請，請留向高輔政，而糾繼階宜斥。廣寧失守，請遵化、宣大、山東、山西、河南撫臣各練精兵萬人，壯山海聲援。以京堂太壅，冒濫宜防，陳内外交重之法。巡督漕儲，疏論魏忠賢辱尚書鍾羽正，傷國體。所建白甚多。忠賢私人給事中趙興邦，以國事爲趙南星黨，劾之，削籍。崇禎元年，起太僕卿，疏劾房壯麗壞法亂紀。以僉都御史巡撫陝西。

關中兵起，國事連破趙勝中部、郃陽、韓城，又破别部宜君、雒川，降其將李應鼈。諸將張全昌、趙大胤、王承恩、杜文焕分攻澄城、宜川、耀州、白水、郃陽，斬首千九百有奇。總督楊鶴既受羣寇降，已，復畔陷中部，國事攻復之。五年，檄楊嘉謨、曹文詔殲紅軍友等。七年，寇入漢南，總督陳奇瑜檄駐商州，協剿商南、盧氏。漢南寇謡寧羌入關中，奇瑜誤信之，檄諸軍勿擊，寇出險大掠，乃委罪國事以自解。國事疏辨，而事已不可爲，乃逮下獄，遣戍廣西。久之，叙前功，赦還，復冠帶。

安宗立，召爲户部右侍郎、總督糧儲，改兵部添注左，尋晋太子太保、尚書。在位無所匡救。明年二月卒。

子彦吉，字睢臣。恩貢，永福知縣。不應清徵，卒年七十二。

族人謙吉，增生，都督同知、副總兵。弘光元年，降清。

解學龍，字石帆，興化人。萬曆四十一年進士。歷金華、東昌推官，遷刑科給事中。王紀忤魏忠賢削籍，學龍疏救，已劾川貴舊督張我續、新督楊述中，上不罪。學龍通曉政務，上言：

遼左額兵舊九萬四千有奇，歲餉四十餘萬耳。今關上兵止十餘萬人，月餉乃二十二萬。遼兵盡潰，關門宜募新兵。薊鎮舊有額兵，乃亦給厚糈召募。舊兵以其餉厚，悉竄入新營，而舊額又如故，漏卮可勝言。國初，文職五千四百有奇，武職二萬八千有奇。

神祖時，文增至一萬六千餘，武增至八萬二千餘矣，今不知又增幾倍。誠度冗者汰之，歲可得餉數十萬。裁冗吏，核曠卒，俾衛所應襲子弟，襲職而不給俸，又可得數十萬。

京邊米一石，民輸則非一石也。以民之費與國之收衷之，國之一，民之三。關餉一斛銀四錢，以易錢則好米值錢百，惡米止三四十錢，又其下腐臭不可食。以國之費與兵之食衷之，兵之一，國之三。總計之，民費其六，而兵食其一。況小民作奸欺漕卒，漕卒欺官司，官司欺天子，展轉相欺，米已化爲糠粃沙土；兼濕熱蒸變，食不下咽，是又化有用之六，爲無用之一矣。臣以爲莫如修屯政。屯政修，則地闢而民有樂土，粟積而人有固志。昔吴璘守天水，縱横鑿渠，綿亘不絶，名曰地網，敵騎不能逞。今倣其制，溝塗之界，各樹土所宜木，小可獲薪果之饒，大可得控扼之利，敵雖强，何施乎。

上亟下所司，而議竟中格。稍進右給事中。以東林削籍。

崇禎初，起户科都給事中，請大清吏治。劾薊撫王應豸剋餉激變，又上足餉十六事，上皆採納。歷太嘗少卿、太僕卿。五年以僉都御史巡撫江西，立帶徵法，平張普薇亂。

十二年，擢南京兵部右侍郎，未赴，適黄道周得罪，學龍於薦舉屬吏，推引及之。上怒，逮詔獄，杖八十，遣戍。

安宗立，起左侍郎。十月，晋刑部尚書，加太子太保。時三法司倣唐制以六等治從賊諸臣罪，其大逆淩遲處死者五條：凡從賊攻陷京師及爲賊毁宗社易門榜者；凡倡率勸進及爲賊草僞詔者；凡部院詹事翰林三品以上大臣從賊受僞命而親信用事者；凡文武封疆大吏如督撫、總兵降賊者；凡京堂科道部屬等官爲賊畫策規取地方者。以上如本犯不歸，歸而又逃，悉收繫其妻子，籍没其家産。其斬決不待時者三條：凡四品京堂及翰詹科道受賊僞命居要地比原職加崇者；凡方面分巡分守知府等官降賊者；凡文武封疆大吏聞變先逃者。其絞者六條：凡獻玉帛獻子女以媚賊求免者；凡内外衙門官僅受僞命者；凡在巡方及都布按三司分巡分守知府等官遇變而逃者；凡被賊拷掠不能自決仍受僞命者；凡受僞命而爲賊疎遠者；凡管屯管河榷關督餉等官雖無封疆之守而棄職潛逃者。其流者二條：凡内閣重臣及部院等三品以上、詹事翰林五品以上即不從賊而偷生潛逃者；凡既受僞命復自疎遠見賊未敗而脱身南還者。以上斬絞流共十一則。如各犯認罪自投，擬減本罪一等；如遁歸匿影，蓄謀叵測，炤本罪加一等，仍收繫其親屬。其徒者二條：凡候考候選即無官守即未受僞命而浮沈賊中賊奔乃還者；凡遇賊變爲賊脅留而未受僞命者。其杖者一條：凡爲賊所拘未受僞官而乘間先歸者。

上曰：「北都淪喪，帝后升遐，巷戰死節者，遂無一人。且反面事仇，甘心降賊，爲之指斥先帝，規並海宇，人心已喪，法紀何存。所奏既已會議允當，並先奪職。其絞罪以上，法司行撫按官逮解來京候訊。流罪以下，撫按官依律訊處具奏。其有身雖陷賊，能改圖歸正，禽殺賊首及以兵馬城池來歸，或爲內應，克立大功，或爲內間，效忠本朝者，仍從優陞賞，不用此例。」於是定一等應磔者宋企郊等十一人；二等應斬決者光時亨等四人；三等應絞者陳名夏第七人；四等應流者王孫蕙等十五人；五等應徒者宋學顯等十人；六等應杖者潘同春等八人。自絞以下聽贖俟定奪者何瑞澂等十九人；其存而再議者翁元益等二十八人。擬上，馬士英擬旨：「周鍾不當緩決，名夏等未蔽厥辜，侯恂、學顯、吳剛思、方以智、同春等擬罪未合。新榜進士盡污僞命，不當復玷班聯。」令再擬，學龍仍執前議。

時士英必欲殺鍾，而學龍欲緩其死。士英怒，阮大鋮暨其黨張捷、楊維垣聲言欲劾學龍。學龍遂引疾。大鋮復嗾朱國弼、張孫振訐學龍曲庇行私，削籍歸。南京亡，投江死。子詒從死。

弟學尹，字伊人，崇禎元年進士。授建寧推官，獄無冤人，遷禮科給事中。劾常道立塘報大捷，與劉元斌、盧九德所報互異，殺良飾罪。又陳楊嗣昌府設守備、縣設把總練兵之非。後以學龍在南京，引避歸，卒。

高倬，字枝樓，重慶忠州人。天啟五年進士。授德清知縣，調金華，遷河南道御史。薊督曹文衡與總監鄧希詔相奏訐，倬言宜撤希詔，安文衡心；若文衡不足任，宜更置，勿使中官參之。疏入，貶一秩。尋以草場火，坐視巡不謹下吏，謫光禄監事。起上林丞，轉大理右寺副。

崇禎十一年五月，火星逆行，倬請疏刑部積案，累陞南京太僕卿。太僕卿駐滁州，請募州人爲兵，保障鄉土，從之。十六年二月，以僉都御史提督操江。其秋，操江改任勳臣劉孔昭，召倬別用，未赴而北京陷。

安宗立，擢工部右侍郎。御用監內官請置宫殿，陳設寶玩金玉，光禄寺請辦御用器。倬上言：「國家草創，民愁財匱，宜力行節儉，爲天下先。昔衛之亡也，文公大布之衣、大帛之冠，通商務農，故能立國。今百萬之師，嗷嗷待哺，司農無以應之，致觖望掠食，即君臣縞素示以匱乏，彼未必信也，而乃雕鏤華彩，欲飾美觀乎！」内官催大婚冠費。又言：「今何時耶？金甌半缺，民力已枯，海内兵馬錢糧缺額二百二十五萬有奇，户部見存銀止千餘，乞節用。」不納。已解學龍削籍，倬繇左侍郎晋刑部尚書，加太子太保。以枉獄力拒，馬士英銜之。南京亡，投繯卒。

程註，字爾雅，孝感人。萬曆三十八年進士。授行人，累遷禮部主事、户科給事中，調禮科右。條議遼餉，曰重考成、曰搜公餘、曰酌屯糧、曰覈部儲。又請嚴汰京營老弱，清查各衛冒濫，爲朝廷節省。轉吏科都給事中。吏部推鄒元標尚書，上不允，註疏請惜老成，以重表率。陞太常少卿，提督四夷館。劾罷大學士方從哲。客魏子弟多世襲錦衣，疏言太濫，引祖制裁之，不報。御史王士英劾其爲趙南星、熊廷弼私黨，削籍，並炤原參數目追贓助工。

崇禎初，起大理少卿，歷太僕卿、刑部右侍郎、户部左侍郎總督漕運，擢南京工部尚書。北京陷，約史可法合檄勤王。南京大臣議紹述，與可法均屬意潞王。安宗立，加太子太保。後同張慎言致仕，流寓宣城卒。

子良符，字瑞卿，恩貢。任天台知縣，累遷廣德知州、户部郎中，歸。

良籌，字持卿，天啟五年進士。授行人，遷文選主事員外郎，歸，與夏時亨團結鄉兵。德安白雲山寇屢招降，不屈，號召遠近，寇不敢犯，進復孝感、雲夢。弘光元年二月，以餉乏兵潰被執。寇聞左良玉兵將至，强使止兵，大駡不從死，贈太常少卿。

良鈞，字君卿，諸生。任刑部主事。

良節，字安卿；良籌子正萃，字除只，皆任子。

正隆，字石野，去諸生，以詩酒終。

何應瑞，字聖符，曹州人。萬曆三十八年進士。授户部主事，榷河西務，税減課增，商民德之。遷嘗州知府，時佘山寇亂，山東妖起，江上一夕數驚，處以鎮静，籌兵計餉，才猷裕如，盗無敢入者。旋轉河南督學副使，力杜請託，所拔多寒士。歷大梁、井陘參政，江西按察使、左布政使。

崇禎二年，清兵入寇，巡撫勤王赴急，留守會城，軍興旁午，庫藏空匱，而一一拮据，竟賴以濟。四年，以副都御史巡撫河南，失執政意停陞，仍還江西。三載完積逋十四萬，調廣東。入爲南京太僕少卿，陞太常卿。

安宗立，擢工部左侍郎，加太子少保，晋尚書。請加派錢糧資浚河。上曰：「一經加派，便相沿爲額，祇供官胥侵蠹耳。」不許。其年八月，太后至自河南，諭修行宫，備賞賜。應瑞與高倬合疏，言點金乏術，懇祈崇儉，不納。已言江浮大木，有助殿工，命擇吉興役。南京亡，自縊不死，復自刎，爲子所持，不食七日卒。

劉宗周，字啟東，紹興山陰人。萬曆二十九年進士。以家難，久之始謁選，授行人。時中朝崑黨、宣黨與東林角立，乃上言：「東林顧憲成講學處，高攀龍、劉永澄、姜士昌、劉元珍皆賢人，于玉立、丁元薦亦皎然不欺其志，有國士風。是故摘流品可也，爭意見不可；攻東林可也，黨崑、宣必不可。」於是黨人大譁，宗周乃請告歸。

天啟元年，起儀制主事，抗疏極詆魏進忠導皇上馳射戲劇，而奉聖夫人客氏出入自繇，無以閑内外。且一舉逐三諫臣，罰一人，皆出中旨，左右將日進鷹犬聲色，指鹿爲馬，生殺予奪，制國家大命。今東西方用兵，奈何以天下委奄豎哉！進忠者，即忠賢也。上大怒，停宗周俸半年。尋以國法未伸，請戮崔文昇以正弑君之罪，戮盧受以正交私之罪，戮楊鎬、李如楨、李維翰、鄭之范以正喪師失地之罪，戮高出、胡嘉棟、康應乾、牛維曜、劉國縉、傅國以正棄城逃潰之罪。急起李三才爲兵部尚書，録用清議名賢元薦、李朴等，諍臣楊漣、劉重慶等，以作仗義徇義之氣。詔切責之。累遷光禄丞、尚寶、太僕卿，移疾歸。四年，起右通政，復固辭。忠賢惡之，削其籍。

崇禎元年，召爲順天府尹，再辭，不許。屢論時政，上迂闊其言而嘆爲忠。未幾，都城被兵，傳旨辦布囊八百，中官競獻馬騾，又令百官進馬。宗周詣午門叩諫，自晨至暮，中官傳旨乃退。時樞輔諸臣多下獄者，宗周言：「國事至此，諸臣負任使，無所逃罪，陛下亦宜分任咎。今日文武皆不足信，乃專任一二内臣，閫以外次第委之，自古未有宦官典兵不誤國者。」又劾馬世龍、張鳳翼、吴阿衡等罪，忤上意。

三年，以疾在告，進祈天永命之説，一除詔獄，二除新餉。周延儒、温體仁見而不懌，激上怒，擬旨詰之。且令陳足兵足餉之策，宗周條畫以對，二人不能難。

爲京尹，政令一新，力挫豪强，賙卹下户。居一載，謝病歸，都人爲罷市。九年，詔促入都，上問人才兵食及流寇猖獗狀，旋除工部左侍郎。上痛憤時艱疏。疏上，上怒甚，諭閣臣擬嚴旨再四。每擬上，上輒手其疏復閲，起行數周。已而意解，降旨詰問，謂大臣論事宜體國度時，不當效小臣歸過朝廷爲名高，且獎其清直焉。

時太僕缺馬價，有詔願捐者聽，體仁以下皆有捐助，又議罷明年朝覲。宗周以爲大辱國。上雖不悦，心善其忠，益欲大用。體仁患之，募山陰許瑚疏論之，謂宗周道學有餘，才諝不足。上遂已不用。其秋，三疏請告去。至天津，聞都城被兵，留不行。十月，事少定，復上疏力詆鳳翼、丁魁楚、體仁，雪金光辰、成德、申紹芳。上閲疏，大怒。體仁又上章力詆，遂斥爲民。

十四年，廷推吏部侍郎。上曰：「宗周清正敢言，可用也。」遂以命之。再辭不得，乃趨朝，道中進三劄，上優詔報之。十五年，擢左都御史，列建道揆、貞法守、崇國體、清伏奸、懲官邪、飭吏治六事以獻。俄劾御史喻上猷、嚴雲京而薦袁愷、成勇。十月，京師被兵，請旌盧象昇而追戮楊嗣昌。

閏月晦，上召見廷臣於中左門。時姜埰、熊開元以言事下詔獄，宗周約九卿共救。及入對，請先去范志完。及出，復奏請付㓗、開元法司，與上詰辨再三。上大怒曰：「開元疏必有主使。」疑即宗周，光辰爭之，并命議處，遂斥爲民。

歸二年而北京亡，宗周徒步荷戈詣杭州，以發喪起兵責黄鳴俊。與朱大典、章正宸、熊汝霖召募義旅。將發，而安宗立，起故官。宗周以大仇未報，不敢受職。六月，上疏陳時政四事，自稱「草莽孤臣」，言：

今日宗社大計，捨討賊復仇，無以表陛下渡江之心；非毅然決策親征，亦無以作天下忠臣義士之氣。至討賊次第：

一曰據形勢以規進取。江左非偏安之業，請進而圖江北。今淮安、鳳陽、安慶、襄陽等處，雖各立重鎮，尤當重在鳳陽，而駐以陛下親征之師。中都固天下之樞也，東扼淮、徐，北控豫州，西顧荆、襄，而南去金陵亦不遠。以次漸恢漸進，秦、晉、燕、齊當必響應。兼開一面之網，聽其殺賊自效，賊勢益孤，賊黨日盡矣。

一曰重屏藩以資彈壓。地方之見賊而逃也，總繇督撫非才，不能彈壓。遠不具論，即如淮、揚數百里之間，兩節鉞不能禦亂賊之南下，致淮北一塊土，拱手而授之賊。尤可恨者，路振飛坐守淮城，以家眷浮舟於遠地，是倡之逃也。於是鎮臣劉澤清、高傑遂相率有家眷寄江南之説，尤而效之，又何誅也。按軍法，臨陣脱逃者斬，臣謂一撫二鎮皆可斬也。

一曰慎爵賞以肅軍情。今天下兵事，不競極矣，將悍兵驕，已非一日。今請陛下親征所至，亟問士卒甘苦，而身與共之，乃得漸資騰飽，徐張撻伐。一面分别各帥之封賞，孰當孰濫，輕則量收侯爵，重則並奪伯爵。軍功既核，軍法益伸，左之右之，無不用命。夫以左帥恢復焉而封，高、劉敗逃也而亦封，又誰不當封者？武臣既濫，文臣隨之；外廷既濫，中璫從之，臣恐天下聞而解體也。

一曰覈舊官以立臣紀。燕京既破，有受僞官而畔者，有受僞官而逃者，有在封守而逃者，有奉使命而逃者，於法皆在不赦，急宜分别定罪。至於僞命南下，徘徊於順逆之間者，實煩有徒，尤當顯示誅絶。

行此數者，於討賊復仇之法，亦畧具是矣。若夫邦本之計，貪官當逮，酷吏當誅，循良卓異當破格旌異，則有安撫之使在。而臣更有不忍言者：當此國破君亡之際，普天臣子，皆當致死。幸而不死，反膺陞級，能無益增天譴？除濫典不宜概行，一切大小銓除，仍請暫稱行在，少存臣子負罪引慝之誠。

又疏言：

賊兵入秦踰晉，直逼京師，大江以南固安然無恙也。而二三督撫曾不聞遣一人一騎北進，以壯聲援，賊遂得長驅犯闕。坐視君父危亡而不之救，則封疆諸臣之宜誅者一。

既而大行之凶問確矣，敷天痛憤，奮戈而起，決一戰以贖前愆，又當不俟朝食。而方且仰聲息於南中，爭言固圉之事；卸兵權於閫外，首圖定策之功。安坐地方，不移一步，則封疆諸臣之宜誅者二。

然猶或曰事無禀承，迨今上既立，自應立遣北伐之師。不然，而亟馳一介，使齎蠟丸，間道北進，或檄燕中父老，起塞上名王，共激仇恥，哭九廟，安梓宫，訪諸王。更不然，則亟起閩帥鄭芝龍，以海師直搗燕都。令九邊督鎮，卷甲銜枚，出其不意，合謀共奮，事或可幾。而諸臣又不出此，紛紛制作，盡屬體面，僅令吴鎮諸臣一奏燕京之捷，將置我南中面目於何地？則舉朝謀國不忠之宜誅者三。

而更有難解者：先帝升遐，頒行喪詔，而遲滯日久，距今月餘，未至臣鄉。在浙如此，遠省可知。時移事换，舛謬錯出，即成服祇成名色，是先帝終無服於天下也。則今日典禮諸臣之宜誅者四。

至罪廢諸臣，量從昭雪，自應援先帝遺詔而及之，乃概用新恩，即先帝誅璫鐵案，詔書蒙混，勢必彪虎之類，盡從平反而後已。君父一也，三年無改之謂何？嗟乎已矣！先帝十七年之憂勤，念念可以對皇天、泣后土，一旦身殉社稷，罹古今未有之慘，而食報於臣工，乃如此之薄。仰惟陛下再發哀痛之詔，立興問罪之師，請自中外諸臣之不職者始。

詔報曰：「親統六師，光復舊物，嚴文武恇怯之大法，激臣子忠義之良心，慎新爵，劾舊官。朕拜昌言，宣付史館。」中外爲之悚動。

初，宗周本無意於出，謂朝中黨禍方興，何暇圖賊。而一時奸人雖不利宗周，又恥不能致之，急其一出。及方出而彈劾踵至。其言謬謬，引繩批根，不少假借，繇是羣小側目。宗周既連疏請告，不得命，乃抗疏劾馬士英，曰：

陛下龍飛淮甸，天實予之。乃有扈蹕微勞，入內閣，進中樞，官銜世蔭，當之不疑者，非士英乎？於是李沾侈言定策，挑激廷臣矣。劉孔昭以功賞不均，發憤冢臣，朝端譁然聚訟，而羣陰且翩翩起矣。借知兵之名，則逆案可以燃灰；寬反正之路，則逃臣可以汲引，而閣部諸臣且次第言去矣。中朝之黨論方興，何暇圖河北之賊；立國之本紀已疏，何以言匡攘之畧。傑一逃將也，而奉若驕子，浸有尾大之憂。淮、揚失事，不難譴撫臣道臣以謝之，安得不長其桀傲，則亦恃士英卵翼也。劉、黃諸將，各有汛地，而置若弈棋，洶洶爲連雞之勢，至分割江北四鎮以慰之，安得不啟其雄心，則皆傑一人倡之也。京營自祖宗以來，皆勳臣爲政，樞貳佐之。陛下立國伊始，而有内臣盧九德之命，則士英有不得辭其責者。

總之，兵戈盜賊，皆從小人氣類感召而生，而小人與奄豎又往往相表裏。自古未有奄官用事，而將帥能樹功於域外者。惟陛下辨陰陽消長之幾，出士英仍督鳳陽，聯絡諸鎮，決用兵之策。史可法即不還中樞，亦當自淮而北，歷河以南，別開幕府，與士英相犄角。京營提督，獨斷寢之，書之史册，爲弘光第一美政。

上優詔答之而促其速入。士英益怒，陽具疏辭位，且揚言於朝曰：「劉公自稱『草莽孤臣』，不書新命，是明示不臣也。」其私人宗室統鑛言：「宗周請移蹕鳳陽。鳳陽高牆所在，蓋欲以罪宗處皇上，而與可法擁立潞王，其兵已伏丹陽，宜急備。」是時嗚俊入覲，兵抵鎮江，與防兵相擊鬨。士英聞之而信，亦震恐。澤清初倚東林，極重宗周，至是恨甚，具疏痛詆，言：「宗周勸往鳳陽，爲謀不忠，料事不智。抗疏稱『孤臣』，無禮；陰撓恢復，不義；欲誅臣等激激士心，召生靈之禍，不仁。」劉良佐亦具疏詆之。疏未下，澤清復草一疏，並署黄得功、傑、良佐名以上，詞連姜曰廣、吴甡，請正以謀危君父之罪。舉朝大駭。高弘圖言於上，傳諭解之。宗周不得已受命。

方宗周在丹陽僧舍，澤清遣刺客十輩跡之，見其正容危坐，不忍加害。以七月十八日入朝，仍居蕭寺。士英不使入對。陳子龍以爲言，不省。既視事，即引董仲舒言，請正心以正朝廷。袁彭年以爭復東廠被謫，宗周言其冤。及中旨起阮大鋮，又言魏大中死於詔獄，實大鋮主使。祖宗故事，大僚必廷推，乃者中旨屢降，司農之後，繼以少宰，而大鋮又爲司馬，其墨敕斜封之漸，有不待問者。大鋮進退，實係江左興亡，乞寢命。不報。

九月，再疏乞休，許馳驛歸。臨行，復疏陳五事：

一曰修聖政，毋以近娛忽遠猷。國家不幸遭此大變，今紛紛制作，似不復有中原志者，土木崇矣，奇珍集矣，俳優雜劇陳矣，内豎充庭，金吾滿座，戚畹駢闐矣。讒夫昌，言路阨，官常亂矣。所謂狃近娛而忽遠猷也。

一曰振王綱，勿以主恩傷臣紀。自陛下即位，中外臣工不曰從龍，則曰佐命。一推恩近侍，則左右因而秉權；再推恩大臣，則閣部可以兼柄；三推恩勳舊，則陳乞至今未已；四推恩武弁，則疆埸視同兒戲。表裏呼應，動有藐視朝廷之心；彼此雄張，即爲犯上亡等之習。禮樂征伐，漸不自天子出，所謂褻主恩而傷臣紀也。

一曰明國是，毋以邪鋒危正氣。朋黨之説，小人以加君子，釀國家空虚之禍，先帝末造可鑒也。今更爲一元惡稱冤，至諸君子後先死於黨、死於殉國者，若有餘戮。揆厥所繇，止以一人進用，起無限風波。動引三朝故事，排抑舊人，私交重，君父輕，身自樹黨，而坐他人以黨，所謂長邪鋒而危正氣也。

一曰端治術，毋以刑名先教化。先帝頗尚刑名，而殺機先動於體仁。殺運日開，怨毒滿天下。近如貪吏之誅，不經提問，遽科罪名；未科罪名，先追贓罰。假令有禹好善之巡方，借成德以媚權相，又孰辨之？又職方戎政之奸弊，道路嘖有煩言，雖衛臣有不敢問者，則廠衛之設何爲？徒令人主虧主德，傷治體，所謂急刑名而忘教化也。

一曰固邦本，毋以外衅釀内憂。前者淮、揚告變，未幾而高、黄二鎮又治兵相攻。四鎮額兵各三萬，不用以殺敵而自相屠毒，又日煩朝廷講和，今日遣一使，明日遣一使，何爲者？夫以十二萬不殺敵之兵，索十二萬不殺敵之餉，亦必窮之術耳！若不稍裁抑，惟加派横征，蓄一二蒼鷹乳虎之有司，以天下殉之已矣，所謂積外衅而釀内憂也。

上優詔報聞。宗周以宿儒重望，爲海内清流領袖，以出處卜國家治亂。既出都門，都人士聚觀嘆息，知南京之不可有爲也。

南京陷，趣于潁等起兵，又謂汝霖曰：「倘有能爲田單即墨者，天下事未可知，子其勉之。」兵未集而杭州、紹興降，宗周推案慟哭曰：「老臣力不能報，聊以一死明臣誼。」門人張應燁曰：「此降城也，非先生死所。」宗周瞿然遽出城。有勸以文、謝故事者，宗周曰：「北京之變不死者，身在田間，留以俟今上。南京之變，今上自棄其社稷，僕在懸車，尚曰可以死，可以無死。今吾越又降，區區老臣欲何之？若曰身不在位，不當與城爲存亡，獨不當與土爲存亡乎？故相江萬里之所以死也。世無逃生之宰相，亦豈有逃死之御史大夫哉！」扁舟辭墓，躍入西洋港，水淺不得死，舟人扶出。博雒聘至，張目不語，口授答書曰：「大明孤臣啟：國破君亡，爲人臣子，惟有一死。七十餘生，業已絶食經旬，正在彌留之際，其敢尚事遷延，遺譏名教，取玷將來？周雖不肖，竊嘗奉教於君子矣。若遂與之死，固周之幸也。或加之以斧鉞焉而死，尤周之所甘心也。謹守正以俟。口授荒迷，終言不再。原書不敢投還。」宗周絶食二十三日，勺水不下者十三日，吟絶命詞，與門人問答如平時。子汋請曰：「有未了事否？」曰：「他無所事，孤忠耿耿。」又曰：「汝停我柩山中，當三年後葬。」叩之，曰：「先帝梓宮尚未落土。」又六月六日，命扶起，幅巾端坐北首卧。七日，命取几上筆硯書「魯」字，顧謂門人曰：「我緩死者，以諸君不忘國耳。」八日，傳言投謁諸紳歸，太息齧齒，氣絶，雙眸炯炯不瞑，年六十八。魯王監國，贈少師、吏部尚書，謚忠正；紹宗贈少師、吏部尚書、東閣大學士，謚忠端。

宗周以遺腹生。父坡爲諸生，家貧。母章氏，任五月而坡亡，育之外家。幼即志聖賢之學，然體孱甚，母憂念成疾。宗周甫釋褐，即遭母喪，奔歸。爲堊室中門外，日夜哭泣。

服闋選官，以祖父母老疾請養，析薪汲水持藥糜，伺息望顏，三年未嘗惰。及遭喪，哀瘠如初，居七年而始赴補。通籍四十五年，立朝僅四年。家居食不兼蔬，恒服紫花布。赴安宗召，冠服久敝，假於從子之有官者，比歸還之，笑曰：「我不能挂他人冠也。」生平潛心理學，以慎獨爲本，以知天爲歸；而本之敬誠，作人譜以授學者，立證人社，倣古小學，日會講其中。說者謂明之大儒推薛、胡、陳、王，而宗周過之。

子汋，字伯繩，任中書舍人。執貧樂道，能世其學。國亡，陷蕺山，不薙髮，數爲邏者所扼。與宗周門人張之璿披緇興福寺。少定，則又還家。道臣王爾禄，故宗周門人，遺白鏹三百，請刻宗周遺書，不受。語來伻曰：「幸爲我辭，出處殊途，毋苦相强。」樓居著書，卒。

贊曰：安宗初立，召用衆正。七卿之長，如慎言之規簡，石麒之休休，有譽之忠公。國事、學龍之精練，倬、詿、應瑞之介特，皆秉羔羊素絲之節。熙績臺省，無愧宗臣，乃愠於羣小，廷辱誣揭，先後芟斥，宵人競進，卒反前政，君子以是知南都之不兢也。宗周職司喉舌，獻可替否，侃侃正色，盛時麟鳳，出非其時。既死，而熊汝霖等卒奉魯王起兵，黄鐘孤管，遂移氣運，蓋所倡云。

南明史卷三十一

無錫錢海岳撰

列傳第七

徐汧 王心一 易應昌 徐葆初 朱日燦等 賈必選 陳文顯 蔡宸恩等 文伯達 吳憲湯 姜紹書 包壯行 顏俊彥等 胡其枝 汪挺 余長弘 沈璇卿 周必强 鄭俠如 徐弘道 申紹芳 父用嘉 兄繼揆 弟繽芳等 郭忠宁 朱邦楨 葛遇朝 張弘弼 吳國斗 雍鳴鸞 趙明遠 許承欽 任弘震等 區志遠等 秦棡 夏時泰 曹玑等 陸禹思 張大章 何應璜 方岳朝 周憲申 蔡元宸 陳宗大 趙翼心 盛黃 周伯瑞 張永禧等 劉世斗 侯鼎鉉 傅如湯 張鼎隅 趙悅心 王際泰 章甫 徐懋賢 倪元善 畢懋康 子熙載 族兄懋良 吳光義 子開胤 弟光宇 祁逢吉 黃配玄 葉有聲 李希沆 宋祖法 朱芾煌 吳國琦 劉若宜 徐天麟 姜一學 周祚新 張印中 吳亮明 潘自得 王健 賀燕徵 黃衷赤 張大賡 張延祚 姚孫棐 金邦柱 黃泰來 黃鍾斗 李長似 張拱端 徐肇森 荆廷實 許士健 劉星耀 陳璧 董念陛 羅汝元 卜象乾 王儆通等 鄭洪猷 潘

湛　袁定等　劉延禟　朱輅　孔尚則　傅箕孺　宋祖乙　費景烷　張萬選　張景韶　夏供佑　王質　董祖嘗等　曾守意　王政敏　陸慶衍　汪鉉　陳儒朴　吳伯尚　陳謙　汪姬生　賈應寵　**管紹寧**　子鉉等　從弟紹恂等　吳本泰等　賀儒修　楊兆升　**張元始**　張星　王泰徵　汪邦柱　龍起弘　吳洪昌　陳豐項　周之璵　周吉　朱長世　沈譔　方名榮　孫聖蘭　楊一葵　黃永祈

徐汧，字九一，長洲人。爲諸生，有時譽。天啟中，魏大中、周順昌先後就逮，與楊廷樞斂金資其行，順昌嘆曰：「國家養士三百年，如徐生真歲寒嵩柏也。」崇禎元年成進士，改庶吉士，授簡討，遷右諭德。黃道周疏救錢龍錫貶官，倪元璐請代謫，不允。汧力頌道周、元璐賢，自請偕斥罷，忤旨切責。復上疏曰：

人情溺於榮利，聞元璐換職之說，必共指爲獨愚；及聞臣請斥之疏，必且嫉其沽激。不知推賢讓能，蓋臣所務；難進易退，儒者之風。間者陛下委任之意，希注外廷，防察之權，輒逮閹寺，默窺聖意，疑貳漸萌。萬一士風日熾，宸嚮日移，明盛之時，爲憂方大。臣是以力舉孤忠，願同幽黜，斷不敢以不衷之言，自取誅隕。惟聖明裁察。

不省，遂乞假歸。久之還朝，轉右庶子，充日講官。尋奉使江西封益王，便道旋里。周延儒再相，招之不應，久之始行。抵鎮江，聞京師陷，一慟幾絶。汧雅好交遊，蓄聲伎，至是悉屏去，獨居一室。

安宗立，起詹事、侍讀學士、禮部右侍郎。汧以國破君亡，臣子不當叨位，上疏力請處分，略言：

涓埃未酬，漸負罔極。顧當天崩地坼之際，不在納肝斷脰之儔，臣獨何心，能不痛絶。雖臣之本心非爲避危，止以堅卧田園，遠一時權要，豈意偷生牖下，成千古罪人。如不討其重辜，何以儆於有位？復加峻擢，錫以隆恩。將與鞠旅鞅掌之臣，連茹彙征以進，則功罪同貫，賞罰不明，此臣所爲博顙呼天急求譴斥者也。

固辭不許。復移書當事，言：

今日賢奸之辨，不可不嚴；而異同之見，不可不化。在諸君以君民爲心，以職掌爲務耳。其忠君愛民，清白乃心者，君子也，否則小人；修職就業，竭節在公者，君子也，否則小人。執以爲衡，流品明澄叙當矣，豈必挾異同哉？先帝十七年之中，憂勤乾惕，有如一日，卒使海内鼎沸，社稷丘墟，良繇頻年來是非混淆，士大夫精神智慮，不爲君民，不念職掌，乃至膜視主上，委身寇仇，豈不痛哉！禍及君國，身亦隨之。然則朋黨相傾，亦何利之有？今喪敗之餘，人思危懼，宜戒前事，勿蹈覆轍。尊耿介特立之人，尚悃愊無華之士，並建賢哲，明試以功，未有人心不正而能支撑傾側者也。

既就職，即陳時政七事，曰辨人才、課職業、敦寅恭、勵廉恥、核名實、納忠讜、破情面，復惓惓以化恩仇、去偏黨爲言。

柳祚昌希馬、阮指，疏攻之，言：「前年潞王在京口，汧朝服以謁，自恃東林巨魁，與復社諸奸張采、華允誠、楊廷樞、顧杲等狼狽相倚。陛下定鼎南京，彼公然爲討金陵檄，所云『中原逐鹿，南國指馬』，是爲何語？乞置於理。」幸馬士英不欲興大獄，寢其奏，乃移疾歸。

南京亡，謂二子曰：「國事不支，吾死迫矣。」出居村舍。博雒招撫常、蘇，通判徐樹蕃、撫標守備汝欽恭等推諸生袁于令爲降表降清，崑山諸生朱應鯤爲長洲知縣，郡人葉茂華、茂才及兄子汝楫先薙髮爲順民倡，爲人所誅。汧乃別戚友，告家廟，夜自縊，僕救之甦。其友朱薇曰：「公大臣也，野死可乎？」汧曰：「郡城非吾土也，我何家之有？」弘光元年六月十一日，肅衣冠，北向稽首曰：「留此不屈膝、不薙頭之身，以見先帝於地下。」投虎丘新塘橋死。閲三日，顏色如生。老僕徐慶隨死。紹宗贈左侍郎，謚文節；魯王監國，贈太子少保、尚書，謚文靖。子枋自有傳。

王心一，字純甫，吴縣人。萬曆四十一年進士。授行人，遷江西道御史，改山西。

天啟初，詔給客氏土田二十頃，爲護墳香火資；魏進忠侍衛有功，並陵工叙録。心一抗疏言：「陛下眷念二人，加給土田，明示優録，恐東征將士聞而解體。况梓宫未殯，先念保姆之香火；陵工未成，强入奄侍之勤勞，於理爲不順，於情爲失宜。」客氏出宫再召，復疏言之，不報。

又先後疏救忤璫講臣文震孟削籍。給事中倪思輝、朱欽相、周宗建獄成，以公義責馮銓於朝房。侯震暘發客氏罪狀被謫論救，坐貶江西布政都事。廷臣請召還者十餘疏，尋以皇子生，復官。巡視蘆溝橋，旋巡按廣西，還掌浙江道，最後以保接忤璫御史劉大受爲崔呈秀所惡，削籍歸。

威宗即位，起原官，刷卷京畿，監武闈，侍經筵，劾銓。上禮義廉恥疏，甄别奸黨，保全善類。轉太僕少卿，督餉兩廣，事竣，乞終養，無何憂歸。服闋，起應天丞，陞尹。會張獻忠破和州，烽火通畿甸，撫循綏輯，舒民疾困，清馬户，甦驛遞，飭江防，城屬邑之無城者，補軍餉之無額者，士奮馬騰。獻忠覘知，不攻而去。累擢大理卿、通政使、刑部右侍郎。時韓爌枋國，以定逆案舊冤，中以危法，冠帶閒住。

安宗立，起故官，建議以六等定從逆罪，改左，移工部。南京亡，歸糾義師陳湖，被執飲酖死，年七十四。

易應昌，字瑞芝，臨川人。萬曆四十一年進士。授甌寧知縣。天啟時，繇御史累遷大理卿，奄黨劾爲東林，削籍。崇禎二年，起左僉都御史，晉左副都御史，掌院事。偕曹于汴持史堃、高捷起官事甚力，尋以救刑部尚書喬允升，忤旨，下詔獄論死。以大學士成靖之言，下法司，久之，遣戍邊衛。

安宗立，召復故官，擢工部右侍郎，阮大鋮列之十八羅漢中。國亡後卒，年七十。

時工部先後司官可紀者，爲徐葆初、朱日爍、賈必選、陳文顯、蔡宸恩、文伯達、吴憲湯、姜紹書、包壯行、史延曇、顏俊彦、胡其枝、汪挺、余長弘、沈璇卿、周必强、鄭俠如、徐弘道云。

葆初，字元赤，江都人。崇禎七年進士。授營繕主事，督修皇陵，三年工竣，止費二十萬金。遷郎中。

日爍，字静之，崑山人。萬曆四十年舉於鄉。自懷遠教諭遷國子丞。一日城守亟，即擢主事，守永定門，當敵衝。解嚴，補禮部，坐事下獄。起營繕員外郎、郎中。慈禧殿成，出爲建南參政，管延平府事。未行而南京亡，歸號泣死。

子陛臣，字子舒，歲貢，富陽知縣。

埰臣，字子通，去諸生。

必選，字徙南，上元人。萬曆三十七年舉於鄉。歷户部主事、員外郎，管西新倉。時張彝憲總理二部，斥陋規不染，彝憲爲斂跡。倪嘉慶以屯豆事下獄，辨其冤，謫九江經歷，遷桂林推官、南京虞衡郎中。杜門講學，卒年八十七。

文顯，字微之，太湖人。崇禎七年進士。授南城知縣。宗藩犯法不少貸。遷雷州推官，治獄多平反。轉都水主事。道聞北變歸，累陞郎中。南京亡隱，年甫四十，清薦不起。卒年八十二。

宸恩，字祚眷，臨海人。崇禎元年進士。自玉田知縣遷都水主事，擢屯田員外郎、郎中。

子嗣芳，永曆中官瓊州知府，皆降於清。

伯達，會昌人。選貢。營繕員外郎。歸里授徒。

憲湯，字式九，清苑人。天啟七年舉於鄉。虞衡員外郎，榷杭關，處膏不潤。躬耕不入城市二十餘年，卒。

紹書，字晏如，丹陽人。尚書寶孫。任都水員外郎。黄冠終老。

壯行，字稺修，揚州通州人。崇禎十六年進士。屯田主事、員外郎。清薦江南總漕，不應。

俊彦，字開美，桐鄉人。崇禎元年進士。授廣州推官，撫鄭芝龍，陳兵衛不少懾。調嵩江，遷營繕主事。南京亡，隱菁山。

弟俊豪，字傑士，工詩，去諸生爲僧。

其枝，餘姚人。營繕主事，修理武英殿。

挺，字無上，嘉興人。崇禎十六年進士。虞衡主事。擅詩文章草。

長弘，字任可，鄞縣人。大學士有丁曾孫。任中書舍人，餉大同，遷都水主事。恭謹好義，歸值大飢，爲留仁社，活人無算。

璇卿，字集公，歸安人。儆炌子。都水主事。榷蕪關。

必强，字抑而，南昌寧州人。選貢。自清河知縣遷屯田主事。

俠如，字士介，江都人。恩貢。有才能。官司務，止寧國煤山開采。杜門。

弘道，字景行，仁和人。督工官。隱。

申紹芳，字維烈，長洲人。大學士時行孫。父用嘉，字美中，萬曆十年舉於鄉。自贛州推官遷應天治中，不建魏忠賢祠。歷刑部員外郎、高州知府，禦劉香有功，陞思石副使、右江參政。南京亡後，與郭忠寧、朱邦楨先後卒，年八十三。

紹芳萬曆四十四年進士，繇應天教授轉部郎，出爲山東副使、福建左布政使，博大通敏，有文武才。凡鹽筴、兵政、民隱、賊情及阨塞，悉心區畫，暇則陶成士類，拔異才，崇實行，公論翕然。累遷户部右侍郎。温體仁傾文震孟，以爲文黨，文致遣戍。

安宗立，起原官，兼僉都御史督餉江北。無何而僧大悲之獄起。先是崇禎十七年十二月十二日，大悲夜叩洪武門，自稱烈皇帝，又稱神宗子，以宫闈有隙，寄育民間，長而爲僧。趙之龍執之。張國維以爲此等妄男子，當速斃之，若一經窮究，國體不無少損。不許。

弘光元年正月九日，命掌刑指揮許世藩會審，供云休寧人，父朱世傑。初在蘇州披薙，崇禎十二年先帝封齊王，十五年見潞王鎮江銀山寺，十七年四月，會潞王無錫海會庵。秋，王使李承奉强之探南京消息，十月至京，住芙蓉庵，十一月至清江灣，見王舟書「活佛潞王欽差皇帝」封條張鵠首，明日住張道人家，又明日被獲。復於芙蓉庵得其自書履歷冤單，有「聖僧大悲年三十，封齊王，成活佛」諸語，并列欺活佛洩天機各款大罪。奏上。明日，命三法司嚴訊，大悲帕首，供語人不得聞。奏再上，僅云：「大悲改稱潞王弟，潞王齋僧好道，施恩百姓，應正天位。」故六月中，有紹芳、錢謙益議保潞王曰：「或大悲乃吴僧。」大悲行童，從大悲往來二人家，對簿時，但知有紹芳、謙益。紹芳、謙益疏辨。其後三月二十二日，有皮傭詹有道冒稱恭皇帝，青衣直叩西華門，至武英殿曰：「我今日御極。」執訊之，始悟，供云：「初聞空中有聲曰：『汝可至宮中尋子。』忽如爲物所憑，不覺至此。」杖之，膚肉不損，亦無號呼聲，械其項已死。不數日，又有道士入西長安門。門者執之，叱曰：「吾天子也，若不聞黄牛背上鴨頭綠乎？」杖而釋之。時阮大鋮欲假妖異盡傾清流正士，賴上及馬士英不願興大獄，遂坐大悲妖言律，於是月晦日棄市，紹芳、謙益事亦獲免。弘光元年四月，督催直、浙糧餉。南京亡，與兄繼揆，弟縝芳、緒芳、繹芳，從弟薦芳、濟芳，回里卒。從弟騰芳降於清。

繼揆，字維志，諸生。任刑部浙江司郎中，請嚴責左光先抗提。

縝芳，字維善，諸生。任中書舍人。

緒芳，字維綦，諸生。任左府都事。安宗即位，詔蘇、嵩、嘗、鎮，遷屯里主事。

繹芳，字維思，諸生。任中書舍人。

薦芳，字維獻，尚書用懋四子。任詹事主簿。

濟芳，字維凝，用懋五子。諸生。任都水主事，隱吴江。

騰芳，字維實，用懋三子。諸生。任營繕員外郎。

忠宁，字履臺，萬曆三十八年進士。歷台州知府、湖廣副使、陝西參政。

邦楨，字恬宇，萬曆三十二年進士。廣西副使。皆長洲人。

時户部司官先後可紀者，爲葛遇朝、張弘弼、吴國斗、雍鳴鸞、趙明遠、許承欽、任弘震、區志遠、秦楓、夏時泰、曹玑、陸禹思、張大章、何應璜、方岳朝、周憲申、蔡元宸、陳宗大、趙翼心、盛黄、周伯瑞、張永禧、劉世斗、侯鼎鉉、傅如湯、張鼎隅、趙悦心、王際泰、章甫、徐懋賢、倪元善。

遇朝，字鼎如，巢縣人。崇禎十年進士。歷莒州、澧州知州，雲南司主事、員外郎，浙江司郎中。降清。卒年八十。

弘弼，字汝翼，霑化人。崇禎七年進士。授高陽知縣，修城浚隍。邑有二宰二戚畹，内臣且數家，有犯輒寘法。遷薊鎮推官，卻羨金。陞河南司主事、江西司郎中。清召不出。

國斗，孝感人。崇禎七年進士。浙江司郎中。

鳴鸞，字石蓮，貴池人。湖廣司員外郎、郎中。

明遠，字虚白，原武人。崇禎七年進士。歷盧龍、南和知縣。縣困賦役，釐羨金，省俵書，抵富生殺嫡獄。入爲陜西司員外郎。憂歸，起郎中。清徵遺逸，辭。卒年七十六。

承欽，字欽哉，漢陽人。崇禎十年進士。歷溧陽知縣、興化推官、貴州司主事、廣東司郎中。隱泰州。

弘震，字澹公，嘉魚人。崇禎十三年進士。浙江司主事、山東司郎中。

子喬年，崇禎三年舉於鄉，偕隱。

志遠，字邇遂，新會人。萬曆四十六年舉於鄉。歷澄海教諭、國子助教、都察都事、兵部主事、員外郎，調福建司郎中。南京亡，降者多得官，志遠間關江西清江，誅茅山中，惟祝大詹、冀、鄒、黄諸老知其蹤跡。卒，妻顧經殉，二子伯亮等爲僧。

棡，字器新，無錫人。天啟二年進士。歷澤州、福寧知州，入爲山西司員外郎，管軍糧廳。以忤張彝憲去。起郎中，張有譽疏改通政，未報而南京亡。

時泰，上元人。崇禎十三年進士。自中書舍人累遷山西司郎中。

玑，字子玉，江陰人。崇禎十年進士。以主事督餉臨清。清兵圍城，城兵乏糧，出帑給之，築城固守得全。後再以四川司員外郎、郎中督餉歸。黄毓祺之獄，傾資營救，家以中落，詩酒嘯歌，戚戚醉死。

弟玘，字子瑜，崇禎十二年舉於鄉，不仕。

禹思，字玄錫，溧陽人。崇禎十三年特用，以主事督餉天津，累遷廣西司郎中。

大章，字含甫，潁州人。尚書鶴鳴從子。任福建司主事，以員外郎榷蕪關，置役法，商立碑以頌。陞貴州司郎中。清徵不出。

應璜，桐城人。大學士如璟子。任雲南司郎中。清起用。

岳朝，穀城人。大學士岳貢弟。天啟中舉於鄉。萬年知縣，遷工部主事，轉浙江司員外郎。

憲申，字憲之，無錫人。尚書炳謨子。任浙江司主事、員外郎。不知所終。

元宸，字靖公，武進人。崇禎十六年進士。江西司主事、員外郎。士英欲招門下，不可。

宗大，宜興人。都御史于廷孫。任湖廣司主事、員外郎。

翼心，字漢南，泰興人。三輸巨資助餉。歷廣東司主事、員外郎。

黄，項城人。舉於鄉。山東司主事，分司徐州，遷員外郎。

伯瑞，字輯卿，宜興人。尚書鼎子。任福建司主事，遷員外郎，以廉慎稱。

永禧，字季友，宜興人。尚書邦紀子。任雲南司主事，榷滸關，撫慰商民，多放行。遷河南司員外郎，終浙江鹽運使。兄永祚，任兵部主事。

世斗，字叔占，武昌興國人。崇禎十六年進士。授行人頒詔，遷四川司主事、員外郎，督餉。

鼎鉉，字伯遠，無錫人。太僕少卿先春子。崇禎十年進士，黄道周弟子。授黄岡知縣。以拒寇功，遷湖州推官，入爲廣西司主事、員外郎。僧服隱華藏。

如湯，字錫侯，會稽人。雲南司主事，督餉浙江，遷貴州司員外郎。卜居安東，詩酒終。

鼎隅，不知何許人，雲南司員外郎。

悦心，高邑人。尚書南星孫。任江西司主事。

際泰，字内三，太倉人。崇禎十六年進士。湖廣司主事。屢卻清聘，殮用深衣幅巾。

甫，會稽人。湖廣司主事。

懋賢，字位甫，宜興人。選貢，司務。著忠貞軼紀，稱實録。

元善，字玄度，桐城人。副貢，司務。

畢懋康，字孟侯，歙縣人。萬曆二十六年進士。授中書舍人，擢御史，視鹽長蘆。畿輔河渠多湮廢，以懋康言修復之。出按陝西，疏陳邊政十事，請建宗學如郡縣學制。歲暵，設粥廠發廩，全活饑民十二萬。已而山東暵，乃命按山東，至則蠲振備至，復條上十事，視振秦饑加詳，所救凡幾百萬。遷順天府丞，奉使遼東，上疏請募江、淮鹽户漁丁殊死敢戰者，東部伍訓練，幸得一當虜。會母憂歸，不果。服闋，以僉都御史撫治鄖陽。魏忠賢以其爲趙南星所引，削籍歸。崇禎初，起南京通政使，歷兵部右侍郎，旋引疾歸。安宗立，再起户部右侍郎，總督倉場。卒，贈尚書。

子熙載，字奮庸，諸生。與金聲起兵，授監紀推官。黄道周出師，薦職方主事。兵敗，奉母閩、浙間，爲僧名圓明，歐血死。

族兄懋良，字師皋。萬曆二十三年進士。歷萬載知縣、南京吏部主事。自副使至布政使，俱在福建，振饑民，減加派，撫降海寇，以善績稱。天啟四年，自順天府尹陞户部右侍郎，總督倉場。以不附忠賢，爲御史張訥所論，落職閒住。時懋康撫鄖，亦削籍，相繼去國，士論以爲榮。崇禎初，起兵部左侍郎。京師戒嚴，尚書張鳳翔以下皆得罪，懋良以原官致仕。與懋康並有清譽，時稱二畢。聞南京亡，擲盞於地而卒，年八十三。

吴光義，字方之，無爲人。萬曆二十九年進士。授仁和知縣，邑故煩劇，應機立斷。遷工部主事，調職方，督理山海關。流民亡繻者多不得歸，百計周旋，生還者數萬人。擢神木參議，力爭鹽政之非法者於餉司，爲邊人造命。轉上川東副使，奢崇明亂，督兵破賊，專治餉納溪，改從水道，兵得宿飽，朱燮元倚之如左右手。歷湖廣參政、按察使，江西右布政使，浙江左布政使。魏忠賢祠建，力持不可。織造李實數撓政，不爲屈。入爲南京太常少卿，旋以副都御史巡撫河南，參劾藩宗，除民害，調兵助民夫塞決河，獎廉鋤强，禦寇有方，賊不敢犯。憂歸，服闋，起南京户部右侍郎、僉都御史，總督南餉。改兵部，坐事遣戍。安宗立，以光義老而温，爲鎮臣勒餉所苦，乃起户部左侍郎。南京亡歸，隆武二年冬卒，年七十八。

子開胤，任南雄知府。

弟光宇，字達可，官江北屯田副使。

祁逢吉，字耀之，金壇人。天啟二年進士。歷餘姚知縣、兵部主事、南贛副使。平山寇鍾淩秀，累遷應天尹、光禄少卿。與周鑣有隙，逢人詈之。馬士英喜，遽擢户部右侍郎、僉都御史，總督倉場。又說王士鑅糾史可法、郭維經，以韓贊周沮之，乃止。南京亡，降於清。

黄配玄，字位兩，撫州樂安人。崇禎七年進士。授望江知縣。時張獻忠破潛、太、宿，望江民空城出避，配玄單舸之任，備糧械設守，邑恃以安。調懷寧，皖故佘闕濠塹年久湮没，配玄修復，又於外爲牛馬牆，繞木栅，以禦寇馬之衝突，具礮石以挫敵鋒，日練丁壯。寇進犯，囓指誓不俱生。在邑六年，寇震其威不敢逼，地經兵火，連歲洊饑，振卹不遺餘力。遷南京户科給事中，一月疏三上，指陳大計，請蠲練餉七百萬。會獻忠勢益熾，擢僉都御史，巡撫安、廬。時桐、太受圍垂危，親督黄得功救之，留都解嚴。左良玉兵索餉東下，以書招之，配玄閉關堅拒，用印衣裾，令妻妾聞變投井，乃出會良玉，勉以大義。良玉氣懾而西。尋丁母憂歸，奏留項下銀十一萬助餉。位至開府，囊橐蕭然，人以爲難能。弘光初，史可法夙知其才，薦起兵部右侍郎，命下而配玄已病，未幾卒。

葉有聲，字君實，上海人。萬曆四十六年進士。授侯官知縣，遷禮科給事中，疏言勤政、治體、言路、仕途四事；又請以公論還政府，直言還臺省。

毛文龍建牙海外，跋扈自恣，盡徙旅順兵民，疏言：「朝廷兵民而臣下逐之，委君命於草莽，等封疆於兒戲，爲帥者固如是乎！」乞加詰責。

周如磐等四相同登，薰蕕雜處，功罪淆亂。上言：「人臣觀望意多則擔當念少，以虛聲課事功，不如以事功課人品。宜仿烹阿封即墨之意而行之，則人思奮庸，不得依違，以混蒼素。夫有功不賞，有罪不誅，雖堯、舜不能以爲治；若賞可倖邀，罪可詭避，人孰不趨其所倖，而去其所避。今東鎮之俘囚至矣，疆場赤白其羽，而幕府衛、霍其勳，可哂也。」

時奄黨方熾，屢攘邊功，以竊封爵，見疏大怒。魏忠賢又宣言於朝，欲晋王爵，有聲於衆中叱之，乃削籍歸。

威宗立，召還，言愈直，賈怨更深。以年例轉浙江副使，憂歸。服闋，起武昌參議，寇迫登陴守禦，寇知不可乘，乃引去。陞福建參政。山寇發，選卒遠偵候，盜出境外。擢河南按察使，遺訟牒八九篋，窮日夜平反，讞決無留獄。馬光玉向開封，命陳永福犄其後，城中出大兵應之，寇潰，追斬數百級。越三月，寇悉衆至，堅壁清野，相持月許，寇乘夜隧入，以火器殲之，解圍去。移江西右布政使。上杭蓮妖猖獗，籌餉練兵，未幾底定，召南京太僕卿。當殘破之後，蠲私資，募壯士，治城隍，屹然如重鎮，入爲大理卿。上性嚴切，而特濟以寬大，晋左副都御史，條奏兵食利弊，獨持風紀。顧孤立門户之外，忌者日衆。吴昌時營求不得，誣與薛國觀有私，國觀死而有聲削籍。弘光元年二月，起兵部右侍郎。南京亡，歸里，不入城市。卒年七十九。

子映榴，見清史。

李希沆，字鼎武，慶陽安化人。崇禎元年進士。授黄岡知縣。張獻忠勢熾，設守備，單騎馳應，屢敗之，獻忠驚謂鐵城鐵人。遷給事中。十二年，清兵入塞，疏言：「聖明御極以來，清兵三犯，己巳之罪未正，致有丙子；丙子未正，致有今日。」語侵楊嗣昌，貶秩。已以僉都御史巡撫山永。調天津，與宋祖法並命，未至而北京亡，與黎玉田迎降。旋遁歸，擢兵部添注左侍郎。張國維乞假，代署京營戎政。南京亡，追扈至嘉興。聞清有物色之者，遂自經死。

祖法，字爾繩，新蔡人。崇禎七年進士。齊河、祁門知縣，兵部郎中，累擢僉都御史，巡撫保定。

時兵部先後司官之可紀者，爲朱芾煌、吴國琦、劉若宜、徐天麟、姜一學、周祚新、張印中、吴亮明、潘自得、王健、賀燕徵、黄衷赤、張大賡、張延祚、姚孫棐、金邦柱、黄泰來、黄斗、李長似、張拱端、徐肇森、荆廷實、許士健、劉星耀、陳璧、董念陛云。

芾煌，字玉瑠，無爲人。崇禎七年進士。歷餘姚、樂安知縣、户部主事。謫順天教諭，累陞國子博士、車駕主事、武選郎中致仕。

國琦，字公良，桐城人。崇禎四年進士。歷蘭溪知縣、漳州推官，平反沈獄八百。遷武庫主事，上渡江九策，轉車駕郎中。

若宜，字宜之，懷寧人。崇禎十年進士，歷刑部主事、職方郎中，迭疏陳戰守事宜。南京亡，僧服隱甑山三十年。清薦不出。卒年八十八。

天麟，字退谷，上海人。崇禎四年進士。武庫郎中。杜門。

一學，字效之，濱州人。崇禎四年進士。歷行人武選主事、員外郎歸，以壽終。

祚新，字又新，新貴人。崇禎十年進士。自長山知縣遷武選員外郎。工畫竹。

印中，字緯黄，息縣人。萬曆四十六年舉於鄉。授順德推官，革僉解俵馬、代養驛馬及天津米豆加解本色諸事。崇禎十一年，清兵圍城，力守。調順天，遷南京職方主事，轉車駕員外郎。卒年八十五。

亮明，字叔佐，全椒人。舉賢良，從劉宗周學。官修仁知縣，立學舍，撫峒瑶。國變痛哭。史可法薦車駕員外郎。

自得，字行素，盱眙人。崇禎十年進士。武選主事、職方員外郎。澹泊不干人。

健，字大龍，三原人。崇禎十三年進士。授聊城知縣，請改遼餉，立折馬法。遷職方主事、武庫員外郎。入餘杭山中。

燕徵，字元生，丹陽人。諸生。以古文名復社，兼負知兵。官武選主事，忤馬士英。爲道士茅山。

衷赤，字玄初，宜興人。天啟四年舉於鄉。歷高郵學正、車駕主事。清兵執之，刀脅降，不從，爲僧。

大賡，字颺甫，潁州人。尚書鶴鳴子。孝友，工詩畫。城陷，父叔伯兄殉難，大賡中刃甦，爲父請卹。任車駕主事。清召不出。

從子思洽，字孔化，去諸生。

延祚，字仲胤，莒州人。崇禎十三年進士。授廣平推官。固守拒清，調永平未赴，可法薦職方主事。奉母歸，清徵力拒。

孫棐，字戊生，桐城人。崇禎十三年進士。歷蘭谿、東陽知縣。許都亂，與主簿宋琦、遊擊陸超復城，遷職方主事罷。妻方維儀，字仲賢，大理卿大缜女，工詩。

邦柱，字道隆，吴江人。萬曆三十七年舉於鄉。歷邵武知縣、兵馬指揮、職方主事。

泰來，字復卿，崇明人。諸生。自長寧知縣遷職方主事。

鍾斗，宜興人。職方主事。

長似，句容人。崇禎十五年舉於鄉。職方主事。降清。

拱端，字孟恭，太原人。居蘇州。諸生。從徐汧、楊廷樞學。官職方主事。爲僧南京天界寺，名興機，字震巖，以詩畫稱。卒年九十二。

肇森，字質可，嘉興人。太僕卿世淳子。任職方主事。江上潰，憤卒。

廷實，字實君，丹陽人。崇禎十六年進士。武庫主事。

士健，字季約，嘗熟人。詹事士柔弟。諸生。武庫主事。

星耀，字壽次，鳳陽人。自推官遷武庫主事。

璧，字魚廉，中江人。崇禎三年舉於鄉，司務，上疏論寇必滅者八。

念陛，字木庵，會稽人。博極經史，劉孔昭薦贊畫。隱。

羅汝元，字懋先，南昌人。萬曆四十一年進士。授行人，遷貴州道御史，巡按雲南。安邦彦、奢崇明反，同巡撫閔洪學戡定之。沐昌祚怙寵而驕，侵士庶膏腴，廣莊田，抗不納賦，以黄白物詭白米四十石、黄米二十石饋汝元。峻卻去，疏請田歸黔國，徵收歸有司。又偵左右肆虐者八人置法，民額手歡呼曰「羅鐵面」，爲立卻金救民亭。滇士若公車費，汝元括積俸給之，於是三十七人踴躍就道。滇士本年計偕，自汝元始。陞太僕少卿。魏忠賢專政，削籍。

崇禎初，起通政，以僉都御史巡撫浙江，坐劉香事失機歸。官居九列，二親健飯無恙，綵衣承歡，戚里侈爲盛事。安宗立，擢刑部右侍郎。南京亡後卒。

同邑鍾師薦，字維坤，少負異才，鄉試十三不售。乃爲治平十議，伏闕上之。尋以保舉授泰州同知。北京亡，歸隱二十年，教授生徒自給。卒年八十六。

時刑部先後司官之可紀者，爲卜象乾、王儆通、鄭洪猷、潘湛、袁定、劉延禟、朱軨、孔尚則、傅箕孺、宋祖乙、費景烷、張萬選、張景韶、夏供佑、王質、董祖嘗、曾守意、王政敏、陸慶衍、汪鉉、陳儒朴、吴伯尚、陳謙、汪姬生、賈應寵云。

象乾，字坤儀，武進人。崇禎四年進士。歷新建知縣、刑部廣東司主事員外郎。出爲浙江驛傳副使，未赴，北京亡，被執不屈脱歸。遷浙江司郎中。子云吉，事別見。

儆通，字龍門，揚州通州人。崇禎十三年特用。歷贛州推官、江西司主事、員外郎。

以爭成勇獄忤楊嗣昌，上怒詰問主使，曰：「倫嘗萬古重，三尺皆知，何用主使？」謫廣西驛丞，擢郎中。南京亡，不出。弟倣維，字鹿柴，上林丞。

洪猷，字彝銘，惠州海豐人。崇禎元年進士。授涇縣知縣，力去奸蠹。歷湖廣司主事、郎中。憂歸。卒年七十四。

湛字朗叔，烏程人。尚書季馴孫。任湖廣司主事，遷陝西司員外郎、郎中。巨盜大辟，重金求貸，不許。

定，字與立，嵩江華亭人。崇禎十年進士。授餘姚知縣，修城學，清糧役，發奸摘伏，飢振多全活。歷大理評事、河南司主事、員外郎、廣東司郎中。

子龢，字介人，去諸生。

延禟，字宜綏，荆門人。崇禎十三年進士。自行人累擢山東司郎中歸。引左良玉將張九儒自興山復當陽，事敗授徒。

輅，字殷如，青浦人。萬曆四十六年舉於鄉。授台州同知，平許都亂。遷福建司員外郎、郎中。

尚則，字方訓，曲阜人。崇禎十三年進士。全椒知縣，累擢河南司郎中。

箕孺，字帝良，醴陵人。崇禎十年進士。溧陽知縣，累遷山西司郎中。

祖乙，東平人。崇禎七年進士。歷唐縣、永年知縣，禁驛馬簽富户，禽大盜榮居賜。調祥符，招徠復業者萬七千家。累陞四川司郎中。南京亡爲僧。

景烷，字韞生，烏程人。崇禎十六年進士。中書舍人累遷廣西司郎中。

萬選，字舉之，鄒平人，尚書延登子。選貢。歷太平推官、貴州司主事、郎中歸。

景韶，字公紹，嘉定人。太學生。自南京太僕典簿，累遷雲南司主事、郎中。一清蠹案，胡應台重之。清薦不出。

供佑，字普生，壽州人。崇禎十六年進士。行人頒詔，遷浙江司員外郎。親殁廬墓，泣血三年。

質，上蔡人。崇禎十六年進士。行人頒詔，遷江西司員外郎。

祖嘗，字仲權，上海人。尚書其昌子。諸生。任湖廣司主事、員外郎。

兄祖和，字孟履，諸生。任都察炤磨，轉工部主事。

守意，字戒欺，綿竹人。天啟七年舉於鄉，授蘭谿知縣。疏言能得酉石土司要領。遷陝西司主事、員外郎。

政敏，費縣人。崇禎十六年進士。自行人累擢廣西司員外郎，歸里講學。

慶衍，字孝長，青浦人。崇禎十六年進士。山東司員外郎。

鉉，字以玉，懷寧人。崇禎十六年進士。授行人，頒追尊謚號詔廬、鳳、兩淮，累遷福建司員外郎。

儒朴，麻城人。崇禎十六年進士。授行人頒詔，擢河南司員外郎。

伯尚，字敬躋，武進人，太僕卿暘子。崇禎十六年進士。中書舍人，陞山西司員外郎。

謙，祥符人。崇禎十二年舉於鄉。四川司員外郎。

姬生，字自周，休寧人。崇禎十六年進士。授黄州推官。王允成兵至，單騎讓之。兵大譁，曰：「爲民請命，一死不足惜。」允成乃去。歷廣西、貴州司主事、員外郎。

應寵，字思退，曲阜人。選貢。自固安知縣累陞雲南司員外郎。南京亡後，與郎中孔方訓及劉顯思遊，奔走國事不成，終日悲嘯，坐市坊以鼓板歌詞自放。後仕於清。

管紹寧，字幼承，武進人。崇禎元年進士第三，授編修，纂修實録，充經筵日講官，歷右春坊，南京國子司業，掌祭酒，遷左諭德，以少詹事掌南京翰林院，乞歸。

安宗立，以詹事兼翰林侍讀學士召，與錢謙益同兼經筵講官。陛見，力請遣使謁梓宫，省陵寢，訪問東宫二王消息，獎勵山東、北直義旅，伏地流涕被面，上爲動容。尋擢禮部右侍郎，調左，請御經筵，復日講，纂修國史、實録、玉牒、會典，遂命兼國史崇禎實録總裁。時南都草創，凡朝廷大典章皆倚之而辦。首議上大行皇帝后謚號，建文皇帝后尊號，加景皇帝廟謚，予遜國文臣方孝孺下七十七人、武臣徐輝祖下三十人謚，文臣樓璉下武臣耿炳文下八十一人、從亡臣程濟下二十三人從祀表忠祠，落孝孺等子孫教坊司故籍，補先朝死諫忤奄、甲申死難諸臣謚，皆可。詔出，海内翕然，以爲弘光第一美政。

旋議郊祀大典，疏請如高皇帝合祀之制，於孟辛上春歲一舉行，敕下廷議。已於寓所失印，馬士英徇其請，改鑄各印，去南京字。久之，與吴本泰、馬兆義請改毅宗廟號，從之。賀儒修劾紹寧貪穢實跡，詔勿問，加太子太保。

南京亡，歸里，完髮，衣冠不改，知府宗灝欲訐上聞。人或告紹寧曰：「灝利公高資耳。」紹寧曰：「老臣無狀，負國恩當死，覥顔偷活草間，旦暮人耳。即死，奈何以賄免，重辱國。」灝聞益怒。弘光元年閏六月二十九日，太湖有起兵者，紹寧家佃僕多從之，投書嘗州鄉官，書中自稱義士，以紹寧位尊，列首名。義兵環攻四門，灝借書跡諸鄉官至府廷面質，不至者以内應論。伏兵廷側，中雜薙髮者數十人。紹寧與楊紹升等赴會，伏兵起，執紹寧薙髮，大罵，腰斬於東門季子廟死。

紹寧沖和謙退，無崖岸斬絶之行，立朝遇大禮，輒傅經義，持國體，家居儉素，布被蕭然如諸生。顧曲謹嘔煦，與馬阮共事，不敢爲異同，論者少之。

子鉉，崇禎十五年舉於鄉，授職方主事。鍵，十七年恩貢，授推官。鐩，諸生。及紹寧妻婦皆同死。

孫滋琪，方三歲，繇僕童明高夫婦以己子易置主母所，潛負滋琪投楊廷鑑家得全。從弟紹恂，字幼如，崇禎七年武進士。錦衣鎮撫。聞紹寧死，與僕崔三奔赴，捧首哭罵，同死。

紹恒，字幼修，爲紹寧經紀後事。清索滋琪急，逮究匿處，不應，搒掠終不言，與僕强仕皆受刑毒下獄，後釋歸。杜門教授。魯王監國，贈紹寧尚書，謚文忠。

本泰，字美子，仁和人。崇禎七年進士。授行人，歷吏部主事、儀制郎中、尚寶丞。南京亡，歸卒。子維熊，字夢非，諸生。

儒修，字悟希，丹陽人。崇禎四年進士。歷成都、巴縣知縣，忤巡按劉宗祥罷。周延儒枋國，屢招不出。安宗立，自上林監丞遷禮部主事。馬阮啗以大官，甘心黄道周、張國維，不應，謫國子助教。

兆升，字征吉，武進人。天啟二年進士。歷桐鄉、蘭谿知縣，寬厚化民，所至有聲。遷禮科給事中歸。弘光時，起兵科，陞太嘗少卿兼都給事中，命考南直劄委弁流，凡繇兵部督撫所給奸猾不才與繇他衙門濫給者，俱爲民，不法者拏究。調户科，尋連劾錢元愨、萬元吉、張捷薦逆，不從聽察。南京亡歸，逮繫不屈，曰：「存此數莖白髮，下見先帝九京，有餘榮焉，與薙髮苟活者所得孰多？」卒捶死。妾姚入官，去髮矢志爲尼。

張元始，字貞起，上海人。崇禎元年進士。授行人，遷工科給事中。疏陳五年逋租蠲免，婪官透支挪移，勢豪恃頑不納，已征在官，自宜查解，如負在民，請一體優免。轉户科都給事中。山東寇急，請令丘禾嘉專任招撫，寇多解散。又抗疏言封疆失事，保舉非人。上嘉納之。東南重役，若北運布解，破家者十九，因條請北運改爲官耆，布解附於漕艘。可之，民力獲甦。

十四年大旱，斗米千錢，上海漕數萬，吏民皇皇，建議以麥代米，得旨准十三，以麥價徵折色，先行河南，遂及江南，公私利焉。又論中州督撫及督師丁啟睿，内臣盧九德、劉元斌觀望不前，以致藩封失陷。旋命催督漕運及積年逋餉，輓輸無阻，徵解逋賦九十萬，國用以充。在諫垣八年，清忠諳練，朝將大用，以母憂歸。

安宗即位，起太僕少卿，陞太常卿。議皇考恭皇謚，獨謂恭爲禪主，請改爲「共」，格不行。時諸陵帝后忌祭設孝陵，上言：「孝陵正祭僅八，而諸陵望祭至五十有一，前饌未撤，後期踵至，縱横靈路之上，非所以嚴昭事也。請凡遇忌辰，宜祇備牲醴，改祭奉先殿，惟遇五節，則總設一壇，附祭諸帝后孝陵。」從之。弘光元年二月，請祀社稷。寒食，張星請遥祭諸陵先帝，京城内外徧帖三月十九爲先帝后卿憤賓天之日，攀髯莫及，吾民於郊外結社酹酒，以志哀恨。元始感其言，復疏言：「皇上允星言，擬於太平門外遥祭先帝。臣愚謂應別設一壇，祭東宫、二王於側，且斯日三光蔽天，九廟墮地，與尋嘗之忌不同，應敕天下凡遇是日，止音樂，禁屠宰，併停嫁娶，各衙門輕重刑罰，一以志故宫黍離之嘆，一以激中外同仇之憤。直待亟送闖首，告先帝靈，而此禁弛可也。」擢禮部右侍郎。南京亡，歸里卒。

星，大興人。崇禎元年進士，改庶吉士，以洩旨罷。清兵迫，疏進鉛藥，授編修。弘光初，起編修，轉太嘗少卿。南京亡，降於清。

時禮部司官：王泰徵，字嘉生，江陵人。崇禎十年進士。歷吴川、新會、建陽知縣，儀制主事、員外郎、郎中。問學淹洽，授徒檀山。卒年八十。

汪邦柱，字如石，長洲人。萬曆四十七年進士。授行人，典試雲南，以東林罷。後起湖廣參議，入爲祠祭郎中，擢太僕卿。

龍起弘，字重儒，泰和人。崇禎四年進士。歷主客主事、郎中。

吴洪昌，字亦如，宜興人。僉事正志子。崇禎七年進士。歷建德知縣、儀制主事、精膳郎中。疾歸。

陳豐瑱，晉江人。崇禎七年進士。歷丹徒、曲江知縣，祠祭主事，儀制員外郎，降清。

周之璵，字玉㞦，長洲人。崇禎七年進士。授祠祭主事，進玉牒，遷員外郎。

周吉，字吉人，莆田人。崇禎十三年進士。蕪湖、靖江知縣，歷儀制主事、主客員外郎。

朱長世，字興公，光州人。崇禎十六年進士。歷儀制主事、精膳員外郎。直言不阿，歸。沈湎詩酒，憤惋卒。

沈謨，商丘人。大學士鯉從孫。任中書舍人，遷儀制主事。

方名榮，字素仁，巢縣人。崇禎十六年進士。儀制主事。憂歸。卒年八十。

孫聖蘭，字子操，嘉善人。崇禎十六年進士。祠祭主事。工文章。

楊一葵，字夢得，餘杭人。崇禎十六年進士。主客主事。清召不出。

黃永祈，字持盈，建陽人。崇禎十三年特用。精膳主事。

贊曰：汧、心一、應昌、紹芳、懋康、光義之貞懿，配玄、有聲、希沆、汝元、元始之拔幹，類皆著績封疆，敭歷卿貳，固不僅以錢穀爲考成，名法爲科條者，亦一時名臣之選也。紹寧委蛇馬阮，較之諸人，不無菀枯之別，然容臺制禮，世推秩宗，晚節闔門死難，足湔祼將膚敏之恥矣。

南明史卷三十二

列傳第八

無錫錢海岳撰

陳于鼎 父一教 兄于泰 楊鼎 周鐸 周熛 鄔昕等 王明興 王觀海 傅甲 車輅等 楊祥 王重 段冠 江潢等 楊士聰 黃文煥 吳國華 張居 趙頌 宮偉鏐 陳煌圖 馮鼎位等 吳夢極 戴燦 宋存標 錢世貴 馬瑞等 何兆清 侯峒曾 子玄演等 弟岐曾等 諸父鼎暘等 張肇林等 王霖汝 支益 李陟等 許龍等 李春燁等 萬達 俞尚德等 張鴻磐等 宗敦一 張鼎延 姚思孝 子景明 顧光祖 沈胤培 蔡屏周 尹伸 子長庚 陸康稷 子志選 王國賓 葉重華 張希夏 鍾斗 馮可賓 王應賓 張時暘 葛徵奇 子定遠 莊應會 胡爾愷等 黃申 劉澤深 高夢箕 董令矩 葛樞 方征思 顧台碩等 陳夢兆 王元標 陸安吉 賀懋光 劉之鵬 丘道登等 龔偉烈 魏胤 殷啟祚 朱揚先 郭登明 唐彥勛 張作楫 弟作相 范鳳翼 周宗文 徐二采 章華國 惲厥初 從弟本初 會初 沈時升 盧懋夔 譚貞和 宋曹 陳光述 耿震國 王永年 唐允甲 胡

明勳　胡虞裔　李允新　許儀　許正蒙　李中梓　葉胤祖　王度　劉坊　李文煌　嵇廷用　顧家熿　沈議　吳耿思等　徐爾默　吳日杲　翁逢春　李士亨等　黃彝如　汪瑶光等　張立善　卞世忠　李幹　嵇宗孟　夏寶忠等　梅士生　仙作勵　陳廷諫　胡正言　葛素　萬球　沈之琰　胡文柱　劉逢盛　王再興　聶宗鼎　葉紹顒　陸獻明等　楊公翰　李長春　席本楨　黃道立　張弘道　陳昺虞　張如蕙　卞繼有　李士朗　錢元慤　張淳　陳濟生　夏允彝　子完淳　兄之旭　謝堯文等　李令皙　吳炎　潘檉章　張儁　董二酉　吳楚　葉繼武　吳珂　吳宋　吳在瑜　吳南杓　沈嘉枏　周爾馨　周撫辰　鈕明儒　王礽　沈永馨　沈泌　李受恒　顏祁　鍾嶔立　范風仁　沈祖孝　朱臨　鍾俞　程棟　施諲

陳于鼎，字爾新，宜興人。父一教，字函三。萬曆二十九年進士。官按察使。兄于泰，字大來，崇禎四年進士第一。授修撰，陳時政四事。以居鄉不謹，俱削籍。一教，南京亡後卒。于泰，爲僧。

于鼎，崇禎元年進士，改庶吉士，與一教、于泰同削籍。安宗立，起編修、左庶子，掌左春坊、翰林院、詹事府。南京亡，流寓鎮江。

于鼎少遊中左所，鄭芝龍命子成功受業。永曆十三年，成功圍南京，偕戚楊鼎、王紀等見之。成功入海，逮繫獄。清吏嚴鞫，于鼎慨然曰：「本朝南渡以來，惟成功、李定國水陸二大戰，差可人意，吾得附其驥尾，死何恨哉！」卒不屈死。

自成功圍南京，周鐸反正儀真死；周標謀反正鳳陽事洩死；鄔昕、徐開、范紹淳、孫繼先、盛士熊、尤元豹、程復生、曹珙、史廷謨、周璉、周統、呂太和、王汲、張鳴復、史今琦、沈鸞、周來之、江德秀、王明興、王再復反正鎮江死；王觀海反正六合死，傅甲反正句容死，車駱、朱育恩反正溧水死；梅復初反正泰州死；楊祥等響應天長死；富人姚、陳七姓響應於高郵死；諸生甲等響應於淮安死；王重、段冠、江潢、王明試、李銘嘗、史弘謨、史承謨、馮徵元，諸生史記青、管得勝、王天福、韓王錫、及虞巽吉、郭國士、王之琦、吳允弘、周義談、善應、劉珍、王大泰、于元起、王猷、陳三重、王錫章、許宏、陳礌、李永安、周燦、于培德、虞誠、于益、吳鑛、范王、胡文球、岳可忠、朱弘璉、楊仲華、朱大達、虞達理、史旭、吳周、樊耀之陳達甫、楊增、蔣廷玉、李得如、惠六、虞默、王勅、茅鉉、史建侯、史八，書吏許乾等，反正金壇死。

初，成功復鎮江，命王再興招撫金壇，清知縣介休任體坤命巽吉迎師，體坤出走。及成功敗，體坤欲掩罪，嫁禍士民。主謀者袁大受，發其事者馮徵元子御史班，原審者江南按察使歸安姚延著，覆審者按察使藍潤、推官劉源深，勘獄者侍郎葉成格、厄滿，而體坤重賄要津，反誣紳士逼款。提督哈哈木又力主羅織，重等與縣丞、教諭、諸生、書吏、耆民、團保六十四人，於十五年八月，與鎮江、無爲、蘇州大成、圓果諸教官紳士民同死南京，合百三人，血流成渠，所謂江南十案是也。家屬老幼流者六十餘家二百七十六人。體坤論絞，大受付印班以畔戍死，延著失察絞，楊貞等十四人流，惟曹宗璠及其子刑部主事鍾浩、編修蔣超、貢生張盟免。

鼎，字象九，丹徒人。順治四年進士。户部員外郎。

鐸，大興人。儀真守備，成功擢知縣。南京敗，殺妻李、妾姜而後自沈死。

熛，字旭公，臨潼人。崇禎十五年舉於鄉。梓潼知縣、雷州同知、鳳陽知府。

昕，順治十五年進士。惠州推官。妻張仰藥死。

開，順治八年舉於鄉，來安教諭。妻范飲滷汁死。

紹淳，順治十八年進士。妻朱飲滷汁死，一女經死，一女歸瓜洲舉人于磔死。

繼先，順治八年舉於鄉。妻沈經死。

士熊，順治八年舉於鄉。妻魏經死。

元豹，諸生。妻何經死。從弟元震執死。

復生，諸生。母林經死。妻張不食死。

珙，諸生。妻李仰藥死。

廷謨，諸生。妻王井死。

弟今范，妻道服金屑死。族兄今甲執死。

璉，諸生。妻高仰藥死。

統，諸生。妻吳服金屑死。統父孔教、妾朱經死。

太和，諸生。妻吳經死。

汲，諸生。妻佘經死。

鳴復，諸生。

今琦，諸生。妻張仰藥死。

鸞，諸生。妻某經死。

來之，妻王服金屑死。

沈甲、周甲、高甲死，妻皆經死，失其姓名。

又諸生張翥妻孫經死。張祖恒妻夏火死。

諸生卞宸俞妻顏井死。

姜廷貴妻趙水死。

諸生張世爵妻吳水死。

諸生陳檀禕妻劉自碎首死。

王士强子婦朱水死。

程我非妻王與女經死。

都株連者八十三家。耀之團保，迎師鎮江，坐大辟免。皆丹徒人。

明興、弟明强，諸生。從甘輝軍，金壇人。

觀海妻沈經死，六合人。

傅甲城守，句容人。

輅，滄州人。順治二年舉於鄉。溧水知縣。

育恩，溧水典史，不知何許人。

復初子嘗，兵執躍溷死。泰州人。

又儀真蔣氏女刃死。

王之先妻鄒水死。

祥，天長人。與副總兵楊瑞，監紀夏管象，隨征官胡明、彭太、馬起、劉勝明、陸得盛，千總毛尚仁，城陷同執死。

重，字有三，崇禎四年進士。歷考功主事、員外郎。安宗立，擢文選郎中。妻曹服金屑死。

冠，字文殊，崇禎四年進士。建寧知府。潢，字度生，崇禎十六年進士。杭州推官。明試，字雍侯，順治八年進士。南海知縣、兵部主事。銘嘗，字紀公，順治二年進士。大理評事。弘謨，順治四年進士。臨安知縣。承謨，順治八年進士。紹興推官。徵元，字善長，封御史。大受，字亦文，順治四年進士。兩廣監軍道。班，字而聞，順治二年進士。鍾浩，字持遠，順治四年進士。超，字虎臣，順治四年進士第三，編修。皆金壇人。盟，字踐公，不應試，涕泣謁成功，鎮江再陷逮獄。子惟孝年九歲，乞代得脱，及死，命爲僧，後以詩名。丹徒人。大成、圓果諸教於永曆十四年夏通太湖忠義，張檄蘇州府學前起兵，大會穹窿山。事露，連染徧東南。

楊士聰，字朝徹，濟寧人。崇禎四年進士。改庶吉士，授簡討。文震孟去位，時咸目懾温體仁威柄，獨送之郊而別。成德疏糾體仁，德非震孟門下士，而當事者强牽綴之。力辨其非，事得解。册封趙王，王以疾，請無拜。正色裁之曰：「皇華侍酒，無異朝班。」王懼，卒如禮。皇太子出閣講學，充較書官。孔有德反山東，朝議主撫，特疏主剿，後卒如其言。二東飢疫相仍，捐資以振，復請張國維設爨城内外數百處所，全活無算。周延儒再入相，故以門人多所規箴。後自裁，爲經紀其喪。張至發枋國，糾其私人中書黄應恩。嘗以召對，指陳考選情弊及會議葛藤，且發吏部尚書田維嘉及其鄉人太僕史𡎺朋比奸貪賣官鬻爵狀。維嘉訐之。再上聖主神明燭奸疏，上用是斥維嘉逮𡎺。陞右中允，直經筵，以德維善政章規切時政。退而疏請東平、汶上七邑災荒租，得如議。又講君子有九思章，時相以「聖不自聖」等語上最厭，促易去，勿應。轉左德諭，管誥敕，修大明會要。

十七年，命慰襄王，以手敕諭左良玉入援。會大學士魏藻德出治軍，請士聰收山東義勇。未行而北京亡，投女井中，趣妻孔，妾楊、祝自經，士聰仰藥，爲人救得生。間道南歸，仍故官。馬士英以其爲東林，將搆内察處之。未幾而南京陷，爲僧嘗州，名法遯。遺命葬南直，殁大呼先皇帝者三而卒。

同時以翰詹召者：

黄文焕，字維章，天興永福人。天啟五年進士，爲文博淹無涯涘。歷海陽、番禺、山陽知縣，遷編修。坐黄道周事，同涂仲吉下詔獄。安宗擢中允、詹事。國亡，隱南京卒。子堪，字基玉，諸生。副總兵。在里逐知縣降清，伐山開道，引清兵陷福京，終肇羅僉事。

吴國華，字以文，宜興人。崇禎七年進士第二，授編修。日講侍經筵，敷陳洞達。出封趙王，典浙江鄉試，改兵科給事中。劾奄黨曹欽程貪險罪狀，魏忠賢怒，除名罷歸。威宗立，起國子司業，臨雍代行釋菜禮。安宗擢右諭德。南京亡，返里卒。

張居，字吉甫，清苑人。天啟二年進士。授太平推官，聽斷明允，憂歸。服闋，起衛輝，抑宗豪，除黨惡，貴戚斂手。陞簡討，侍經筵，局度端凝。以疏論薛國觀，爲所中，謫南京國子助教。安宗立，擢右中允。南京亡，與降名，歸即杜門，自爲墓銘，鏤而卷之。或勸之出，曰：「已作古人矣。」山居三十年乃卒，年八十四。

趙熲，字韓公，項城人。崇禎十六年進士，改庶吉士。安宗立，授編修。南京亡，隱蘆村，博極羣書，課耕自給，汝、蔡之士多從之。

宮偉鏐，字紫陽，泰州人。崇禎十六年進士。授簡討，國變歸。安宗起故官。清屢薦不起。爲室小西湖，杜門終。

陳煌圖，字鴻文，崑山人。副貢。與程起鸞、陸京皆以輸納爲待詔。

馮鼎位，字素人，嵩江華亭人。諸生。待詔，預纂修。從弟鼎學，字習甫，從劉宗周遊，親歿廬墓。

吴夢極，字星卿，江浦人。待詔。隱桃花潭。

戴燦，字星卿，崑山人。貢監，待詔。國亡，迭徵不出。

宋存標，字子建，嵩江華亭人。副貢。領袖幾社。官孔目。

錢世貴，字聖霑，青浦人。崇禎十三年進士。授諸暨知縣，歲祲力振，調山陰。北京亡，捐資募水師嵩江，遷國子博士。

馬瑞，字爾采，無錫人。父世名，天啟元年舉於鄉。授知州。南京亡後卒，年八十五。瑞，崇禎十六年進士，歷吉水知縣、應天武學教授、國子博士。馬士英以同姓招致之，不應。

何兆清，一名謙貞，字聖徵，長洲人。崇禎十七年貢試第一。授國子助教，修國史。午夜召對，欲大用之，士英索賄力拒。皆隱居卒。

侯峒曾，字豫瞻，嘉定人。太常卿震暘子。天啟五年進士。顧秉謙招之，畀以館選，不往謁。已授南京武選主事，以憂歸。崇禎初，張鳳翼薦爲職方郎，辭，改南京文選主事。會陸文聲訐張溥，峒曾爲言復社本末及文聲無賴狀，御史丁瑋納其言，禍得無蔓。歷稽勳郎中、江西督學參議。時益王勢方熾，峒曾於歲試黜二宗生名。益王怒，誚讓，不爲動。給事中耿始然奉命督賦，監司以屬禮見，峒曾獨與抗行，剛正之譽達京師。尋調嘉湖參政。漕卒擊傷秀水知縣李向中，峒曾請於撫按，捕戮首惡，部內肅然。鄭三俊舉天下賢能監司五人，峒曾與焉。擢順天府丞，未赴而京師陷。

安宗立，起左通政，張肇林左參議，峒曾以疾未就。蘇州亡，清亟欲致之出見，走避鄉舍，移書吳志葵興復。弘光元年六月，清知縣張維熙至，閏六月十二日，下薙髮令。李成棟以清水陸兵駐吳淞，多剽掠，民憤甚，於是王霖汝及弟諸生楫汝以七百人起六都，號王莊兵。支益與監紀推官須明徵以千人起石岡，李陟、何淩虛以匡定軍起南翔以及婁塘、羅店、外岡先後起兵，地自爲守，人自爲戰。許龍率王家莊兵力戰，李春輝以安亭、外岡、婁塘兵繼之。二十三都人尤勇武，多斬獲，大破成棟，副將梁得勝舟師新涇，凡所虜獲皆盡，火光數十里。成棟奪路走，爲羅店兵在處截殺，大潰，乃屠月浦、羅店、江灣、楊行、錢家樓、施家港。十四日，民推峒曾主城守事，慷慨赴之，萬衆拜迓。峒曾傾家餉士，權稱總督。以訓導萬達爲知縣，俞尚德爲捕官，與里人黃淳耀、張錫眉、陳俶等誓師，分門固守。一敗成棟於羅店，再敗之於倉橋。羅店諸生嚴恪獻馘，立授遊擊。諸生朱元亮斬成棟弟，成棟益怒，大修戰具，自率鋭師於十八日屯馬橋，義師敗退朱龍橋，再戰羅店。

隆武元年七月朔，陷婁塘，峒曾乞師於志葵。志葵遣遊擊蔡喬、參將王元吉先後赴援。一戰失利，外援遂絶。或謂大勢已去，宜爲十萬生靈計，峒曾推案痛哭，裂招降榜，督運磚石。成棟合太倉之騎，挾火器攻具，環攻城東北，鼓噪梯登，城上爭下火焚其梯。又負板穿城，峒曾持巨石擊殺之。清兵益負門屏以進，身入地道中，地道且穿，峒曾手然熱油並人糞注之，又募力士伏長矛攢刺其中，斬殺甚衆。自三日早至四日五鼓，盡一晝夜，清攻無休息。會雨溢注，城大崩，成棟薄東門上。峒曾與子玄演、玄潔、玄瀞猶立睥睨間，指揮巷戰，鄉民欲扶之去，峒曾曰：「我既與城守，城亡與亡，去何之！」趨歸拜家廟，將沈於池，叱玄演、玄潔、玄瀞速走避。玄演、玄潔泣願從死，相抱入水，未絶而兵至，引出并殺之。僕楊恕、龔元亦死，諸父鼎暘、艮暘收峒曾屍。

有金生者，夜篡峒曾首藏篋中，家人方殮，有哭聲自外來者，則金生負篋至也。峒曾死，張鴻磐存卹其家。事聞，福京贈峒曾兵部尚書，謚文忠；監國魯王贈左都御史，謚忠烈。

子玄演，字幾道；玄潔，字雲俱；玄瀞，字智含，皆諸生。玄演妻姚嫣，俞詹事希孟女，吞鍼服水銀不死，爲尼。玄瀞後通表福京，亡命爲僧，死杭州。妻盛蘊貞，字靜維，工詩，未婚，誓不改嫁，爲尼名寄笠道人。

弟岐曾，字雍瞻，副貢。文章氣誼，與兄齊名。峒曾死，奉母居鄉。上啟魯王，授職方主事。吴勝兆事敗，陳子龍走嘉定投岐曾，匿僕劉馴家。事洩，馴慨然言曰：「匿陳公者，馴也。罪當死，無預岐曾事。」土國寶雅知岐曾，使人具酒脯慰之曰：「汝湖海無名，待家信通，得不死。」岐曾曰：「我已無家，何信爲！」母龔，布政使錫爵女，躅簪珥佐峒曾守城，岐曾執，與嫗陳、嫗徐赴水死。岐曾聞而大慟，駡不絶口，受刃死。妻李流芳女，能詩畫，憤不食死。妾劉與婢長春水死。馴與僕俞兒、朱山、鮑超、陸義、李受並死。俞兒妻錢經死。

岐曾子玄泓，字研德，諸生。博學無所不通，隱居卒。妻章有渭，字玉潢，工詩。

玄汸，字記原，副貢。峒曾死挾玄瀞走支硎山。聞追者至，謂玄瀞曰：「行矣，吾代若死。」立遣玄瀞去，而身登小舟，大書玄瀞姓名衣襟投於水，有人拯之，遂入吴山爲僧。久之，事解歸里，力學以終。

鼎暘，字文侯；艮暘，字兼山，皆諸生。入獄獲免，悲歌老死。艮暘年八十六。

肇林，字茂卿，上海人。萬曆三十五年進士。授萬安知縣，調房山。劉進朝封占周口廢廠，民多失業，具狀申臺司曰：「何愛一官，何愛一身，使周口有廠而房山無民乎！」盡逐之。遷刑部主事，具熱審停刑疏，恤刑四川，多所平反。南京亡，歸隱卒。

弟肇相，恩貢。光禄正。

霖汝，字公對，泰際子。崇禎十二年舉於鄉，督保甲，兵敗不仕。

益，字尚行，諸生。史可法薦監紀、知縣。爲人所害，一門死。

陟，字瞻慎，崇禎十七年恩貢。年少有雋才，起兵未幾，爲人所害，一門死。諸生洪濱亦死。淩虚，城陷，妻李經死。

龍，字雲美，從可法官都司。有膽智，得勝屯城東高岡，南翔鄉兵首李允文及僕李金先登，中矢死，龍後力戰王家莊死。

春煇，吴湍千總，後與子瑶、璵戰安亭死，皆嘉定人。

達，字羽儀，無錫人。

尚德，字大成，不知何許人。巡簡，分守西城，被十餘創不死。

元，大興人。順天府輿隸，迎峒曾，遭亂不得歸。

鴻磐，字子石，嘉定人。諸生。擅詩古文，與范景文、黄道周相酬唱，疏財仗義。知縣胡士容以不拜魏忠賢祠擬辟，斥千金救免。部議復邑漕，與玄汸、申荃芳上書得永折。徐石麒以人才薦。峒曾死後，冒萬死周旋家難。卒年八十六。

又有餘姚書生者，設帳安亭。嘉定圍急，率壯士二百人入援死，姓名不傳。

宗敦一，字淩霄，宜賓人。崇禎四年進士。授旌德知縣，禮士愛民，爲政寬大，禽大盗吕大祚，閭閻安堵。遷山東道御史，陳時政十萬言，視鹽長蘆，巡按蘇嵩，尋改督學。安宗立，擢大理右丞，疏言：

先帝之變，九廟飲痛，而傳聞在廷諸臣仗義死節者，自范景文、李邦華而下，僅得十餘人。其餘拷者拷，逃者逃，甚至爲逆賊草詔，屈節稱臣者，大半皆讀書中祕蕊榜特達之人，真犬豕不食其餘矣。乞敕九卿科道博訪死難諸臣，從優議卹，或錫謚廕，建祠旌表。至從逆稱臣輩，或比之畔逆之律，籍其身家，捕其苗裔。使薄海内外，曉然知殺身成仁者，不但垂芳百世，而且隆及子孫；忘君事賊者，不但身名不保，而且巢卵俱盡，不人鼓忠義捐軀討賊者哉！臣又聞在内在外各官，臨難偷生塗形逋逃者，益復不少，雖與從逆有間，而官守臣誼，兩難俱容。或概行削奪，處以考功之法，或酌量情罪，治以士師之條。統惟敕部察行。

上命速議。已而轉少卿，陞左通政。南京陷，與張鼎延同降於清。

鼎延，字玉調，河南永寧人，巡撫論子。天啟二年進士。歷行人、驗封郎中、大理丞、兵科都給事中。疏陳張慶臻行賄有跡，劾尚書霍維華罷歸。李自成逼，力拒固守，三日城破，匿智井免。弘光時，起右通政。

姚思孝，字永言，江都人。崇禎元年進士，改庶吉士，遷户科給事中。張捷欲起吕純如，思孝言純如名麗逆案，不可用。侍郎郭鞏以逆案謫戍，其鄉人爲訟冤，楊嗣昌聞於朝，復力駮之。後以言事忤旨，貶江西布政炤磨，移南京國子助教，轉太僕丞。安宗立，擢光禄少卿，再晋大理左少卿。阮大鋮搆僧大悲獄，思孝名在五十三參中，獄成未上。左良玉兵東下，馬士英調黄得功、劉良佐禦之，淮、揚空虛，清兵乘之南牧。上召對羣臣，思孝與李之椿、喬可聘、吴希哲痛哭合詞請備淮、揚。上意然之，而士英厲聲謂「爾等臺省專喜作迂闊語，且皆良玉死黨爲遊説，不可聽。」思孝舉笏擊士英曰：「腹心之患，何故坐視。」議遂罷。南京亡後，爲僧終。

子景明，字仲濳。任俠。去諸生。改名濳，字後陶，隱於詩酒。卒年八十五。

同時顧光祖，字耀之，平山衛人。天啓二年進士。授行人，册封三王。遷工科給事中，督理廠庫，管陵工軍需，夙夜釐剔。誓於民兵曰：「生平清直自矢，不受民一粒。爾之工價餉銀，動輒以五六萬、八九萬計，曾不敢多發以滋匱乏，亦必不敢少緩病兵民，較前之領俟經年十不得一者，大不侔矣。」魏國公請託，正色告曰：「奉命朝廷，矢公矢慎，暮夜之情安可爲！」即糾參之。威宗視票本當重處，念勳舊罰俸一年。魏國公大恨，後通中宫，誣以誤收鉛銀。降調光禄丞，陞尚寶卿。言多採納，予告歸。北京亡，起兵於鄉。安宗立，召太僕少卿，擢太嘗卿，改大理卿。卒，年七十八。

沈胤培，字君垕，歸安人。尚書儆炌子。崇禎四年進士。授刑部主事，治獄多平反。累遷員外郎、工科給事中，疏請慎守令，招流亡。轉禮科都給事中，請勵風俗，振士氣，並陳科場之私弊，謚典之闡揚，言多切直。安宗立，仍故官。時中宮未選，經筵久停，朝儀不定，胤培疏言：

今永巷無脱簪之儆，崆峒鮮問道之謨，嚬笑或假借於從龍，而簾遠堂高之義不著，是非或淆於市虎，而陰陽消長之關可虞。陛下試思此身爲祖宗付託之身，先帝之大仇一日未復，即九廟之神靈一日怨恫。而正朝廷以正百官，正萬民先自宮闈始，則選立中宮爲第一義。經筵業奉明旨，尤祈汲汲舉行。或召詞臣詢經史，或召部臣考政治，而時令臺諫之臣陳得失。宮中萬幾之餘，披覽資治通鑑及本朝聖訓諸書，以知前代興亡之跡，祖宗致治之繇。至於朝儀多闕，大典未光，如朝門不應奏樂而奏樂，各衙門應奏事而不奏事。凡若此類，並宜申飭。

改吏科。職方主事蔡屏周請以節制之師省兵，以恭儉之規足餉，上命除大同知府，尋賄阮大鋮請調郎中，監軍山東，并復應天通判徐樹藩官。胤培糾之不少貸。擢太常少卿。上祀先師，面責衛臣盡職。胤培疏言：「朝廷之禮不同，有視朝之禮，有升殿之禮。視朝容或面商大政，宣諭羣臣；若升殿，非大朝賀即大祀典，未聞可以傳宣而有越班奏事之官也。況崇儒重道，宜尚德緩刑，何對越先師之誠未已，遽興肅清奸宄之思。若日食之變，尤有可言。春秋書災，首謹日食，大概小人陵君子之象。今之蒙氣强半在下，玄黄勇於私鬬，黑白淆於分歧，則意見蒙之；干進者人思躍冶，陳情者章滿公車，則利誘蒙之；而且封事不繇銀臺，則蒙於職掌；匿名屢揭街衢，則蒙於風俗。祈皇上獨振乾綱，專精斧藻，日升月恒，自今伊始。」俞之。

會顧錫疇議合祀天地於南郊，管紹寧署事，又題分祀，票擬者昏不記憶，胤培復疏請合祀。從之。已除大理右少卿，晋少卿。南京亡後卒。

屏周，字二白，江寧人。萬曆四十三年舉於鄉。授浮梁知縣，撫按魏忠賢建祠檄至，罵使杖之，逮至涿州。會熹宗崩，免，遷開封通判。有平白蓮寇功，陞職方主事。忤温體仁罷。偕同官三人見張彝憲，左右皆拜，獨挺立不屈。左夢庚東下，監軍破之。南京亡，爲僧，名筆架。

尹伸，字子求，宜賓人。萬曆二十六年進士。工詩善書。繇承天推官累遷兵部郎中、西安知府、陝西督學僉事、蘇嵩副使，投劾去。天啟中，起威清參政、湖廣按察使，贊畫軍前。時水西寇猖獗，貴陽圍方解，黔撫王三善輕兵深入，伸力勸以持重，弗聽。三善中伏死，伸突圍得出。及傅宗龍按黔，輕鋭自用，不聽伸言，殺歸正人陳其愚等，黔事幾大壞。伸在行間三年，身經十餘戰，有功不叙，竟奪官。尋以普安三岔河之捷，免罪貶秩視事。

崇禎五年，固守全城。明年，拒寇清華鎮卻之，擢雲南右布政使、河南左布政使。涖任甫三月，以失禦流寇罷歸。仲强直不阿，所至與長吏忤，然待人有始終，篤分義。

十七年，張獻忠破敘州，客勸他走，仲曰：「國君死社稷，臣死寢，正也。大臣豈圖草間求活哉！」朝服開重門，端坐中庭，遥望見兵入大罵。兵曰：「此必尹公。」公官西安，以清直著，爭重其名，欲生致之。肩輿送成都，授吏部尚書。行至井研，馮雙鯉觴之，仲蹴其席，罵益厲。雙鯉不堪，與妻邵、妾夏、子長鑱、悉、悬妻楊、悉妻樊皆支解死。逾旬，家人收仲屍如生。安宗立，起太僕少卿、太嘗卿，仲已先殉矣。事聞，謚忠介。

子長庚，字西有，負經世才，任知縣謫，客死揚州。

陸康稷，字宇粒，秀水人。萬曆四十四年進士。授廬陵知縣，廉察善決獄。養濟院丐素橫，有富家毆丐，遂以殺丐報，輿屍至庭。康稷驗屍口中有土，指爲掘死人以誣告，丐吐實服罪，一邑奇之。調貴溪，築城浚河，以卓異第一。遷武選主事，忤魏忠賢落職。崇禎初復官。安宗立，累轉文選郎中，秉銓公正，勳臣干請不遂。晋太僕少卿、太嘗卿。

子志選，字子敬，選貢。與徐乾學友好，招不往，舉鴻博不應。

王國賓，字賓臣，陳留人。崇禎元年進士。授工部主事，遷員外郎、郎中，出爲兖州知府、兗西副使。十二年，以僉都御史巡撫山東。十三年，合楊御蕃、馬岱剿濮州寇，斬五千級。十四年，東平、高唐寇張，以兵防兗州，命劉澤清復東平，破寇東阿，未幾削籍。安宗立，起太嘗卿。

葉重華，字德玄，崑山人。國華弟，崇禎元年進士。授工部主事，遷禮部員外郎，出爲浙江參議，改睢陳，轉濟寧副使。張文宇亂，合城鼎沸，疑紳士通寇。重華開誠布公，結紳士，申嚴保甲，請兵巡撫，一鼓定之。歲旱大飢，請張國維發萬金市麥以振，活十餘萬人。李青山劫漕舟，山左震動，與國維討之，斬千餘級，陞惠潮參政。十七年正月，姜世英攻饒平。二月，鄭芋匏攻海陽。三月，葉祝老入海陽界，爲施天福所禽，梁良谿平和入。五月，胡尾老謀攻海陽。六月，程鄉黃元劫海陽水南龜潭。重華會二省兵，於七月平世英巢，執之。世英賄權要，幾以降人例得官。不可，中夜上書制府，詰旦引入，與其黨姜大頭斬之。十月，鄉總許元會拒林尾死。擢廣西按察使，未行，召太嘗少卿。南京亡，皆歸里卒。

張希夏，蒲州人。崇禎元年進士。歷平原知縣、禮科給事中。疏陳近日文武薦舉冒濫，命禁之。轉吏科給事中，請令督撫司道有巧騙規卸者，吏科參處。趙之龍薦用陳爾翼，復疏廢臣入國，明禁森然，乃大膽僉邪敢藐視君父。楊兆升復官，于之英請襲臨安伯，再疏力言不可。時諸臣日尋報復，上言當以光復故業爲大翻案，以蕩滅寇敵爲真報仇，不省。擢太當少卿。

同時鍾斗，字木仲，當塗人。萬曆四十七年進士。授行人，自刑科給事中，歷吏、户科左，刑科都給事中，陳禳旱修省實政八大欝。又劾王家禎，請更總理。安宗立，陞太嘗少卿。

馮可賓，字楨卿，益都人。天啟二年進士。授湖州推官。長興盜殺知縣石有恒，捕治一無株連。自兵科給事中陞太嘗少卿。

王應賓，字用卿，武進人。崇禎七年進士。自光禄卿陞太嘗少卿，提督四夷館，出祭南海。

張時暘，字乂若，懷寧人。萬曆四十四年進士。授嵊縣知縣，豪猾周氏、妖民金錫左道惑人不軌，立斃杖下。調臨海，鄰縣兵譁，往諭立解。遷主客主事、儀制員外郎、郎中，出爲武德僉事，陞武定參議。弘光初，召尚寶丞，改太嘗。南京亡，皆歸里卒。

葛徵奇，字無奇，海寧人。崇禎元年進士。授中書舍人，遷湖廣道御史。巡視南城，謂決責之下，向無讞語，不有確勘，何以止爭。於是日決數日條，民以無冤。京師戒嚴，兵部尚書張鳳翼出師駐良、涿間觀望，抗疏以坐失機宜溺職劾之，鳳翼即日罷去。尋視鹽長、蘆，捐羨鏹十七萬有奇，悉入正供。巡按廣東，首嚴通洋之禁，除積盜，平紅澳。南、順、保昌、瓊崖間素苦浮賦，奏悉蠲豁。薦起陳子壯、何吾騶、黄士俊等，部議格於成例，人咸惜之。陞川東副使。十五年，姚、黄亂，從陳士奇、陳其赤戰重慶、順慶、定遠，斬首千七百級，禽渠馬朝興、一斗蔴、代天王等，寇喪膽去。擢太僕少卿。寇勢日熾，請立國儲於留都，不報。安宗立，調光禄卿。南京亡，歸里抱恨卒。

子定遠，字辰嬰，崇禎十二年舉於鄉。

同時莊應會、胡爾慥、黄申授添注光禄卿，劉澤深授鴻臚卿，高夢箕、董令矩授鴻臚少卿，葛樞授上林右監，方征思、顧台碩授尚寶丞，陳夢兆授鴻臚丞，王元標授太醫判，陸安吉、賀懋光授光禄正，劉之鵬、丘道登、趙弘明、龔偉烈、魏胤授鴻臚序班，殷啟祚授欽天博士，朱揚先授中城兵馬指揮；郭登名授兵馬副指揮，唐彦敭授後府都事。

應會，字春侯，武進人。崇禎元年進士。歷禮部郎中、福建督學副使。南京亡，降於清。

爾慥，字孟修，德清人。萬曆三十二年進士。歷祁州、福寧知州，刑部員外郎，工部郎中，堅持錢糧不輕發。出爲太平、興化知府，有弭盜功。陞興泉副使，火澎湖城。累擢福建按察使、河南左布政使。

子襄，字贊侯，萬曆四十三年舉於鄉。授户部司務。

申，字甫及，淮安清河人。諸生。監軍。隱。

澤深，字繼鉉，曹縣人。太學生。授鴻臚序班，儀度雍容，威宗大悦之，超擢左少卿，恪慎，與咨政事。憂歸。服闋起官。南京亡，歸隱，卒年七十一。

夢箕，字斗南，獻縣人。以太學生爲鴻臚鳴贊。慷慨好議論，公卿重之。國家多故，屢抗疏陳事。時宰以官非逮言，置之。安宗立，擢丞。後以北來太子事下獄，危刑逼供，將寘之死。會左良玉兵東下，免歸卒。

令矩，豐縣人。歲貢。南京亡，不入城市。

樞，字居所，丹陽人。崇禎四年進士。歷行人、户科給事中。十二年□變〔一〕，上言忤時相歸。

征思，穀城人。大學士岳貢子。任中書舍人。

台碩，崑山人。大學士秉謙子。與弟台砥，皆任中書舍人。崑山城守，傳台砥通敵，誅死。

〔一〕按「變」上一字，原稿不清。

夢兆，字隆德，泰州人。獨修學宮，好振邮。清舉鄉飲，力辭。

元標，字赤霞，上元人。

安吉，字叔時，崑山人。急公好義。陳洪謐、倪長玗疏薦，杜門完髮，卒年八十三。

懋光，字賓仲，丹陽人。

之鵬，字圖南，中牟人。尚書之鳳弟。儉約謙慎，杜門力學，從遊者多。卒年九十五。

道登，字爾先，嘉定人。恩貢。多義舉，究儒書。卒年七十四。

偉烈，潛山人。太學生。

胤，字奕人，繁昌人。諸生。

啟祚，字文伯，宣城人。諸生。國亡後，改姓子氏。

揚先，保山人。崇禎六年舉於鄉。賂中官求考選。

登明，字仲庸，當塗人。國亡後，不應鄉飲，觴詠終。年八十。

彥勷，字扶搖，烏程人。都御史世濟孫。諸生任。

張作楫，字舟虛，富陽人。崇禎元年進士。授大理評事，典試四川，恤刑河南，遷兵科給事中，上議罰議處疏。清兵入寇，劾高起潛縱兵殃民，爲敵護送輜重，并及楊嗣昌。疏三上，謫江西按察炤磨。尋起光禄丞。安宗立，擢少卿，調太嘗，提督四夷館，晋光禄卿。南京亡，降於清。弟作相，歲貢。自諸暨訓導遷奉化教諭。紹興亡，衣冠北拜觸石死。

時范鳳翼、周宗文、徐二采、陸彬皆授光禄少卿，章華國授光禄丞。

鳳翼，字異羽，揚州通州人。萬曆二十六年進士。授順天教授，轉國子助教，户部雲南司主事，監南新、濟陽倉，清核積米六十萬石。歷驗封、考功、文選主事，稽勳員外郎、郎中。以用賢遠奸爲主，進高攀龍、顧憲成，黜楊櫝、杜縻，忌者交至。降長蘆運判。天啟初，起營繕主事，擢尚寶丞、少卿。以東林落職。崇禎改元，復原官。南京亡，主北山山茨社，士大夫奉爲品目。

宗文，字開鴻，嘉興人。萬曆四十四年進士。授清江知縣。拊循疲瘠，築隄捍章、貢諸水。邑素苦盜，廉得其魁，捕斬以徇，餘悉解散。遷貴州道御史。廣寧陷，糾張鶴鳴緩師玩寇八大罪。京師大雹，疏請扶陰抑陰，惓惓以君子小人消長之道爲言。不報。議紅丸，歸獄方從哲、李可灼、崔文昇，因忤崔呈秀。憂歸。服闋，轉湖廣僉事。崇禎改元，入爲尚寶卿。請恤死事諸臣，糾李承祚等附璫，引疾歸。再起光禄少卿。久之，廷議用爲京尹，爲當國所抑，復引疾歸。秉性仁厚而有特立之概。魏大中死獄，爲經營其家事，武進何士晋名在黨籍，以其二子來奔，以從女妻之。

二采，錢塘人。皆南京亡後歸隱卒。

華國，字臣遇，惠州海豐人。恩貢。督催鳳陽糧餉。南京亡歸，環堵肅然。巡按柳寅東勸出，不應。

惲厥初，字伯生，武進人。萬曆三十二年進士。授行人，轉户部主事。天啟初，水西鑾安邦彦反，厥初調兵部，馳至四川，督將吏平之。二年，魏忠賢子良卿叙慶陵功，蔭指揮僉事。厥初爲郎中，宜叙牘，乃託辭請外補。補浙西副使，遷福寧參議，擢湖廣按察使。崇禎二年，清兵自遵化入口，京師戒嚴。厥初督鎮篁兵三千人勤王。是時各省兵大集，糧不繼，沿途多逗撓。厥初獨先至，且贏三月糧。兵部尚書梁廷棟閱師，入奏曰：「厥初非書生，大將才也。」上遣内侍勞之，且問方畧。厥初疏陳利害，得温旨。然兵部一切調發，無如言者，乃以疾乞休。

弘光元年，召添注光禄卿。居恒歎曰：「疆埸無勝算，而朝黨日爭，時事可知。且江北四鎮分據，地隘兵衆，左良玉在上遊，朝夕有王敦、桓温之禍，誰爲王、謝諸人哉！」南京亡歸，與從弟本初遁於佛老，不通賓客。後以莊保生事連，仰藥死。年八十一。

本初，字道生。以諸生貢太學。崇禎十七年舉賢良方正，授内閣中書。山水法董、巨。

卒年七十。

弟會初，字禮卿，與子從惲、日初義師江、閩，皆死。

時中書舍人之可紀者：

中書科則沈時升，字子允，萊陽人。崇禎三年舉於鄉。有聲復社。

盧懋夔，字虞卿，東陽人，洪瀾子。崇禎六年舉於鄉。

譚貞和，字闇仲，嘉興人，太僕卿昌言子。副貢。杜門三十餘年，卒年八十四。

宋曹，字邠臣，鹽城人，工詩文。清舉山林隱逸鴻博，力辭免。

陳光述，字二酉，烏程人。選貢。專研聲韻。

耿震國，字麗陽，襄城人，華國弟。王志道薦賢良，姜曰廣再薦，與陳弘緒同修國史。南京亡，入懷慶山中。早年受知紹宗唐邸，嘗爲題讀書堂曰恒春軒。及即位，使召未往。清起，以疾辭。博學工詩文，典麗曉暢。

王永年，字雪壺，廬江人。恩貢。工詩文。

唐允甲，字祖命，宣城人。諸生。有聲復社。弘光初，薦修國史。

胡明勳，字與立，上元人。左光斗死詔獄，收其骨。後爲僧鎮江，名古月。

胡虞裔，字景陶，上元人。南京亡，居吴江。以萬縷布條爲衣，日痛哭、飲酒、畫梅、賦詩。後自沈燕子磯死。

李允新，字元映，上海人。選貢。不應清召。

許儀字子韶，無錫人。善山水人物。黄冠草服，歿於延平，年七十一。

許正蒙，字聖初，歙縣人。恩貢。

李中梓，字念莪，嵩江華亭人。副貢。以知兵薦。

葉胤祖，字肇禧，吴縣人。太學生。入馬士英幕。隱東山。

王度，一名民，字式之，江寧人。工書畫。南京亡，與邑人張實子遊。實子豪華好客，時談往欷歔，已盡散家財。年八十餘，清予粟帛，不受，歿於朝天宫。

劉坊，字懷默，新會人。選貢。隆永之交，土寇再攻城，與何士琨城守得全。以吟咏自娱。

李文煌，字包闇，潁川衛人。舉於鄉。兼職方主事。入清成進士。

嵇廷用，字覲南，嘗熟人。諸生。子永仁，見清史。

顧家燨，字仲明，吴江人。諸生。薦修國史。南京亡，自經家廟，獲救爲僧。

沈議，字興君，商丘人。大學士鯉孫，任。

吴耿思，字無康，武進人。大學士宗達子。副貢，任。

弟名思，字無虛。諸生，任。皆授徒，博極經史，不應鄉飲。

徐爾默，字容庵，上海人。大學士光啟子。諸生，任。

吴日杲，字函三，桐城人。尚書用先子，任。皇陵災，上疏萬言。

翁逢春，吴縣人。仗義好客。隱。

李士亨，吉水人。邦華子，任。弟士齊，任。從子長世字聞孫，任，内閣中書。上疏爲祖邦華請卹，見阮大鋮長揖陳時政。

黄彝如，廬陵人。太常卿絅子，任。

汪瑶光，字文岫，歙縣人。尚書道昆孫。諸生，任。

張立善，字應仙，崑山人。恩貢。

卞世忠，字藎臣，嘉善人。薦舉。陽狂。

李幹，字貞行，廬陵人。崇禎十二年舉於鄉。入山，卒年八十四。

又嵇宗孟、沈萬綏、張陛、方世鳴、魏世胤、虞極、李夤芳、謝家駿、許友、史儒綱等，安宗頒即位詔，董觀吉赴兩廣，兵部都司傅作耀赴鳳、廬、淮、揚，禮部司務張壎赴浙江，兵部守禦徐昭度赴湖、廣、雲、貴，守備潘一明赴四川云。

宗孟，字子震，安東人。崇禎九年舉於鄉。儒綱，溧陽人。薦舉，皆降清。

直文華殿則夏寶忠，字孝珍，江陰人。繆昌期壻。恩貢。好施。子世録，字輿先，好學能詩。

梅士生，字生生，宣城人。增生。清舉賢良，不應。

直武英殿則仙作勵，字石初，寧國人。諳典故。南京亡，聚族自保。

陳廷諫，字亮明，成安人。太學生。周府長史陞。清召不出。

胡正言，字曰從，休寧人。太學生。精六書，摹金石古文大小篆重一時。南京倉卒立君，詔誥待璽以行，吕大器疏薦督治，立遣使召至工部，考古式，督工笵金爲之。首成「廣運之寶」，繼乃置大玉，開局雕鏤，龍文螭紐，鎸「皇帝之寶」。寶成，又撰大寶箴以獻。南京亡，樓居三十年，足不履地。卒年九十一。

葛素，字澹生，丹陽人。工書，修玉牒。

直内閣則萬球，字求玉，宜興人。工楷法。卒年九十二。

沈之琰，字琬倩，吴縣人。

胡文柱，歙縣人。掖光斗於廷杖，因並杖之，不死，卒收骨歸葬。爲僧南京報恩寺，名行印，字米庵。

行人則劉逢盛，字時舉，豐城人。崇禎十六年進士。封樂安、建安、保寧三王，中道而北京亡。謁南京，仍故官。洪承疇薦，力拒。隱三十二年卒。

王再興，祥符人。崇禎十五年舉於鄉。

聶宗鼎，貴池人。選貢。

葉紹顒，字季若，吴江人。天啟五年進士。授行人，以浙江道御史巡按廣東。嶺海法紀久弛，紹顒至，察州縣之不職者，悉劾罷之，吏治一清。劉香亂，參政洪雲蒸，副使康承祖，參將張一傑、夏之本陷賊營，而總督熊文燦議招撫。紹顒謂賊方挾諸臣爲奇貨，安得撫？乃請移羅定道張國經、肇慶遊擊朱之穎補其缺，而突兵擊之，賊遂退。明年，香敗死，餘黨款，而裏海之盗充斥，盗窟蕉園，檄兵伐去之。蜑户乞撫，納之，得三百六十三户男婦千八百餘口，廣東平。調山西。北京戒嚴，詔廷臣堪督撫者，因薦中書陳龍正，陞大理卿。安宗立，調太僕卿。南京亡，歸隱三十年卒。

時先後爲冏卿者，有陸獻明、楊公翰、李長春、席本楨、黄道立。

獻明，字君謨，太倉人。萬曆三十五年進士。以御史巡按湖廣。魏忠賢建生祠，叱之。竭力全楊漣家。調貴州，水西反，疏言三方並進，卒如其言平寇。入爲太僕卿。弘光元年正月卒，年八十一。

子日升，崇禎十五年舉於鄉。南京亡，邑邑卒。安國，增生，授徒終。

公翰，字培庵，溧水人。萬曆三十二年進士。授行人，遷工部員外郎，出爲漳州知府。捕海寇，開封山禁，以利公諸民。歷湖東副使、興泉參政、江西按察使、右布政使、河南左布政使，革火耗，捐公費。入爲太僕卿。乞休歸卒。

長春，字恒陽，興濟人。萬曆四十一年進士。授嶧縣知縣，政務大體，不矯激干譽，訟息民安，歲荒行振，嚴絶侵漁，實惠及人。調臨淄，遷河南道御史。威宗即位，疏劾王永光。改户部郎中。安宗立，疏陳南運與北運不同，請改漕糧爲民運，仍減兑費，以裕軍餉。從之。尋擢太僕少卿。

本楨，字寧侯，吴縣人。家饒於財。崇禎中，疏請出資八千，市襄、樊粟賑饑，復疏輸財助軍。黄希憲上聞，授文華殿中書，奉命慰安唐王，移藩臨汝。以地不受封，盡心蒧使事，崎嶇報命。安宗立，再佐餉，遷太僕卿。澇暵振邺，全活無算。南京亡，歸東山。路振飛至，受方畧，練兵保里。

道立，字儀所，崇明人。廪貢。捐輸助軍，亦自武英殿中書累晋太僕少卿歸，獨力修學宫及城外諸社學。入清，皆不仕。

張弘道，字抱一，長垣人。崇禎元年進士。授壽光知縣。奸民惑白蓮教陰扇和，多方散之。調蘭陽，創建甎城，政平訟理。遷刑部主事、郎中。戚繼光子嗣宗以委城論死，力申雪之。調職方，出爲河北副使，陞河南參政。開封受圍，定策力拒，並乞援師。召光禄卿，擢太僕少卿。

陳昺虞，字鉉聞，應城人。崇禎元年進士。授安福知縣。以廣西道御史巡按廣西歸，以訊宋之普瘞屍從寬，改調浙江副使。入歷光禄卿、太僕少卿，督京營。清召不出。卒年八十。

張如蕙，字又樹，信陽人。崇禎七年進士。授户部主事，権河西務。遷武選郎中，掌銓一依資俸，吏不得上下其手。歷鳳陽副使、壽潁僉事，督兵禽剿有功，入爲太僕少卿，憂歸。左良玉兵東下，盛裝出城，守門内臣發之，金珠燦然，攘奪立盡，白銀七千，各衙門原印封具在。以秉憲潁州，與馬士英同事，止没其銀。

卞繼有，字素庵，江都人。諸生。自文華殿中書累擢太僕少卿。饒財好義。南京亡後卒。

李士朗，字孔炤，汝陽人。侍郎本固子。任南京太僕主簿歸。

錢元慤，字孺願，歸安人。父士完，以僉都御史巡撫山東，坐爭福王贍田事，忤旨歸。元慤，天啟五年進士。授國子博士。時魏忠賢勢張甚，有請立祠太學者，元慤嘿止之。遷武選主事。

威宗立，抗疏請誅忠賢，畧云：

忠賢稱功頌德，偏於天下，勝於王莽之妄行符命；列爵五等，畀於乳臭，勝於梁冀之一門五侯；偏列私人，分置要津，勝於王衍之狡兔三窟；輿金輦寶，藏積肅寧，勝於董卓之郿隖私藏；動輒稱旨，鉗制百僚，勝於趙高之指鹿爲馬；誅鋤善類，元氣傷殘，勝於節甫之鉤黨連衆；陰養死士，陳兵自衛，勝於桓温之複壁置人；廣開告訐，道路側目，勝於則天朝之羅織忠良。種種罪惡，萬剮不足以盡辜。或念先朝遺奴，貸以不死，勒歸私第。魏良卿等，速令解組歸鄉；以告訐獲賞之王體乾，夫頭乘轎之張淩雲，委官開棍之陳大用，長兒田爾耕，契友白太始、龔翼明等，或行誅戮，或行斥放。庶朝廷肅清，海內允服。

疏上，忠賢懼，其黨吴淳夫、李夔龍、田吉、阮大鋮、爾耕等凡挂彈章者，自陳求罷，忠賢以是敗。明年，遵化兵乏餉而譁，撫臣不能制，元慤奉檄馳諭，數言而定。尋改文選，晋員外郎，乞歸。未幾，召考功，掌京察。時用法益峻，政府以刻深得幸，廠衛卒恫喝爲奸利。元慤乃疏陳四事：曰情面宜絶，蒐採宜博，匿帖宜杜，察核宜公。已而京察疏失政府意，被旨詰責。陞文選郎中。會汝、潁、陳、許、鳳、皖一日被寇缺官，上每中夜批下所司，遲明咸須具疏推補，元慤措置裕如。已坐事降行人司正，久之，召尚寶丞。安宗即位，擢卿，晋太僕少卿，與張淳、陳濟生並命。元慤深沈有智畧，與人寡合，然至其大節，凛然不可没。南京亡後卒。子价人，事别見。

淳，字固存，孝感人。崇禎四年進士。歷行人主事、工科給事中，老成引大體。張四知爲首輔，疏劾其爲祭酒時貪污狀，謫大理右寺副，起太僕丞，歸以壽終。

濟生，字皇士，長洲人，詹事仁錫子。任，太僕主簿，諭祭于謙，陞丞。工詩文，後以黄培詩獄牽涉，會殁，不與禍。

夏允彝，字彝仲，嵩江華亭人。博學工屬文。楊廷樞、張溥等結復社，允彝與陳子龍、何剛、徐孚遠輩亦結幾社相應和，名重海内。崇禎十年成進士，授長樂知縣，廉正善決事，興革得大體，他郡邑獄疑不能决者，上官多下長樂。居五年，邑大治。鄭三俊薦天下廉能知縣七人，允彝爲首，大臣方岳貢等亦力稱之。將特擢，丁母憂歸。

北京亡，走謁史可法謀興復。安宗立，乃還。是年五月，遷考功主事，疏請終制。馬阮重其名，屢招之不赴，服闋猶不起，而徐復揚希馬阮意，劾允彝與其同官文德翼居喪授職，以兩人皆東林也。兩人實未之官，無可罪，張捷遽議貶調用，時論爲之不平。隆武元年八月，陳洪範以博維意作書來招，抗詞答之。邑安撫使洪恩炳入嵩江，允彝避之於野。

初，子龍、孚遠陰與陸世鑰等起兵，允彝以尺書招吴志葵，并自出入諸軍，飛書檄，聯絡士大夫，共舉義旗，於是嘉興、嘉定、吴江、嘉善、崑山、江陰、丹陽、宜興、休寧、嵩江、平湖、海寧、蘇州、上海、太倉等競起兵爲恢復計。時清大軍屯南京、蘇、杭，允彝計令志葵、魯之璵率舟師自吴淞、泖澱復蘇州，以斷其首尾；一軍復杭城，聯合越中六家軍；一軍殲沿海之列戍者；一軍自句容、溧水、溧陽、宜興直搗南京，馳檄九江及江楚、江北諸夙將觀望順逆間者，使倚艦江中，伺清兵勢窮還渡，半濟而擊之。定計約蘇州捷音至，剋日同發。允彝與志葵攻蘇州，之璵敗歿，諸軍鼎沸爭走，允彝流涕拜之，得少留。然兵多脆弱，不任戰事，迄無成。嵩江陷，或說之入海趨閩，允彝曰：「我昔吏閩，閩八郡咸德我，我今往圖再舉，策固善，然舉事一不當，而遯以求生，何以示後世哉！不如死也。」侯峒曾遇害，允彝經紀其喪。歸聞徐石麒、黄淳耀、徐汧死，欲自經。其兄之旭諷投方外，允彝曰：「是多方求活耶！」清當事以人望所歸，必欲致之，云：「夏公來，當大用，即不願，當一見我。」允彝曰：「譬有貞婦，或欲嫁之，婦不可，則語之曰：『爾即勿從，姑出其面。』婦將搴帷以出乎？抑以死自拒乎？」乃作絶命詞，自沈嵩塘口死。水淺不足溺，首入水中，腰帶不濡，衣背尚乾。妻盛、妾某及女淑吉、惠吉爲尼。越三日，黄道周奉紹宗命，以翰林侍讀兼給事中召。至則方殮矣，使者哭而去。贈左庶子，謚文忠；監國魯王贈太嘗卿，謚忠節。

子完淳，字存古，七歲能詩文，稱異才。十四歲，與杜登春遺書南直四十家紳，請募義兵勤王。北京亡，參子龍軍。允彝歿，破家餉士，再參吴易軍。感兩京淪陷，擬庾信大哀賦，才藻横逸。紹宗屢以中書舍人、職方主事召。吴勝兆謀反正，又爲馳檄四方。魯王航海，完淳等奉旨結同志，與子龍、錢栴、顧咸正、侯玄瀞、汪敬命謝堯文拜表慰問，并上恢復策，請爲南直義師倡。爲勝兆邏者柘林遊擊陳可所得，勝兆不問。

勝兆敗，土國寶上其籍，牽連名捕，完淳奮然曰：「天下豈有畏人避禍夏完淳哉！死得傍高皇帝孝陵於願已足。」執赴南京，見洪承疇。承疇欲生之，謬曰：「童子何知，豈能稱兵畔逆，誤墮賊中耳。降則不失官。」完淳厲聲曰：「我嘗聞洪亨九本朝人傑，嵩杏殉難，先帝震悼褒卹，感動華夷。吾慕其忠烈，年雖少，殺身報國，豈可讓諸。」左右曰：「上坐者即洪公。」完淳叱曰：「亨九死王事久，天下莫不聞之，賜祭七壇，天子臨奠，羣臣於邑。汝何逆徒，敢僞託名，以污忠魂。」因躍起奮駡不已，承疇色沮，無以應。在獄日講忠孝，著土室餘論，賦絶命詩遺母與妻。臨死，談笑不跪，刑者以刀從後斷其喉，然後去首，口猶大聲呼高皇帝。卒年十七。同郡李之杜收其屍。完淳死，妻錢爲尼，有遺腹子，義士王明先、徐耀斑藏之得全。事聞，謚忠毅。

兄之旭，字元初，歲貢。擅口辨，授職方主事，嘗説勝兆反正。永曆元年四月，與子龍之獄，清捕急，從容作遺命，自經死文廟顏子位旁。

堯文，嘉定人。諸生。嘗坐事繫獄，峒曾救之，來往舟山，授遊擊。永曆元年四月，王命册封承疇鎮國公，不得達。侯歧曾託持子龍書通黄斌卿，至柘林，謀入舟山，以衣冠有異被執，與完淳同死。

明先。藏完淳子，以他事敗。耀斑，字方平，諸生。復抱完淳子歸。皆太倉人。

李令晳，字霜回，長興人。崇禎十三年進士。授江陰知縣，以廉謹稱。十五年，分較應天鄉試，得劉曙等，皆知名士。弘光時，遷儀制主事。南京亡，歸隱湖州，築園名是山，以志不忘安宗也。久之，湖州莊氏私史之難作。莊名廷鑨，字子襄，歲貢。目雙盲。家鄰故相朱國楨第。國楨嘗集國事，鈔録數十帙，未成書而卒。廷鑨得之，因招致賓客，日夜編輯，於是令晳爲作序，吴炎、潘檉章爲參閱，張儁爲列傳。廷鑨歿，其父歲貢允誠梓行之。莊氏既巨富，歸安知縣吴之榮以墨繫獄，遇赦出，摘書忌諱語，索詐不遂，則走京師密奏之。獄定，莊氏族；凡書中與名者及刻工昆弟子女親屬年十五上者斬，妻子發瀋陽，給披甲爲奴。令晳、炎、檉章、儁，於永曆十七年被逮。令晳廷辨，慷慨激切，駡不已，鞫者不能堪，至拳踢之仆地。五月五日，遇害於杭州。同死者九十餘人，戍者百餘人。令晳四子，幼者年十六，鞫者戒減供一歲，可免死戍，曰：「闔門俱死，不忍獨生。」卒不減供而死。令晳弟雲木，諸生，同死。

炎，字赤民；檉章，字力田，吴江人。有高才。南京亡，年皆二十以上，并棄諸生，完髮遯湖州山中。事少定，始出。結驚隱社嵩江，欲成一代史書，取實録爲綱領，凡志乘、文集、墓銘、家傳有關史事者，以類相從，稽核同異，爲明史記、國史考異二書。在獄意氣自若，詩歌唱和不輟。正命先夕，炎謂其弟曰：「我輩必罹極刑，血肉狼藉，豈能辨析。汝但視兩股上有火字者，即我屍也。」聞者悲之。家屬北徙，炎妻至齊化門服鴆死。檉章妻沈亦死北京。

儁，字文通，吴江人，諸生。爲理學諸臣傳，名與斯集。

允誠，字君淮，歸安人。死於獄。

叔廷鉞，字佐璜，有才名；廷鑾字美三，工詩，均死。

廷鑾子濟，字日鱗，十歲爲諸生。戍瀋陽，後免歸。

同時董二酉，字誦孫，吴江人。諸生。先二年死，剉屍。

吴楚，字敬夫，烏程人。諸生。與韋全祉、蔣麟徵、茅元銘、吴之鏞、吴之銘牽連死。

初炎、檉章結驚隱社，同社中多直、浙知名士：吴江則葉繼武、吴珂、吴宗潛、吴宗江、吴宗泌、吴宗沛、吴宲、吴在瑜、吴南杓、沈嘉枏、顧有孝、顧樵、周燦、周爾馨、周撫辰、周安、朱鶴齡、朱明德、鈕明儒、鈕棨、王錫闡、王礽、沈永馨、沈泌、李受恒、錢重、金甌、全廷璋、金始垣、顏祁、鍾巘立；錢塘則戴觀胤；湖州則范風仁、沈祖孝、陳忱；桐鄉則顏俊彦；嘉興則朱臨、鍾俞；崑山則歸莊、顧炎武；無錫則錢肅潤；長洲則陳濟生、程棅、施諲，皆樂志林泉，文酒野服，以高節著。自史禍作，社事遂輟。

繼武，字桓奏，諸生。工詩，居唐湖北渚。

珂，字匡廬，諸生。

宲，字北窗。

在瑜，字臞庚。

南杓，字融同，炎弟，工詩。

嘉枏，字石城。

爾馨，字機高。

撫辰，字其凝。

明儒，字晦復。

礽，字雲頎。

永馨，字建芳。

泌，字方鄰。

受恒，字北山。

祁，字子京。

嶔立，字宣遠。弘光元年恩貢。博學杜門，以詩文自娛。卒年七十六。

風仁，字梅風。

祖孝，字因生，諸生。温體仁當國，獨不修謁。隱吴江嚴墓。

臨，一名復，字瀹六。

俞，字琴仗。

楝，字杓石。

諲，字又壬。

贊曰：士聰、思孝、希夏、元慤之鯁切，康稷、徵奇、紹顒之清執，以及于鼎、胤培、弘道之弘裕，伸、厥初之德度典章，類皆氣節凛然，要於自遂，義烈志膽，以之垂名夫何不韙！明季直、浙衣冠，人文爲盛，上而專化樞秉國鈞，下而翰林侍從臺諫。長安道上，華綏高軒鳴騶呵擁者相望，無不尚書詩，説禮樂，矜文墨，接儒雅。一旦陵谷遷變，清流中見危授命者，惟峒曾、允彝、令晳三人，餘卒恇怯㥘惚，與時俱化而已，可勝慨哉！

南明史卷三十三

無錫錢海岳撰

列傳第九

吳希哲 林沖霄 王士鑠 錢增 葉國華等 陳獻策 倪仁楨 李之茂 錢源等 韓接祖 李如璧 趙東曦 朱邦祈 吳允謙 丁聖時 王運熙 宣國柱 胡周鼒 李如璨 倪嘉慶 曹景參 沈應旦 郭充 蔣鳴玉 劉天斗 左光明 陳鳴珂 胡承善 莊葵 周壽明 陰潤 袁愷 馬嘉植 弟嘉楨等 郭紹儀等 李毓新 子禎先 陳素等 董養河 子謙吉 成勇 子其謙等 李日輔 李右讜 喬可聘 子邁 成友謙 盛王贊 李模 父吳滋 子炳等 劉呈瑞 畢十臣 郝錦 馮明价 姚士恒 汪承詔 楊一儁等 牛若麟 曹代之 徐可汲 朱鼎延 李永昌 馮志京 劉渤 蘧伯崑 宋文瑞 秦鏞 弟鋏等 陳震生 張兆羆 蔣拱宸 曾倜 張茂梧 劉憲章 何肇元 王大捷 吳鑄 李日池 王亮教 劉世法 王國楠 王耀時 錢敬忠 子光繡等 何光顯 方翼明 林三傑 王之粱 葉仲垣

吴希哲，字睿卿，淳安人。崇禎四年進士。授惠州推官。刻苦不用官物，案無留牘，平九連山寇。海盜劉香僞降，希哲詗其奸，陽款而陰修戰備，約閩兵會攻。盜犯潮州，聞希哲至，曰：「是官廉不爲利誘者，願就撫。」開壁諭之乃退。適閩兵至，希哲出奇乘風殲之。遷刑科給事中，督浙、直餉，以東南賦役煩疲，額外加輸，至一百八十萬。入蘇，即與撫按糾墨吏賕以佐軍，紓民力。

安宗立，改工科左，奏都城假宗冒戚，僞勳奸弁，横行不道，虐民戾商，請旨嚴緝。尋擢吏科都給事中。左良玉兵東下，馬士英將挾駕幸貴陽，希哲力諫，乃止。清兵迫，請備淮、揚，不省。士英、錢謙益言應收陳洪範，上曰：「國家何嘗不收人，惟收而不得其用。」希哲退曰：「賈似道棄淮、揚矣。」會九卿十三道合糾良玉公疏上，希哲大言曰：「今日所重不在楚，宜出公疏糾士英。」并再請固守江、淮，乃以防江公疏上。上責六垣無討良玉疏，罰希哲俸。南京亡，隱居卒，年七十二。

同時林沖霄，字斗客，霍丘人。崇禎七年進士。歷崇德、鄞縣知縣。大飢振卹，立義倉備荒，首輸二百四十石。晋禮科給事中。弘光初，改吏科，疏參四鎮不討賊，繼參副總兵劉福遠請於報恩寺内建鄭貴妃祠，以及破門户，明等威，警天變，正文體，加恤災黎，鼓勵忠義。入垣八月，封事十數上，南京亡歸卒。

王士鑅，字元治，金壇人。崇禎四年進士。歷桐鄉、金華知縣。海寇靛賊亂，大軍雲集，咄嗟立辦，以民兵五百禽巨魁平之。遷兵科給事中，劾楊嗣昌、温體仁、薛國觀、謝陞爲誤國四凶，下獄削籍。安宗立，起户科，言邊事中機宜，糾易應昌、楊公翰，奏李述祖偷生負國，有愧諸勳。又言守令失職，賦額不清，私加火耗，虐民太甚。南京亡後卒。

錢增，字袞卿，太倉人。崇禎四年進士。授行人，奉使卻餽金。遷兵科給事中，疏陳：「建虜漸駐瀋陽，貪内地財物，防邊之局，不止防秋，己巳入犯，非隆冬乎？防海之局，不止防登、萊，今已蹂躪朝鮮，保毋勾倭乘風入掠乎？彼以海爲虚聲，而或懈我各邊之城守；彼以邊爲實着，而或乘我沿海之疏虞，所謂必防其隙也。」力請懲債帥，嚴海邊，詰奸細，撫流亡。

楊嗣昌款清誤國。首疏詆其「涖任之初，慷慨肩事，章數十上，輒荷温綸，若不難立奏廓清者，臣竊壯之。迨十面之埋伏空布，六月之師期漸踰，十二萬甲兵同於畫餅，二百八十萬軍餉委之逝波，師老財殫，岌岌乎有潰敗之勢，臣竊憂之。至議開市一疏，援引不倫，所述漢、唐、宋諸事，聞者咸爲髮指」，嗣昌引罪。又論川、東、津三撫皆不勝節鉞，寇熾而擁旄被珠虎符者多偃蹇，如某自請加蟒玉，某爲畔弁求署島帥，他若喪師失地，朝廷一切優容不問。東省失陷，警報至長安已十日，舉朝寂然。增大聲疾呼，如所云存卹宗藩，銓補守令，飛檄宣、秦二督入衛，皆天下至計。

十一年冬，清兵頓師城下，上言嚴視師，場藥局，及多積煤火，緩蘆溝橋城工，天津白糧當隨路囤寄，當事不如所指，委棄殆盡。

北京不守，受李自成官南歸。安宗立，起刑科，劉澤清、劉良佐避寇南掠，疏請嚴處，以申國法。已與工部主事葉國華具東南第一隱憂疏，畧言：「江以南蘇、嵩、嘗、鎮、杭、嘉、湖七郡之水，以太湖爲腹，以大海爲尾閭，以三江入海爲血脈。自吳淞淹塞，東江微細，獨婁江一派。而婁江之委七十里爲劉家河，一名下江，乃婁江入海之道。東南諸水，全藉此以歸墟。考勝國時，劉家河自然深廣，運舟市舶走集於此。國朝二百七十餘年，潮汐泥沙，日就淺隘，今漸漲漸滿，不一年竟成平陸。東流之水，逆而西向，灌溉無資，如旱魃爲虐，則平疇龜圻。萬一大浸稽天，如萬曆之戊申、天啟之甲子，洪流倒峽，震澤不能受，散漫橫灌，勢必以七郡之田廬爲壑，東南數百萬財賦盡委逝波，其如民生國計何？但事關大利害大工役，非一郡一邑所能濟。考之先朝，水利有專官特遣興役者，永樂間夏原吉白茅之役也；有專委撫臣奏績者，宣德間周忱、嘉靖間李充嗣、萬曆間海瑞吳淞白茅之役也。成跡具在，特在睿斷必行。」上納之。令浙直撫按速舉行。擢都給事中，疏禁各官薦舉。張縉彥、時敏、蘇京起用，增特疏劾曰：

法不嚴，則無以寬亂臣賊子之心；法不嚴且平，則又無以杜亂臣賊子之舌。若身任中樞，全城與殉難俱虧之縉彦，猶位列司馬，身厠言官先後降賊之敏京，猶名挂臺省。夫樞督何任，諫官何職？若蒙面强顔，不立賜褫斥，則諸逆方囊頭桎足，就訊公廷，而此數人或高牙大纛，或紆紫拖青，猶作山頭望廷尉，彼何以服。乞皇上大震霆斷，敕下法司，務將正從逆諸犯，確覈嚴訊。至縉彦等急須感奮圖功，爲贖罪計，倘復優遊玩愒，以至賊寇披猖，貽君父憂，則前罪並論，立膏斧鑕，所當并敕法司，明列案末，以觀其後，功成則宥罪，功不成則正法可也。

疏上，得旨：「使過諸臣如無實效，自有大法。」旋奉使賫敕奬諭崇王慈爚歸。會張孫振治周鑣獄，必欲殺之，增曰：「鑣非從逆者。」孫振曰：「以門户誅之耳。」心不平，遂乞養去。南京亡後，撫按交薦不起卒。

國華，字德榮，崑山人。重華兄。萬曆四十三年舉於鄉。授國子助教，遷刑部主事，改工部，榷杭關歸。嘗左右黄道周獄中。卒年八十六。

子奕荃，字玄暉，以諸生入太學。剛直好義，工詩古文。師事劉宗周、徐石麒、陳龍正，講性命之學。省父至嘉善，爲兵所戕。

陳獻策，字明俞，溧陽人。天啟二年進士。授行人，册封萬安王。力卻餽遺，忤魏忠賢歸。起兵科給事中，上擊奸當伸大法及當務之急二疏。歷刑科、工科，以疏論滇、黔軍功，陵寢、黃河工役忤旨。久之，陞都給事中，管節慎庫。當熹廟時，大工商賈因估料冒濫，尚多壓欠，奸商欲借清汰之名，復陰行冒領之計，部司移文，再四商榷，堅執不允，計省金錢十數萬。監查盔甲廠，查出庫籍不載者刀以數萬計，布以數千計。侍東宮講，延啟請肆赦。未幾，北黨熾歸。安宗即位，起故官。南京亡，杜門。族弟名夏當國，招不應。

同垣有聲者，倪仁禎、李之茂、錢源、韓接祖、李如璧。

仁禎，字心開，浦江人。崇禎十年進士。授太常博士，遷禮科給事中。巡視中城，改兵科。十五年，上言：「臣初拜官，例候閣臣謝陛。及言兵餉事，忽曰：『皇上自用聰明，察察爲務，天下俱壞。』陛位極人臣，敢歸罪天子如此。」上怒，削陛籍。出巡京營，衆皆斂跡。册封靖江王歸。安宗立，起原官。南京亡後卒。

之茂，字南居，掖縣人。萬曆四十四年進士。授河間知縣，調太康，入爲禮部主事、户部郎中，累遷西安知府、神木副使，多方拒寇。與溫體仁忤，改河南驛傳，調湖廣歸。安宗立，起工科給事中。南京亡，坐卧小室，迭召不出卒。

源，字伯開，江寧人。崇禎十年進士。授東陽知縣，免天台大獄。起兵科給事中，疏糾李挺，著直聲。

弟匯，字季水，諸生。以詩文名。南京亡爲僧。

接祖，洪洞人。崇禎十年進士。授邢臺知縣，遷禮科給事中。南京亡，歸隱卒。

如璧，華陽人。崇禎十三年進士。官工科給事中，追論楊嗣昌之失。改刑科，轉禮科右。

趙東曦，字馭初，上海人。萬曆四十七年進士。繇知縣遷刑科給事中，請興屯塞下充軍用。適宣塞有私款事，王坤監宣餉，且請代，因上言：「宣塞失事，陛下震怒，逮巡撫沈棨，罷本兵熊明遇。乃坤方會飲城樓，商榷和議，邊臣倚庇，欺蔽日甚。坤不得辭扶同罪，反侈邊烽已息爲己功，且請代。夫內臣之遣，陛下一用之，非不易之典。今即盡撤之，猶謂不早。坤顧請代，圖彌縫於去後。願陛下正坤罪，撤各使回京。」上怒，謫福建布政都事。久之，起行人正、禮部郎中，奉使歸里。安宗立，召刑科給事中，未及赴卒。

同召者朱邦祈、吳允謙、丁聖時、王運熙、宣國柱、胡周鼒。

邦祈，字二元，桐鄉人。天啟五年進士。自荆州推官遷禮科給事中，歷兵科、吏科，所言多關大政，以清直稱。

允謙，字凝之，内江人。崇禎十年進士。吏科給事中。隱淮安。

聖時，字澹夫，巴陵人。崇禎元年進士。歷溧陽知縣、袁州推官。悉心折獄，百姓德之。累遷户部主事、户科給事中。南京亡，隱宣城。

運熙，濰縣人。崇禎十六年進士。自大理正遷禮科給事中。

國柱，字若木，懷寧人。崇禎十三年進士。官兵科給事中。一歲章十餘上，不避權貴，坐是下獄，起故官。南京亡，隱太平山中，日痛哭曰：「吾以母老，欠先帝一死。」後母喪，以毁卒。

周鼒，字其章，長洲人。崇禎十三年進士，刑科給事中。清召不出。

李如璨，字用章，南昌人。崇禎元年進士。授蘄水知縣，遷刑科給事中。十年閏正月，因暵求直言，陳回天四要，論財用政事之弊，畧言：「國家祖制，於古稱善。自軍不用而兵設，民始不得安其身；自屯不耕而餉興，農始不得有其食。有兵不練，兵增而餉益匱；有餉不核，餉多而兵愈冒。比者核實之使四出，而掊克屢聞，占冒不減，可謂有政事乎！魏呈潤、詹爾選、李化龍、劉宗周皆以一鳴輒黜，今下明詔求直言，倘赦其前愚，收之左右，是直言不求而至也。若夫輔成君道，尤在相臣，今此瞻彼顧，結黨徇私，又何怪水旱盜賊之屢見哉。」上怒，下獄削籍。黄道周救之，不聽。安宗立，起故官。南京亡，衰絰哀號，作祈死文祈死，尋卒。

倪嘉慶，字篤之，上元人。天啟二年進士。授户部浙江司主事。兵科給事中劉徽請裁驛遞，有旨汰十三省郵傳銀六十萬。嘉慶執奏，驛站乃朝廷一大養濟院，遊手强悍之徒，賴以存活，若裁之，若輩消歸何處，心腹之患也。俄而王嘉胤、李自成以裁驛卒走高迎祥隊中，遂至中原鼎沸，如嘉慶言。楊嗣昌以增兵請加餉。疏言：「國計入不敷出，歲額缺至二百三十餘萬，何以支持。今日之患，不在兵少而在餉多。餉多則病農，病農則民貧，貧則挺走者衆，不若練卒減餉，以消盜源。」不省。累遷職方員外郎、車駕郎中。以杖王府奸人，謫浙江布政經歷，起户部主事、郎中。會温體仁爭枚卜，傾東林，緣侯恂定瑺案，嗣昌亦以加餉事，並疾嘉慶，遂以豆案誣繫獄七年。危坐研易，久之論戍。范景文、倪元璐交薦復官，未赴。安宗立，起文選員外郎，改户科給事中。察核直省錢糧，與曹景參、沈應旦、郭充、蔣鳴玉、劉天斗、左光明、陳鳴珂並命，疏論嗣昌調度乖方，請削官廕，不允。調刑科右，以忤馬士英，出爲巡鹽御史兼河道，與中書舍人胡承善掣鹽瓜儀。南京亡，爲僧青原山中，名大然，字嘯峯。卒年七十二。

景參，瑞昌人。崇禎四年進士。兵科給事中，調吏科，疏頌體仁耿介孤行，苞苴不入。

應旦，字方平，德清人。崇禎十三年進士。授南昌知縣，修學緩徵，聽斷如神。左良玉兵東下，曉以大義。遷户科給事中，言封疆失事諸臣，不分存歿，法司分別議罪。南京亡，皆歸里卒。

充，本名九圍，字函亢，隴西人。崇禎十年進士。自太原推官遷刑科給事中。馮銓據他姓腴田，請論如法。開封陷，黄澍擢御史，力爭之，不省。催督南直漕運。清徵固辭。卒年七十八。

鳴玉，字楚珍，金壇人。崇禎十年進士。授台州推官，平海盜，爲政精明。遷兵科給事中，上言請紳衿與齊民較田一體當差。南京亡，降於清。

天斗，字龍文，南昌人。天啟四年舉於鄉。授定遠知縣，大修城防，史可法薦工部主事，改工科給事中。

光明，字允之，桐城人，都御史光斗弟。選貢，授武平知縣，遷同知，守禦有功。轉禮科給事中。南京亡，皆隱終。

鳴珂，字鏘鳴，范縣人。崇禎元年進士，中書舍人，直言受杖。改梁山知縣，遷刑科給事中。

承善，歙縣人。恩貢。降清，官建昌知府。金聲桓反正，伏誅。

莊葵，本名鼇獻，字任公，晉江人。崇禎七年進士。改庶吉士，授兵科給事中。上太平十二策，首格君心，開言路，終以折獄用刑，謂：「中州形勢之區，今秦、晉蠢動，以此爲淵藪，必有跋扈之雄藉以釀亂者。及今不創，禍將無及。又東廠之設，以緝奸盜，非以網搢紳。中使非有韜畧，何故委以監紀重任？」語多激切，監視登島中官魏相以葵有撤視語，因求罷。上不允，貶浙江按察炤磨。弘光時，與周壽明、陰潤同起故官，葵改吏科。南京亡，久之卒。

壽明，字天格，蘄水人。崇禎十年進士。授臨海知縣，鋭意文教，浚東湖，環衛郡城，力除衛軍苛糧。調曲周，遷吏科給事中歸。起都給事中。清召不出。

潤，芮城人。崇禎七年進士。官禮科給事中，以建言謫。起吏科。後降於清。

袁愷，字立隆，聊城人。崇禎四年進士。授潞安推官，調太原，遷刑科給事中。疏言：一上不可過寵宗室，魚肉小民；二不宜濫用保舉，以混仕路；三不宜贅設總監，掣督撫肘；四不宜戮辱大臣，致罪輕罰重之刑部尚書劉之鳳身罹重辟。上之怒薛國觀也，以誤擬旨，下五府九卿科道議。吏部尚書傅永淳未測上意，擬頗輕。愷會議不署名，疏陳：「國觀窺上之旨，嫉人之能，而當事曰致仕，曰冠帶閒住。此無他，主持在吏部、都察院。而永淳爲國觀私人，固結既久，不暇顧皇上嚴綸耳。」又陳永淳徇私蔡奕琛納賄狀，末云：「國觀是忠是佞，更望詳察，以聽自裁，無令久妨賢路。」國觀放歸，再疏發其貪墨，死坐追贓。宋之普以是惡愷，借事傾之，削籍歸。

弘光時，起故官，道卒。

馬嘉植，字培元，平湖人。崇禎七年進士。授武進知縣。邑賦繁重，糧長之害尤劇，嘉植變爲圖收，任輕役均，漕兑旗丁邀索，痛抑之，露刃鼓噪不爲動。遷吏科給事中，迭疏劾陳新甲誤國下獄，論張四知、魏炤乘庸劣充位，罷之。又言剿秦寇、調土兵二事。孫傳庭債事，兵貴萬全，不爭遲速，兵出戰危，與其鹵莽決裂，毋寧慎圖萬全。十六年，蔣臣陳行鈔法，使天下金歸内帑，力爭之，得已。明年，催解浙、直外項出京，無何而京師陷。安宗立，轉工科，疏言：「今日可憂者，乞師突厥，召兵契丹，自昔爲患，及今不備。萬一飲馬長、淮，侈功邀爵賞，將來亦何辭於虜。」復請從逆諸臣倣唐六等定罪。繼陳國本，一改葬梓宫；一迎養聖母；一訪求東宫二王；一祭告燕山陵寢。末云：「今日在君父力自貶損，尊養原非樂受；在臣子痛加悔艾，富貴豈所相期。茅茨雖陋，可勿翦也。有以勞人費財導者勿聽，經武以外，可概節也。有以處優晏衎進者勿聽。」未幾，再疏言：「比者舉動乖張，政事顛倒，進言指爲矯激，論事指爲迂疏，以獻替爲悖妄，以盡言爲近名。臣不願興朝魚水，有此景象，至令東南生氣耗竭，騷然挺險，誰爲上守此塊土哉！」語皆切直。旨命回奏，已而宥之。朝議遣使奉安大行皇帝梓宫山陵，疏言梓宫山陵事大，宜專使，不宜兼使，而與賞虜犒將同敕，終屬草率，因自請行。不許。

尋督餉江西、福建，以與馬士英不合，外補嶺西副使。未行而南京亡，歸里。與郭紹儀起兵，兵敗爲僧，名行旦，久之卒。

弟嘉楨，字允和，崇禎十二年舉於鄉，爲僧名弘任。

嘉相，不應試。

族人上選，字幼庵，爲僧。

紹儀，字丹葵，平湖人。天啟五年進士。授當塗知縣，遷湖廣道御史。緹騎四出，上疏極言，幾不測。巡屯田，上十二議，改督學歸。卒年八十三。

子襄圖，字皋旭，恩貢。工詩，從扈海上歸。

李毓新，字雲岑，海鹽人。崇禎十年進士。授潮州推官，鞫獄明斷。攝四篆，兼察三府，釋囚數千人。潮鹽税多羡額，革之不名一錢。歲飢，富家遏糴，爲之嚴匿米法。山寇作，沈猶龍檄監紀，條議剿寇十二策，請城豐順，屹爲重鎮。署肇慶知府，楚寇陷開建，西江震動，調閩兵復之，合西粵兵五路進剿，不一月寇平。惠王護衞不戢，居民罷市，肇慶兵與藩兵鬨，毓新徒往調勸，迎王入城，肇慶以安。閩寇姜世英入黄岡，攻饒平、大埔，圍潮州，監參將趙千駟至惠來。寇遁，即移師揭陽，禽世英，爲首功，行取而北京亡。安宗立，數請勤王，不許。遷兵科給事中，管職方主事。屢上書言事，忤馬士英。左夢庚東下，士英調江北兵，與喬可聘、姚思孝、吴适、王之晋力主守河、淮，士英怒，改命巡江，實無一兵可調。南京亡歸里。嘉興城守，爲監軍。事敗，隱白苧鄉，爲亂兵所害。

子諸生禎先，抱父屍死。

同時陳素，字涵白，桐鄉人。崇禎七年進士。授開州知州，愛民好士，地方利害皆以去就爭之。憂歸。服闋，起泰州，申麥折之請，民歡聲動地。調冀州，文風丕變。北京亡歸，召工科給事中。南京亡，陽狂賣藥，改姓名唐彦碩，又稱天山道人，不薙髮，授徒上海。後以遂平王紹焜事連被執。及訊，坐而不拜。問何以留髮？曰：「我大明臣，自無削髮理。」問何不爲僧？曰：「本爲無君，受困至此，更何忍從無父無君之教。」弟子黄雲爲營救，得釋。卒。

子苞，字竹墅，去諸生，詩酒終。

董養河，字叔會，閩縣人。少負殊質，博極羣書。崇禎十三年特用，授工部司務。與黄道周、黄景昉、倪元璐、蔣德璟爲金石交，相與憂憤時事，揣摩軍國。道周糾楊嗣昌奪情，忤旨勘問，詞及養河，下獄。上怒不測，將寘極刑。養河處之泰然，日唱和，爲西曹秋思集。既道周起用，養河亦還職。遷户部主事，三疏請自效，語侵樞臣，忌，留中不報。因密訪智勇俊傑可爲疆埸前驅者，得六七十人薦之，以備采擇，諭旨報可。其前列蔣臣，竟以布衣除户部主事。十六年，陞員外郎、兵科給事中，繼命監督九門，又監蕪湖鈔關。弘光中，卒。

子謙吉，字德受，崇禎四年進士，歷建寧教授、國子博士、户部員外郎。奉命督鑄湖廣，爲猾胥所中，事白還職，轉陝西副使歸。弘光、隆武時召用。國亡，爲僧浙江山寺，縱酒卒。

成勇，字仁有，青州樂安人。天啟五年進士。授饒州推官，謁鄒元標吉水，師事之。在職不濫聽一辭，不輕贖一鍰，不受屬吏蔬果，於士紳悍吏爲民害者，不少假借。中使至，知府以下郊迎，勇不往，且笞其從人。中使將愬之魏忠賢，會敗乃免。歷開封、歸德，敗流寇。崇禎十年，入京考選。新例，優者得翰林。公論首勇，而吏部尚書田唯嘉抑之，補南京吏部主事。明年，以黄景昉訟屈，遷福建道御史，尋疏論楊嗣昌奪情事，有「清議不畏，名教不畏，萬世公議不畏」語。上怒削籍，士民泣送者萬人，百里不休。逮下詔獄，訊主使姓名，勇上書言：「十二年外吏，數十日南臺，無權可招，無賄可納，不知有黨。」竟戍寧波衛。中外薦者十餘疏，不召。久之，命以他官用，甫聞命而京師陷。安宗立，起原官。阮大鋮列之五十三參中。南京亡，披緇隱崑崙山，不見一人。清起不應。越十五年卒。

子其謙，字懷子，恩貢。以詩名。

其懋，字勉齋，去諸生，從隱。

李日輔，字元卿，南昌人。萬曆三十四年舉於鄉。授成都推官。奢崇明反，與朱燮元計兵事，單騎直前，率鋭卒取佛圖關，禽崇明，復重慶。遷南京雲南道御史。崇禎四年，王坤、張彝憲等四出，日輔疏言：

爾者一日遣内臣四，尋又遣用内臣五，非兵機則要地也。廷臣方交章，而登島、陝西又有二奄之遣，假專擅之權，駭中外之聽，啟水火之隙，開佞附之門，灰任事之心，藉委卸之口，臣實爲寒心。陛下踐祚初，盡撤内臣，中外稱聖。昔何撤，今何遣？天下多故，擇將爲先。陛下不築金臺招頗、牧，乃汲汲内臣是遣，曾何補理亂之數哉？

上怒，謫廣東布政炤磨。廷臣交章論救，不聽。安宗立，與李右讜俱起故官。南京亡，隱西山，潛心濂雒，一僕與居，尋與僧共居十餘年而卒。

右讜，字獻思，豐城人。天啟五年進士。授揭陽知縣，立銃城李魁奇反，攻之不下。遷御史，巡按南畿，定溧陽、桐城亂。調北，疏止開礦。潞王欲設王店，移止之。崇禎五年按淮、揚，請護祖陵。中官横恣，列上督理鹽漕太監楊顯名貪婪狀，請治之。顯名誣訐右讜，調他曹。亦南京亡後卒。

喬可聘，字君徵，寶應人。天啟二年進士。授中書舍人，崇禎時疏劾吕黄鐘、張捷。遷浙江道御史，出按浙江。行部至金華，水漲舟阻，索輓夫不得，蘭谿知縣盛王贊持手版立雨中，大聲曰：「村民方事東作，縣令請以身代役。」可聘立乘肩輿冒雨去，而薦王贊於朝，時人兩賢之。尋以屬吏坐贓敗，貶大理正。

安宗立，起故官，掌河南道事，疏陳宜罷廠衛，停燕飲，不省。御史黄耳鼎外遷，疏詆劉宗周，牽連朝士甚衆。可聘言宗周正色立朝，實社稷臣，耳鼎厭外轉，盡誣善類，以暢己私，非人臣也。請以耳鼎所轉官，換臣爲之，事乃止。黄澍面劾馬士英，士英銜之次骨，而澍按湖廣有穢聲。劉僑希士英指訐之，章下法司。宗周怒僑，將救澍。可聘曰：「僑希時相指，固也。而澍貪亦有跡，請行何騰蛟覈奏。」時謂得體。宗周初劾臺臣從寇者三十三人，及李沾代事，欲翻其議，可聘抗不可。其在臺班，與章正宸持論侃侃，羣小憚之。左良玉東下，士英盡撤江北兵以禦，時清兵日逼，可聘與成友謙合疏乞留江北兵，固守淮、揚，控扼潁、壽，命劉良佐還鎮。士英於御前戟手詈之，舉朝氣懾。南京亡，歸老於家。

子邁，字子卓，去諸生。博學典故，多所辨正。

友謙，字六吉，揚州通州人。崇禎七年進士。授閬中知縣，遷山西道御史。首疏起廢，中外翕然。崇禎末，巡鹽河東，剔釐奸弊。安宗幸淮上，餉上危難，屢請命禮部將太子會審案同東宮、二王謚號速頒曉諭。會海道坍没，疏豁差糧，邑人利之。南京亡，歸里卒。

王贊，字子裁，吴縣人。崇禎十年進士。授蘭谿知縣，一介不取，愛民有真父母稱，以不合上官，罷歸。上識王贊名，數諭廷臣：「王贊廉官，何不用？」廷臣唯唯。弘光初，以張國維薦，起東陽。七日丁父憂。國亡爲僧，隱陽城湖，日無再食以終。

李模，字子木，吴縣人。父吴滋，字如穀。萬曆四十七年進士。歷崇安、德清、龍溪知縣，刑部主事、郎中，出爲武昌知府、寶慶副使。以漕忤大璫歸。卒年八十九。

模，天啟五年進士。授東莞知縣，立鵠社以造士。遷雲南道御史，憂歸。服闋，起浙江道，巡按真定，劾分守中官陳鎮夷。鎮夷反噬，謫南京國子典籍。安宗立，勳臣以推戴功，交鬨於朝，尋進階蔭子，内監韓贊周、盧九德與焉。模疏曰：

今日諸臣能刻刻認先帝之罪臣，方能紀嘗勒卣，蔚爲陛下之功臣。日者廟廷之爭，幾成鬨市，傳聞遐邇，不免輕視朝廷。原推戴之事，皇上不以得位爲利，諸臣何敢以定策爲名，甚至侯伯之封，輕加鎮將。夫鎮將事先帝未收桑榆之效，事陛下未彰汗馬之績，按其實亦在戴罪之科，而予之定策勳，其何以安？倘謂勸進有章，足當夾輔，抑以勗勉敵愾，無嫌溢稱，然而名實之辨，何容輕假。夫建武之鄧禹，猶慚受任無功，唐肅宗之郭子儀，尚自詣闕請貶。願諸大臣立志倡率中外，力圖贖罪，必大慰先帝殉國之靈，庶堪膺陛下延世之賞。一概勳爵，俱應辭免，以明臣誼。至於綵綸有體，勿因大僚而過繁，拜下宜嚴，勿因泰交而稍越。繁纓可惜，勿因近侍而稍寬，然後綱維不墮而威福日隆也。

疏入報聞。尋復爲河南道御史。馬阮亂政，嘆曰：「事不可爲矣。」請告歸，時吴滋猶健在。卒年八十二。

子炳，字文中，去諸生。

弟楷，字仲木。崇禎十五年舉於鄉，授寧羌知州。後降於清。

劉呈瑞，字君開，武進人。崇禎四年進士。授户部主事，遷廣東道御史，巡按廣東，廉正知大體，一疏劾罷不職者三十六人。劉香餘衆不靖，加意綏輯，遠近帖然。捐金數千修道，自古岡至省數百里，行旅往來，宵人濳跡。歲祲米貴，發振並出糶，活者無算。調順天，彈劾不避權貴。陳新甲前後逗橈，先後五十疏論之。京師警，上言通州爲重地，不可不出守，至則親刁斗，厲士完城。以所屬潰，削籍。

安宗立，起山東道。南京亡，坐卧小樓不出，數年卒。

同時臺臣畢十臣、郝錦、馮明价、姚士恒皆有聲。

十臣，字協公，蘄水人。崇禎十年進士。授慈谿知縣。定民變，以恩威稱。弘光初，遷福建道御史，奏孟夏享太廟，文武侍班寥寥，命戒其後。南京亡後，久之卒。

錦，字絅卿，六安人。崇禎十年進士。授豐城知縣。邑賦甲江右，覈包攬，清里甲，裁陋規。調新建，嚴治宗室。張獻忠入袁、吉，屯糧治械，衆心乃固。遷福建道御史，上言：「各鎮分隊村落打糧，劉澤清尤狂，掃蕩民舍幾盡。」又請官買私賂，量出剩餘助公，以佐民急。再劾胡麒生，鯁直有諍臣風。南京亡，入九公山。總督馬國柱屢薦不起，卒。

明价，字五玉，嵩江華亭人。天啟二年進士。授海澄知縣，遷廣東道御史，劾監軍郎中張若麒貪功喪師，宜正其罪。巡按山西，清兵入，削籍。起廣西道。

士恒，字叔永，嵩江華亭人。天啟二年進士。歷羅山、浦城知縣，遷四川道御史。南京亡，皆歸卒。

汪承詔，字仲宣，寧國人。崇禎四年進士。授湘陰知縣，調武昌，遷廣東道御史。德王由樞陷清，遣中官王朝進、張福禄等上書自廣寧入，請款虜。承詔疏言：

宜火其書，勿令傳外，朝進等編置遠方，毋浪傳敵信。萬一皇上展親之念篤，宜別遣邊人，量賫用物，俾申德意。若曰：「王不造，失守社稷，遠播沙漠，庶幾戎狄悔禍，隆禮有加，王宜優遊塞外，以終天年。朕已撫王嗣，俾纘舊服，俟其成立，當使自將待邊，以泄王憤。」如此庶彼知朝廷大義，可絶其垂涎，杜其凌侮。

報聞。改河南道，巡按湖廣，爲楊嗣昌監軍。嗣昌病，至荆州調兵食，便宜分佈諸將。尋命革職，立功自贖，請調施州土司兵。回京，李自成黠用，堅拒南歸，起故官。南京亡歸。鄭成功攻南京，謀内應，執至南京死。

同時楊一儁，字又起，鄰水人。崇禎九年進士。授景陵知縣。十四年，以河南道御史巡按順天。孫傳庭忤嗣昌，引疾乞休。嗣昌劾其託疾非真聾，斥爲民。下一儁覈真僞，以真對，下獄被謫。起雲南道。子世繡，恩貢。崇善知縣。

牛若麟，字玉書，涉縣人。崇禎十年進士。授吴縣知縣，開荒振民。憂去，起浙江道御史。南京亡，歸卒。

曹代之，字若參，西安咸寧人。萬曆四十三年舉於鄉。授安順推官，治城修學，用法知縣，持平。黔寇歸附，加意安集。累遷工科都給事中。督理秦餉，歲值大祲，疏請減賦。改湖廣道御史。南京亡，隱揚州。

徐可汲，字渫井，太湖人。崇禎十三年特用。歷新貴知縣、寶慶通判、路南知州，遷山東道御史。南京亡，歸卒。

朱鼎延，字嵩若，平陰人。崇禎十六年進士。歷儀制主事、主客員外郎、雲南道御史。

李永昌，字德扶，任丘人。崇禎三年舉於鄉。大同、淳安、繁昌知縣，遷山東道御史。南京亡，皆降於清。

馮志京，徐州人。選貢。自麻陽知縣、廉州同知，遷四川道御史。南京亡，歸里卒。

劉渤，字巨溟，安福人。崇禎十二年鄉試第一。貴州道御史。南京亡，以族人起兵，永曆三年冬，敗死。子孫皆力田不試。

蘧伯崑，字山甫，桐城人。副貢。武寧知縣，力化頑梗，大盜熊化元自首。遷浙江道御史。南京亡，歸里卒。

宋文瑞，邳州人。恩貢。授鞏縣知縣，修城練兵，鋒刃日接，閭巷安堵。安宗自雒陽出，迎主其家。李自成索急，匿之他舍，得脱於難。及即位，以舊恩特召副都御史，將謁南京，未行而南京亡，乃隱居卒。

秦鏞，字大音，無錫人。崇禎十年進士。授清江知縣。邑素僉富民爲馬户，富户竄入胥吏希免，累及貧户。鏞以胥吏僉而給其直，民困以甦。劇盜嘯聚沃埸，以計禽斬。築梅家畚，建義倉，釐正祠典。作五勸四誡歌，以教民力穡。調蓬萊，停預借之徵。攝黄縣，蠲布花之税。

安宗即位，遷河南道御史。疏言：

京都重地，法行自近。今形格勢禁，殆非一端。如金吾緝事，原有專司，今則僉堂等官並侵職掌，奸徒竄役，徧地拿詐，冒名恐嚇，所在而是。詞訟問理，巡城專責，今則部司、戎政、總理、都督各處受狀，動拘小民，牽罪誣枉。凡此弊風，總累首善。若三輔要地，亦内也，民力已竭，全恃寬租薄賦，固結招徠，乃有無知之人，乘國家之急，假託條陳，妄肆聚斂。兩浙亦内也，財賦之地，不建藩封，今南中諸藩，徧布浙、直，設處供應，既累民財，徧處蕃滋，亦傷國體。至於外威不競，臣豈能悉數，姑舉其大者。如寇之大仇未雪，乃安心寢問罪之師；虜之和議未成，乃拱手讓河北之地。將帥大臣，已裂土封，乖諸利、假便宜矣，呼籲之疏逼聖聽，亦宜稍示裁抑。如封疆大吏，朝廷命官，或委不去，或召不來，或又有所避趨，而朝東暮西，此去彼就，綱紀墮壞。總兵一官，原爲鎮守要地，今不爲地擇人，乃爲人擇官，敕印旗牌，紛紛請給，副總兵以下，皆不屑爲。監紀一官，原贊畫參謀，兼合文武一體，今則添設多官，非假燃灰，即圖速化。封疆一案，功罪畧同，何以此虛戴罪之名。比入爰書之案，從逆一途，輕重稍別，何以一入廷尉之堂，一登啟事之奏。凡此，皆不順不威之大者。

疏入，通行申飭。南京亡，獨居城東弓河上，自題千休館，閉門讀易，十餘年乃卒。

弟鍈、鈛，均以文學名。鍈，字小匡，去諸生。鈛，崇禎十七年選貢。

邑人建言者陳震生，字青雷。崇禎十六年進士。授中書舍人。頒追尊毅宗謚號詔徽、寧、池、太、廣，疏陳時政曰：

撙節之道，當自君身始。宮殿差構各工，自宜暫緩，繇此類推，宮中省一分之費，即河上受一分之惠。況今事例雜開，有前代行之而本朝從不踵舉者，如榷酒酤之類是也；有本朝未行并前代未聞而創舉者，如納銀准考之類是也。事例出於萬不獲已，復有增加，情急勢窮，則大變將作，況中貴出而聽用之冒濫者多，部務煩而奉差之驛騷者衆，似宜清減，以省需求。臣歷稽往牒，無不以輕役減賦興，役煩税重亡，燃燈膏盡，其燄乃滅，夫民命國之膏也。語亦懇至。出爲贛縣知縣未行，擢職方主事，卒。

張兆熙，字宜男，洋縣人。崇禎九年舉於鄉，授孟縣知縣，手殲巨猾。調温縣，練鄉兵斬寇。弘光時，遷湖廣道御史，巡視北城，疏陳致治去弊之法。畧言：

名器至重，豈可巧營。邇來辨復雲興，以設官專爲使過之地；陳乞蝟集，豈特恩徒開僥倖之門，甚而尤員猴冠載道，欽命狐假成風，今而後請核實而澄汰之可乎？易名祭蔭，所以褒死勸生，何至人盡美謚，千古之華衮不榮；家邀多蔭，一時之簪纓接踵，甚至從逆之子亦得叙功，久朽之骨猶希翻案，今而後請核實而嚴斥之可乎？陳言補闕，所以竭誠盡職，自事權不一，因譸張而起，薦牘視爲奇貨，武弁亦操月旦，條議侈口知兵，子衿咸騙冠裳，今而後請核實而殄絶之可乎？天地生才，止有此數，邇來開采四出，山林恐滋伏莽之奸，催使分行，郡縣徒苦供應之擾，今而後請責撫按以杜分擾可乎？朝廷有一事始設一事之官，今庶僚添，大僚亦添，少卿添，正卿亦添，公堂無座，職掌無關，何補匡濟，今而後議停止以杜濫觴可乎？銓曹原稱冰壺水鏡，臺省更號鳴鳳神羊，若先含垢叢庇，何以程材指佞，邇來錢神過巧，大典不光，今而後嚴申飭以杜倖進可乎？」疏入允行。左良玉兵東下，又疏請將太子審問情詞頒之天下。出爲淮徐參政，未行而南京亡。紹宗立，調郴桂。降於清。卒年七十九。

蔣拱宸，字衷赤，丹徒人。崇禎七年進士。授新化知縣。禽大猾王大佐。時楚盜充斥，修建邑城，人心始固，民呼蔣公城。調攸縣，藍山盜猝至，部勒丁壯守拒，乃執魁殲之，再築城，方苦費絀，適掘地得龍鳳錢億萬於窖，用以濟工。憂歸。服闋，起益都，邑號難治，先鋤强梗繩之法，民爲之安。

遷山西道御史，巡城，抗論貴戚田弘遇占民田，斷歸諸民。隨糾吴昌時，謂其身在選部，而爲首輔周延儒苞苴之路，大畧謂「延儒爲朝廷祟，而昌時又爲延儒祟」云云。及廷訊時拱宸憤言疾聲，無顧忌，遂爲奸黨以失儀糾，得罪，然上遂疑延儒而戮昌時於市，拱宸直聲震海内。調監趙光抃軍昌密，時提鎮皆黨於延儒。拱宸論事剛直，率與之忤。嘗劾劉澤清殃民，澤清使人刺之，不遇得免。拱宸在軍先後參揭凡數十上，大爲奸黨所忌，乃援他事以激上怒，傳致之獄。未幾，延儒亦賜死，而上亦寤，於除夜漏三鼓下，忽傳旨放歸。未三月而京師陷。安宗立，起故官。南京亡，以義師被逮，係獄脱歸，僧服入山，不與世接，永曆九年卒。

同時曾倜、張茂梧、劉憲章、何肇元、王大捷、吴鑄、李日池、王亮教、劉世法、王國楠、王耀時亦以建言稱。

倜，字潁朝，井研人。天啟五年進士。以山東道御史巡按河南，疏言曹文詔、張應昌擊山西賊，若不早爲之計，一旦驅入河北，將何結局？而閣臣不以爲意。改河南道。

茂梧，字玉林，臨桂人。天啟二年進士。歷貴池、長洲知縣，省傜簡訟。崇禎初，以雲南道御史查督邊工，劾魏廣微、顧秉謙、馮銓，乞歸。起四川道。

憲章，字端甫，武進人。崇禎十年進士。授中書舍人，遷廣東道御史巡城，行保甲法，國戚奸民屏息。疏數十上，救劉宗周、張瑋、金光辰，著直聲。出按順天，免徵豆料，寇氛急，協督撫日夜防三關。調荆、襄，奔馳不辭勞瘁。北京亡歸，自疏請罪，奉旨提問。後起河南道。南京亡，杜門注易，薦以病辭。

肇元，字有羅，武進人。萬曆四十六年舉於鄉，授武義知縣，調保定。行取未至而北京亡，遷廣西道御史。

大捷，字仙掌，武陵人。崇禎十三年進士，授行人，疏糾陳睿謨、王聚奎、李乾德，遷福建道御史。

鑄，字鼎陶，秀水人。崇禎十年進士。授廣信推官，監紀軍務。平張普薇亂，平反艾南英及夏言裔獄，遷吏部主事，調祠祭，改湖廣道御史。清薦不出。卒年八十九。

日池，字浴咸，臨川人。崇禎十年進士。授鎮江推官，攝金壇。治奸胥，革火耗，清溢額之賦至三千五百金還之，不旬月而積逋完。遷禮部主事，改浙江道御史。

亮教，章丘人。崇禎十二年舉於鄉。四川道御史。

世法，宜賓人。舉於鄉。德化知縣，遷雲南道御史。皆南京亡後卒。

國楠，字弼廷，安邑人。天啟七年舉於鄉，授汜水知縣，建立磚城。調順義，遷貴州道御史。

耀時，不知何許人。江西道御史。清起用。

錢敬忠，字孝直，鄞縣人。臨江知府若賡子。若賡初官禮部，論選妃事，得罪神宗，幾不免。已出守，以會勘張居正所陷故御史狀，權貴誣爲酷吏，繫獄者三十七年。若賡三子，皆授經於獄。下獄時，敬忠止一歲。萬曆四十七年成進士，不赴大對，爲文誓墓，省父還，具疏籲冤，至千萬言。會熹宗新即位，廠臣尼之，乃自囚服泣血跪午門前，若賡得免死放還。天啟二年，始謁選，授刑部主事，尋以憂歸。瑲禍熾，服闋不起，座師馮銓招之，絶不往。後南京御史沈希韶疏薦，詔起原官，會以母病乞休，奉母幾二十年，再補原官。出爲寧國知府，已罷還。安宗立，敬忠上疏凡千數百言，畧曰：

皇上所親遘之難，與三月十九日爲開闢未有之變，纔一念及，則踳地跼天，行屍走肉，不覺魄已離魂，生不如死。獨念國破君亡，雖陵寢震驚，鐘簴非故，而皇上淵躍天飛，依然有君，則自監國以來，登極以後，皇上一大事因緣，朝野一正經題目，除討賊復仇外，更無與爲第二義者。今觀舉朝諸臣，似以三月十九事，亦未爲地覆天翻千古非嘗之奇變也。如以爲奇變，當必有洗胃刮腸，一番痛心之設施。乃兩月來，立綱陳紀，張官置吏，亦既濟濟彬彬，章滿公車，言滿朝聽。而討賊復仇一事，未聞有痛哭流涕，爲皇上一贊決者，亦未見有單肩赤瘠，爲皇上一亟圖者。臣不敢深言，亦不忍深言。百年以來，功利之毒，淪入骨髓，已成膏肓。乃有書破萬卷，官躋一品，未識君父二字者，致有今日。以今日世道人心，恢復大事，諸臣已不足恃。獨有皇上不共戴天一念，果可徹地通天，反風卻日，決不慭羣靈不護訶，羣力不輻輳也。臣昧死請我皇上無煩再計，不俟終朝。推矍然失席之情，挺身蹶起；效素服哭郊之事，灑淚誓師。懸詔國門，布告天下，親率敢死之士，一往無前，滅此朝食。四海之内，義稱臣子者，爲資賈勇以佐軍；見有職司者，練兵轉餉而接濟。萬事不理，單刀直入。即有謂萬乘之孝，與匹夫不同；孤注之危，非萬全良策者。彼雖陳議甚高，吾思吾父，不能顧矣。即今殘破地方，姑置弗論，其未經兵火者，南直十數郡外，江、浙、閩、廣皆雄藩也。誠早以訓練輸轉，專責之師帥之任，十數萬子弟兵，數百萬糧草，何慮不首尾接應。止須掀翻格套，使鞠鬱盡舒，寬假便宜，令膽智畢吐，庶幾真才爲我作使。若復一瓢衆輿，十羊九牧，徒相與蒿目而憂無兵無餉，真是向飯籮邊愁餓死耳。在事諸臣，必詆臣腐儒，不諳時務，不曰祖宗社稷爲重，必曰輕舉躁動爲殃。臣亦敢不謂然，獨恨功利之毒，自錮錮人。聽其所言，洋洋至理，捫心自揣，或非本懷。從來誤人家國，貽羞千載，何嘗不據一面之理。唯願皇上存敝蹝草芥之心，不緩被髮纓冠之舉，思伍員夜泣之悲，早決枕戈待旦之計，除兇雪恥，遠跡康宣，抑亦懼亂賊，扶綱嘗，正人心，息邪說，否則無父無君，不知其所終矣。

得旨：「錢敬忠有何異謀，可足兵食，着再奏。」敬忠溯典引經，復得千數百言，再上之，報聞。已又陳第三疏，備論齊、魯重輕之勢，且云：

廟堂諸老，非有張良之智，裴度之忠，李德裕之才與識，不過以定策而枋國耳。昔者楚、漢之爭，勢重在楚不在漢，比三老董公遮説，義帝之喪發，而天下大勢，盡歸重於劉。楚、漢輕重之勢，亦即今日我與賊及廷臣諸鎮輕重之勢。漢高能早握其機，以成帝業，此我今日君臣所當共念者也。昔欒卻殺厲公，立十四齡之悼公，勢在欒卻。已悼公召羣大夫誓之，稽首唯命，而晋勢得盡歸於公。夫悼公能早握其機，以致中興，此又我皇上今日所當獨念者也。舍此一著，何言宗祏百年，即欲爲皇上圖一身，亦無計矣。何言恢復一統，即欲爲皇上保半壁，亦無計矣。蓋皇上一失此機，則浸假而移於柄臣，落於雄鎮，且浸假而倒授於賊。今登、萊等處，未覩詔書，猶爲我大明堅守，民之思漢可知。乃當事諸臣，四顧躊躇，動憂兵食，且鰓鰓乎奇謀異計。借箸以籌，此機一失，此勢不回，天下事未知税駕，偏安且不可得。臣從此不復敢言矣。

敬忠連上三疏，待命踰月，而馬士英以其累瀆，終不上，遂怏怏失志歸。自稱遺臣，卧病不出。次年，清兵渡江，敬忠病甚，每索邸抄讀之，撫膺慟哭，自嘆其不幸而言中也。乃勿藥卒。

子光繡，字聖月。李自成逼京師，上書史可法，請急引兵勤王，而先以飛騎追還漕艘，勿齎盜糧。可法答以具曉忠懷，即圖進發。弘光時，累言於當道，深以立馬量江爲憂。陳潛夫按河南，檄爲舞陽知縣，以親老辭。南京亡，隱居硤石。已錢肅樂被籍，光繡欲爲紓難，往見招撫嚴我公。我公因召以贊畫，且薦修玉牒，乃辭絶焉。肅樂既歿，感懷家國，憔悴竟成心疾，以自裁死。

弟昭繡，字觀文，後隱宣城，與沈壽民唱和。

何光顯，字丕承，上元人。廩生。以名節自勵。天啟二年，靈璧侯湯國祚以不直犯太學生，太學生大譁，旨欲罪之。逆黨游鳳翔疏其妖言謀反，入光顯名，遂坐黜。魏忠賢生祠建，自捐資擇地，上奄祠數武，爲海瑞祠。同日肇工，一櫛一斧，務令聲相聞，曰：「愧彼爲國家存一綫也。」忠賢大怒，逮繫詔獄戍。未行而威宗立，釋歸。崇禎十三年，獻太平金鏡、安民玉鏡。疏畧言：「敵亂於外，寇亂於内，土賊亂於中，亂民亂於四境。建事未遠，寇難方新，四方尠入衛之師，封疆有累卵之危，民生有倒懸之迫，潢池無一刻之安。溢地困糧，天下竭盡，大師一出，益熱益深。我皇上祖宗社稷至尊，宫府上臨虎豹之衝，下臨百官萬民之衆，何人爲念。非我皇上自爲念，何以爲天下萬世計？」又曰：「開門人即閉門人，枕戈者即弋戈者。」上怒。廷杖下獄，戍温州。北京亡，光顯遇國祚於塗，憤號呼諸士數百人劾之，國祚慴，乞講乃已。光顯爲人任俠，赴義一往，嘗傾家救人不受謝，然高其義者益衆。

安宗即位，疏請正國體以正人心，隱制阮大鋮一黨不應起，用是馬士英深惎之。大鋮復用，光顯作封事，歷數其悖逆狀數千言，請立誅士英、大鋮、劉孔昭以謝天下。疏投通政司上之，司畏餤不敢上。士英聞，怒次骨，購尤奸飾爲光顯他不法十餘事，上書告光顯。下錦衣衛，諷馮可宗必殺之。獄吏承指爲法苦之，瀕死者數矣。

有顧生者，可宗子師也，與光顯非有素，義其所爲，責可宗寬其獄。即訊之日，觀者萬人，光顯不跪，曰：「吾何罪？」可宗曰：「即無罪，何仇之多？」以目視諸證者，證者讙呼光顯所坐。光顯曰：「此非我仇，諸輩自爲金錢出力耳！」可宗以其强辨，命具五刑。光顯曰：「無須，吾仇誠有之，吾仇三人，非此諸輩，犯必死。」遂大聲呼曰：「第一人士英，士英所愛而吾詆之，罪一死。」則屈第一指；「第二大鋮，衆所不敢怒而吾獨發之，罪再死。」則屈第二指；欲屈三指，睨可宗曰：「可宗奉二公爲喜怒，而吾不誣服，罪又死。今日光顯分必死耳，夫何辭？」時觀者爲譁，可宗慚，矯旨枷示於市，以瓦鉢合頭死，而釋其子。

方翼明，一名赤中，字君德，寧波奉化人。從李國標遊，讀書明大義，剛直敢言。知縣陳國訓靖胡成龍變，上官忌其功，檄解任，一邑大譟。時直指在郡，走郡陳言者千餘人，翼明引刀欲自刎，白國訓冤。當道氣奪，國訓繇是得移瓊州。安宗立，時政日非，以布衣抗疏指斥馬士英。至對簿，剴陳氣不少挫，係獄經年。大理評事袁定判獄出之。至逆旅，有同舍楚客慕其義，壽之金，謝曰：「今得生幸矣，敢以厚歸乎！」自是義聲聞天下。永曆二十年，邑督課過峻，翼明當廷抗言，予杖，詞益厲。未幾，有巨猾持令陰事，詭詞投郡守，疑翼明所爲，盛氣待之。翼明至，大言曰：「面折廷爭，翼明事也，豈爲此鬼蜮乎！」守服其言，令亦愧謝。卒年七十三。

同時以草野建言者杜三傑、王之梁。

三傑，字萬子，江都人。諸生。糾同學疏劾士英逮問，史可法請貰之，命輸財佐軍免。

之梁，字雲峽，嘉興人。上書，幾爲士英、大鋮所害，陽狂以終。

葉仲垣，秀水人。少喪父母，傭身爲漕卒刺船。崇禎末，至南京充禁軍。安宗即位，嘗出入羽林，爲殿前刀手。目擊時艱，銜刀自縛午門外，陳四事：一曰清心寡慾，二曰居重馭輕，三曰明目達聰，四曰激濁揚清。大畧言：

國事搶攘之秋，强敵在外，强鎮在內，不思自强以圖恢復，乃後宮數千，歌舞浹旬，大臣有狎客之風，宦豎皆花鳥之使，坐使忠臣喪氣，烈士摧肝，可危者一；唐時藩鎮縱多跋扈，有一二賢將迎鑾饋餉，靈武、興元實因以復國。今諸將在外，招之不來，麾之不去，間有自稱扈蹕者，亦陽奉陰違，其源皆繇於禁衛不振，羽林越騎徒然備員，即有旦夕之警，非此輩不足以禦敵，故士志益驕，而臣節益損，腹心空虛，尾大不掉，可危者二；古來將相協和，則國勢自振，廉、藺刎頸，千古可師。今閣臣懸軍於外，以圖北指，本依倚爲長城，乃羽檄交馳，而九閽不知，庚癸頻呼，而百司罔聞，以江、淮爲棄土，以督師爲孤注，必至與城俱斃而後已。門户之事，尚不及周知，況能望黄龍塞乎？可危者三；納粟捐金，拜爵贖罪，雖補救於一時，然吏道之雜，未有不繇於此者。士類既濁亂，而資格混淆，四民皆恥其本業，務求非分之財，頃刻郎吏，忽然金紫，奔走馳驅，罔非白丁銅臭，一旦有事，此輩豈堪任干城而扞牧圉乎？民貧極矣，上因而收其餘財，强者得財則爲官，不得則爲盜賊，懦者轉死道路，國無人矣，誰可與守？可危者四。書入不省。南京亡後，落魄江湖，歸仍爲人傭。年老丐食僧院，窮餓死。

贊曰：明世言路盛開，高皇帝鑒壅蔽之害，令公卿大夫士庶得言事，以封駁糾彈歸臺諫，其權重矣。當其時，繩主愆，劾奸邪，達民隱，朝綱凛焉。然其末流，朋黨比周，惡直醜正，假公植私，毀譽淆亂者，亦所不免。希哲諸人，當觸邪之職，樹規垣臺，王臣蹇蹇，庶幾似之。光顯危言殺身，其陳東、歐陽澈之徒歟。

南明史卷三十四

無錫錢海岳撰

列傳第十

丁啟睿 弟啟光 劉承印 郭從寬 劉鉉等 桑開第 白維屏 張一方 蔡元吉 秦衍祉 解居易
郁英 魯宗孔 郭載騋 鞏皇圖 胡演 錢千秋 張永祺等 許四 左懋第 從弟懋賞等 虞光祚
陳用極等 王一斌 張良佐 王廷翰 劉統 牛論 劉義 藍銖 咸默 傅濬 衛胤文 施鳳儀 黃
國琦 淩駉 從子潤生等 楊櫝 于連躍 何敦季 王國棟 秦汧 陳宸銘 胡士棟 楊萬里 范廷
瑞 董庭 陸鳴鼇 李三綱 蔡鳳 馬元騄 賈飛 謝陛等 李嗣晟 何兑吉 許來春 高桂 朱萬
欽 蕭協中等 李允和等 朱光 成其懋 蘇成宗 梁以樟 兄以枬 喬出塵 王真卿 應廷
吉 陸遜之 張鑵 秦士奇 盧涇材 歸昭 孫元凱 吳胤侯 張垣 吳如珵等 何臨等 古之棟等
蔣臣 族日赤 饒臺 王道明 韓詩 吳璇 張奕穎 范魯公 唐華鄂 陳功 楊妍 沈啟聰 王世楨
任如江 朱胤祥 顧章甫 王以翰 姚康 路中貞 李狄門 王翔 王之楨等 唐節 喬宏杞 陳世

美　周泰謙　季友賢　陳琅　張璵若　於之亮　周自新　殷埕　陸沺　褚道潛　李玉柱　辛廣恩等

丁啟睿，字聖臨，永城人。萬曆四十七年進士。授南京兵部主事，轉郎中，出爲太原知府。歷山東右參政，改河西副使。崇禎九年，寧夏兵變，殺巡撫王楫，撫定之。遷陝西右布政使。巡撫孫傳庭命守關南辦寇。十一年冬，陞僉都御史巡撫。十三年，用楊嗣昌薦，擢兵部右侍郎，代鄭崇儉總督陝西三邊。十四年，嗣昌卒，加尚書，總督陝西、湖廣、河南、四川、山西及江南、北諸軍，賜尚方劍便宜行事。命賀人龍出當陽，攻李自成靈寶山中。啟睿自副使展轉，皆在秦中，爲督撫，奉督師期會，謹慎無過。及任重專制，即莫知爲計。

時自成已破雒陽，圍開封，衆七十萬，憚不敢援。聞張獻忠在光、固少弱，遂檄左良玉大破之麻城，羅汝才走。獻忠以數十騎歸自成，將殺之，東奔入蜀。開封急，不赴。督師傅宗龍敗歿項城，亦不救。南陽破，開、汝二郡望風下。自成再圍開封，救之，避入城。十五年，自成三圍開封，上數詔切責，不得已率良玉、虎大威與總督楊文岳會於朱仙鎮，及戰大潰，奔汝寧，喪將士數萬，敕書印劍俱失。九月，開封破，乃徵下吏，釋歸。十六年二月，起兵斬自成將扶溝。

安宗立，僉緣馬士英，充河南事官，督勸農剿寇，命劉承印、郭從寬、劉鉉、桑開第、黃啟明以計禽斬歸德同知陳奇、商丘令賈士僞、寧陵令許承蔭、鹿邑令孫澄、考城令范僬、柘城令郭經邦、夏邑令尚國俊，同時許定國亦禽陳州牧惠在公，獻俘南京。安平土帥王彦賓通啟睿，後爲清鹿邑知縣招安見殺。啟睿晋太子太保、兵部尚書。金之俊降清，疏薦啟睿、丁魁楚，檄至執其使。是年十月罷。清兵至，給事中史應聘及弟應選降。清屢召，啟睿不起。永曆元年五月，與弟啟光，常應俊、李際遇，總兵馬儒齊、黃明先，副總兵王士永、一把撒、夏五嶽、賈應逵、駱和簫、劉方侯，參將喬嵩，遊擊滕和齊、于起範、馮可嵩、傅有功，都司馬崇仁、衛士龍，守備李豪、張嵩坐與王道士謀起兵，父子兄弟俱死。

啟光，諸生，歸德參將。崇禎十七年五月，與副總兵盛時隆、申吉、白維屏，遊擊黃承國，都司李定國、馬國貞等會開第，及監紀知縣倪之俊，舉人丁魁南、郭爌、余正紳計禽各縣令解南京，遷副總兵。清兵至，將議款，有家丁控馬止之，不聽，自沈於河。先是北京之破，尚書張縉彦被執，有都司張一方、蔡元吉脱之。八月，同行至河南，結都司秦衍祉、王啟宸、李向洗、吉士栻、曹湇、楊維屏、路子敬，起兵新鄉合河吉岡，於是輝縣張顯龍、郜鄣，修武李之焕、都攀桂，獲嘉李青、夏時亨應之。原任推官解居易，知縣李昇、郁英，總兵魯宗孔、郭光復、宋燮、蘇見樂，副總兵劉景林，與懷慶范以忠、鄭國安來歸，衆萬餘人，與河南許定國、山東張成福爭殺置吏，受啟睿節度，結寨河上者四百八十九處，以郭載騋、鞏皇圖、胡演、錢千秋分監諸軍。縉彥好大言，依定國爲重，遠連張永祺、許四，啟睿不能撫馭，未幾皆解去。以忠、國安降清。

承印，祥符人。武舉，世襲指揮使。授山東副總兵，以城守功，晉都督同知。開封陷，與弟參將承訓種瓜三里崗。

從寬，字弘宇，許州人。起兵五女店，以勇略推爲九營十八寨首，官副總兵。聯絡各營，振卹難民，保衛鄉里，名動兩河。

鉉，字元真，襄城人。負膂力，通兵法，挽强數十石，命中的。寇起，團練義勇拒之，多斬獲，戰無不勝，四境以安，一時郟、禹難民附者數十百寨。王漢薦遊擊，倚爲安危者十餘年。自成攻城，佐汪喬年守，一切畫策，同諸父漢臣親督之。寇去，復戢殘堞，撫瘡痍，多所全活。傅庭命歷汝、雒、襄、郟，勸募軍需，遷副總兵。清遥授總兵，不應。崇禎十七年十二月，與從寬斬六百級，禽鄢陵令王慶、許州巡捕王清唐，王之綱亦斬都司盧世傑。鉉後爲人刺死。

漢臣，字四沖。諸生。負經世才，爲喬年軍前監紀，守城殺敵。十六年復城，攝知縣，歲大飢，禁劫掠，城再陷，殮喬年。入成皋山中，鄉人從之如市。歸授知縣。清兵至，隱居終。

開第，字于門，玉田人。天啟七年舉於鄉。授開封同知，從周王恭枵守城。北京亡，自考城渡河禽令，爲先帝發喪，命啟光上疏南京。啟光自爲疏，不言開第，及太后過，乃使諸生張暉吉上其事。尋與侯方岳謀命諸生陳大來刻巡撫關防，開第暫護印，委州縣官。時定國據睢州，寧陵典史劉達才與抗，相攻殺。睢州諸生李貞元與寧陵諸生桑際寧，其妻與定國從子四妻兄弟也。貞元詣定國，與際寧書諭達才和。定國掠寧陵，執達才役孫黃毛殺之，並及際寧，貞元亦死。定國侵寧陵，開第救之，戰馬官集不利，以守將項城李俊儀及歸德營鄉兵赴援。顧文人不知兵，既至寧陵，以俊儀與保義營田甲進馬官鎮，侯方巖、沈誥鄉兵進張公鎮。及戰，保義營敗奔，歸德營皆潰，方巖亦歸。定國乃陷寧陵，殺達才。六月，南京磔俘，晉啟光都督同知。陳潛夫劾開第，逮之，乃走山東，降於清。

維屏，祥符人。崇禎十三年武進士。

一方，大同人。勇敢善騎射。初從曹文詔軍，已隨陳永福降自成，逸去。縉彥出亡，相遇龍泉關，共至太原。自成名捕急，與元吉再投永福，命往河南，始得脱歸。縉彥被執，日衛左右。八月五日，禽官入太行山，已從南至歸德，授副總兵。疽發背死。

元吉，河內人。諸生。授監紀推官。

衍祉，字裕嗣，修武人。通兵法，力挽數石弓，從良玉、黃得功軍。北京亡，與張光改姓名，入共城山陽，間率數十人會縉彥，以功推爲大帥，治軍嚴，犯者無赦。光陣亡，部將楊恩疑懼，夜殺衍祉。

居易，韓城人。天啟四年舉於鄉。歷衛輝推官、懷慶知府。

英，字柏子，百勝人。舉於鄉。歷輝縣、新鄉知縣。

宗孔，字璧山，德平人。任錦衣鎮撫，累功官臨清總兵。陳新甲薦使清議款，戍懷慶。自成授官，不應。後清兵南下，説寇出城，降於清。

載駼，字御青，深州人。萬曆三十七年舉於鄉。授懷慶推官。鄭世子暴横，據法擬大辟四、戍十七，城旦三十餘人，見贜五萬，世子以不孝，令自盡，黨均伏法。歷成都同知、南陽知府，監七省軍。陞汝南副使兼參議，寇至，出奇攻之，二十餘日，城得全。後降於清。

皇圖，舞陽人。保舉。南和知縣、監軍副使。

演，字子延，光州人。御史峻德子。任内閣中書，以職方主事監河上軍。兵敗杜門。

千秋，字真長，海鹽人。天啟元年舉於鄉。以關節黜。安宗立，授歸德推官，監河上軍。

永祺，字多祝，襄城人。天啟元年舉於鄉。自成圍開封，傾財力守。有主降者，逼署降表，不應。後從喬年守襄城五日夜，受創被執不拜，大駡得脱，負母渡河。史可法薦知縣。

南京亡隱。子鋆，字太阿，選貢。弘光時至南京。清貢，力拒。四，汲縣人。弘光元年三月，屯衛輝婁兒諸寨。清兵至，被執死。

左懋第，字仲及，萊陽人。崇禎四年進士。授韓城知縣，有異政。父喪，三年不入内，事母盡孝。遷户科給事中。十三年大暵，請振畿南，天果雨。轉刑科左。十七年春，監軍湖襄，聞變誓師而北。會安宗立，入見，流涕陳中興大計，進兵科都給事中、太嘗少卿，尋命以僉都御史，巡撫應天、徽州。時清兵屢破李自成，朝議遣使謝代復先帝仇，并請撤兵，祭梓宫，訪東宫、二王，齎册命封吴三桂，而重其人。懋第因母喪，請終制，不許。遂請使清，詔加兵部右侍郎、副都御史，與陳洪範、馬紹愉偕往，而令懋第經理河北軍務糧餉、聯絡關東諸軍，賜一品服。懋第曰：「吾何敢以寵榮易衰經哉！」因疏言：「臣此行致祭先帝后梓宫，訪求東宫、二王踪跡。誼不敢辭，但經理、通和，兩事也。如欲用臣經理，則乞命洪範、紹愉出使，而假臣一旅，偕山東撫臣收拾山東以待；如用臣與洪範北行，則去臣河北經理之銜，而罷紹愉勿遣。」又言：「誰爲陛下用紹愉者，可斬也。紹愉去必降虜，臣愚不敢聞命。臣所請者收拾山東，并可取母骸。今以通和往，實痛於心，惟此不辱國許報皇上之命而全父母所生之身，即死可無憾耳。」馬士英持不報。臨行，再言：「臣北行，生死未知，敢願以辭闕之身效一言。臣所望者恢復，而近日朝臣，似少恢復之氣，望陛下時時以先帝之仇、北都之恥爲念。瞻高皇帝之弓劍，則念成祖、列宗之陵寢；見有離黍之傷，撫江左之遺民，則念河北、山東之版圖，不免陸沈之禍。更望嚴諭諸臣，整頓士馬，勿以臣北行爲議和必成，勿以和成爲足恃；必能渡河而戰，始能扼河而守；必能扼河而守，始能畫江而安。」又言：「先帝殉難臣少，繇諫諍臣少也。遠如幽、燕之地，勿以在遠而忘；近如汲、真之流，勿以逆耳而棄。惟陛下察之。」衆韙其言。懋第賫金銀絹緞犒清及三桂並山陵費，別予千金前收水師四百別餉二萬，虞光祚及都督祖澤溥，參將辛自修、姜琦、王茂才，遊擊孫國柱率吏卒三千人護行。時山東吏民人自爲守，懋第所至，豪傑多稽首願效驅策，因奏山東人心亟可收拾，朝廷不省。其後卒以提鎮不至，吏民無所秉承，清人傳檄責餉獻册，漸奉遵依，論者惜之。九月，次濟寧，清命不許近城。次德州，巡撫方大猷止許百人入北京，餘留靜海，不予敬。及至靜海，巡撫駱養性來見，語次不忘本朝，諜報逮問。北京城内外防嚴，南人通消息者，執以聞，諸降臣皆不敢見。聞三桂已降，改封平西王，乃遣使以册命授之，喻來旨。三桂不開讀，緘上攝政王多爾袞。册有「永鎮北京，東通建州」語，多爾袞怒。懋第過楊村，士人曹遜、金鑣、孫正强謁，願從行，遂授參謀。命參謀通判陳用極、陳棐，都司王廷翰，先以謁陵事報清。十月，懋第至張家灣，清命入四夷館，懋第謂通事曰：「奉告先帝并酬貴國命北來，以貴國爲我先帝成服，不敢先之以兵。今以夷館處使，若以屬國相見，我必不入。義盡名立，師出有名，我何卹哉！」爭之再四，乃改鴻臚寺，且遣官騎迎之，建旄乘輿肅隊而入。懋第斬縗大經，迎者訝曰：「吉禮也，而凶服將之可乎？」懋第曰：「國喪也，並有母喪。國喪臣所同，母喪所獨也。」迎者不敢詰。及館寺中，三日不容舉火，飲食傳遞入，官兵環泣。懋第曰：「無傷，守義死，骨有餘香也。」禮部索詔書，懋第堅執須龍亭恭迎，禮部不顧而去。十四日，大學士剛林至，戎服佩刀踞椅上，左右布毡地請坐。洪範亟出迎，相與據地握手。懋第曰：「我不慣胡坐。」命取椅來，椅至乃坐。剛林問朝期。懋第曰：「敕命先謁陵，後通好。今未拜梓宮，不敢見，欲先議禮。」剛林曰：「若何？」懋第曰：「昔天朝出使，皆國主迎拜。今貴國爲先帝成服，有禮於我，但以客禮見耳。」剛林曰：「我皇帝踐祚，不聞爾國朝貢，使臣乃欲以天使居耶？」懋第曰：「我皇上嗣位中興，朝貢云何？」剛林曰：「我爲爾國復仇雪恥，江南不發一矢，突立何耶？」懋第曰：「今上神宗嫡孫，先帝之兄，夙有聖德，倫序應立，誰曰不宜。」剛林曰：「先帝有遺詔否？」曰：「變起不測，安有詔！今上至淮，天與人歸，臣民推戴，又安事詔。」剛林曰：「汝既知君崩，何不死？」曰：「此言可責在廷諸臣，不可責我。我奉命督剿，月許乃聞變，後死何益？」剛林曰：「汝剿賊，賊破京城，汝作何事？」曰：「我奉命剿獻賊，犯京師者，闖也。事出倉卒，南北地隔三千餘里，諸臣聞警，整練兵馬，正欲北發，傳聞貴國已發兵逐賊，以故遲遲。恐疑與貴國爲敵，特使來謝，相約討賊。且汝不過借端難我，譬如汝國累入犯，若琉球、朝鮮滅汝國，止可責守國之人，豈可責領兵在外之人？」剛林曰：「無多言。大兵不日下江南。」曰：「南直兵多，莫小覷。」反復折辨，聲色俱厲，洪範、紹愉皆唯默不言，乃曰：「此大事，非一日可決，姑徐之。」剛林拂袖出。翌日，剛林復來，仍執前言，而以江南僭立爲詞。懋第曰：「向是福王，今已正大統，即天下主矣。」又責行臣禮，曰：「吾天使，銜天子命來，汝本屬夷，禮宜恭順。今既不郊迎天使，又不肅接御書，爾則無禮。且王人位諸侯上，漢使不拜單于，汝豈不聞耶？」洪範曰：「不如見後再議。」曰：「此來祭告先帝，非以降來。若相見禮錯，後事無一不錯，我今日事可復命，方敢行，如復不得命，有死而已。」剛林曰：「且將御書來。」曰：「御書當手授爾主，豈可付爾。」剛林曰：「無須看書，且交金帛。」乃以所齎付之。懋第欲謁山陵，剛林言已代哭祭葬，不必。」懋第既不得謁陵，乃使遊擊王春間詣，陳太牢寺廳，率將士斬衰北向三日哭。多爾衮聞而重之。時清初入關，中朝故事猶未深晰，所往復辨論者，皆諸降臣之指。馮銓見多爾衮曰：「主上不欲王天下耶？即欲王天下，奈何放虎貽患？」主薙髮拘留。洪承疇言不可難，而懋第慷慨不撓。剛林嘆曰：「此中國奇男子也。」厚爲客禮待之。已而澤溥降清，悉歸使臣，以兵三百隨之，出檄數不救先帝自立。懋第出京，抵河西務，遥祭十二陵。行達滄州，夷丁忽追懋第、紹愉等還，留左營副總兵張友才，後營副總兵楊逢春、李思萱、都指揮使劉英，贊畫張維光、諸生王言滄州，獨遣洪範返。蓋洪範已潛輸款，請身赴南京，招劉澤清，恐懋第歸而以正論敗之，故乞留勿遣也。弘光元年正月，移居太醫院。懋第自題門曰：「生爲大明忠臣，死爲大明忠鬼。」久之，與多爾衮啟曰：「奉命通好，無故羈我使臣，則後之持節者，誰復不避險阻以勤國事。」不報。而時令人説之降，不答。承疇訪之，懋第叱曰：「鬼也。承疇嵩杏敗死，先帝賜祭九壇，錫蔭久矣。今日安得更生！」李建泰至，曰：「受先帝寵餞，不殉國，降賊又降虜，何面目見我。」自是諸降臣皆不願謁。遊擊樊通、鄭國楨及遜、鑣、英傳信，門閉不通。夜踰垣見懋第，因命通、陳尚嘉謁諸陵，復拜疏蠟丸，請上丕振神武，收復舊京。命鑣與遊擊楊三泰，都司車鎮遠、陸弘奏之，未至而南京亡，後走紹興上監國魯王云。三月十九日，先帝忌辰，懋第以羝羊奉表祭告，隻雞奠殉難大臣，痛哭雙目出血。上蒙塵信至，告遜曰：「此事皎然如日，我志已決。」多爾衮餽駝酥羊炙，大慟不食。從弟懋泰以投降授官者，來勸降。懋第怒曰：「汝非我弟也。」閏六月望，清再令薙髮，且曰：「汝之所以不降者，南京在耳。今何歸而不降？」懋第曰：「降則何待今日，吾所以不死者，圖反命耳。今國破，惟求一死。」副總兵艾大選首自髡，勸降，懋第手誅之。監餉參謀傅濬懼，爲蜚語告於清。十九日，多爾衮以兵迫薙髮，曰：「我頭可斷，髮不可斷。」乃下刑部獄，重鍊三匝，移水獄七日，不飲食，南向端坐。用極、廷翰與遊擊王一斌，都司張良佐，劉統、牛論、劉義俱從，守者來訊，懋第曰：「大選違我節度，我自行我法，誅我人，若何與？」越日，擁見多爾衮，過大明門，時門額猶在，懋第望門哭曰：「臣不復再覩此門矣。」聲淚淒惋，虜皆下淚。懋第孝巾白袍，長揖南坐。多爾衮數以擁立新主、勾引土寇、不投國書、擅殺總兵、當廷抗禮五大失，又曰：「左侍郎勿自誤，今日若降，明日富貴矣。」懋第侃侃不屈，曰：「山東豪傑心存漢德，聞風響應，皆大明之忠臣節士。前見我時，勉以大義，非爲土寇。」又歷數其不郊迎使臣、不以龍亭恭接御書諸大罪，多爾衮曰：「爾明臣，何食清粟半年而猶不死？」曰：「若來攘天朝粟，反責我食爾粟。天朝不幸大變，聖子神孫豈曰無人。今日止求速死，何必饒舌！」多爾衮顧在廷漢臣云何？陳名夏曰：「爲福王來，不可赦。」懋第曰：「汝大明會元榜眼，知今上爲先帝何人？」金之俊曰：「先生何不知興廢？」懋第曰：「汝何不知廉恥！」多爾衮揮出之。懋第挺身行，曰：「好，好。」體素清癯，加以鋃鐺數重，宛轉烈日中，屢起屢仆。及至菜市，令跪不可，羣摔之，乃卧地。顧用極等五人曰：「悔乎？」用極曰：「求仁而得仁，又何怨！」懋第南向四拜曰：「臣等事大明之心盡矣。」題絶命詞，正襟待刃。忽一官騎飛來曰：「侍郎降者王。」懋第曰：「寧爲大明忠鬼，不爲虜王。」刑者涕泣叩首施刃，首落無血，僅白乳滿地。用極、一斌、良佐、廷翰、統等同死。懋第僕左夏、王聯州爭死亦被殺，懋第從子司直聞訃經死。是日風沙四起，捲市棚於雲際，屋瓦皆飛，都人哀號，爭拜道旁，爲之罷市。藍銖與遊擊徐元敷、通殮而葬之關廟側，元敷并歸用極喪，友才、逢春三百人聞信號泣散去，標將馬希援降清。隆武時，贈懋第尚書。

從弟懋賞，字匯海，御史之宜子。選貢。歷兩淮鹽運經歷、如皋知縣。史可法薦揚州同知。懋第北使，薦督餉監軍御史，亡命死。

懋潤，字若海，工文。去諸生，隱。

光祚，字爾錫，定海人。諸生。安宗立，顧錫疇薦序班通判，洪範薦國子學録。從北使，見洪範異志歸，復命孝陵，大慟歐血。洪範降，屢招不應。

用極，字明仲，崑山人。諸生。與甥徐蓮生同行。方懋第與清議相見禮，洪範請少屈，用極慨然曰：「我輩千秋係此，彼建屈膝言者，中行説也。」後見多爾衮曰：「爾何人，不拜？」用極曰：「我兵部也。三尺恥拜犬羊，況我天朝臣耶！」多爾衮怒，命捶頰，噀血罵曰：「士可殺不可辱，臊奴不得無禮。」多爾衮從容曰：「不怕死忠臣也。」已都司陸弘進疏回北，加用極等職方主事各有差。

兄用羲，字子欽，諸生。崑山陷死。

子心，字萬悦，好學。國亡絶進取，隱於畫。

一斌，寧國太平人。崇禎十三年武進士。

良佐、廷翰，上元人。統，字君嘗，寧國人。從黃得功軍。面青，勇冠三軍。皆晉副總兵。

論，寧國太平人。有技勇，晉遊擊。聞難自刎。

義，旌德人。統家丁。北行，累擢遊擊。統死，以札歸。不知所終。

銖，字采石，閩縣人。任俠，隱京市。懋第死，無人敢收，銖夜半懷首負屍脫衣殮之。封土畢，晨自縛詣官請死。多爾衮義而原之。後與咸默等改葬懋第彰義門白馬寺。銖歸，叱咤悲憤死。

默，字大咸，淮安山陽人。諸生。懋第參軍。懋第死，撫屍哭之。歸鬻其妻簪珥，得百金營殮，已徒步送櫬歸萊陽。國亡，爲青鳥術自給。

濬，廣寧衛人。崇禎十三年特用。

衛胤文，字祥趾，韓城人。崇禎四年進士，改庶吉士。歷編修、司業、中允、左諭德告歸。十四年，李自成入關，秦中瓦解，胤文方在里，星夜入京，痛哭陳戰守計，言西土之危，將延社稷，並請召四大鎮入衛京師。連上十五疏，捐三千金犒軍。上以其剴切，召對褒勞之。京師破，匿民間，自成搜得，考訊備至，乘間南歸。安宗立，仍故官。希馬士英指，奏罷史可法兵。詔切責之，士英遂與之暱。尋詣興平營，高傑以同里故，疏請留監己軍。傑卒，士英薦之，即以兵部右侍郎總督興平所部，經畧開歸。會朝命以皖撫併應撫，屯撫併鳳督。王永吉兼巡撫淮安，胤文兼巡撫徐揚。時柳城金高自修土城，練丁壯，不受順命，疏授副總兵。歸德陷，清兵盤桓未下，徐州兵民驚潰，永吉請急調閣標及甘肅團練救之。忽密旨速撤入衛，於是諸軍向江上，徐州遂空。永吉復上言：「清兵已入虹縣，去泗二百里，萬一泗州不守，則闌入盱眙。盱眙東南一路可達淮安，正南一路可達揚州，西南一路可達六合、浦口，不但淮、揚不支，且向江干問渡矣。乞命胤文、劉澤清以全力守徐、泗，保全南直尚存門户，卻以南直全力防寇防清，庶不四面受敵也。」不報。四月，始命與李成棟屯泗州，未行而揚州陷，胤文赴水死。

同時降自成南歸起用者：

施鳳儀，字孟翔，嘉定人。崇禎十年進士。以武昌推官候考京師，歸授户部主事，監税揚州。晉職方郎中，兼兵科給事中、贊畫。堅坐城上死。

黄國琦，字石公，瑞州新昌人。鳳儀同年進士。歷建陽、滋陽知縣。十七年，召對稱旨，口授吏科給事中。安宗立，改兵科，兼職方主事。與楊芬同爲永吉監軍副使歸。洪承疇檄赴軍前參贊，力辭不應。清兵至，督義師拒戰，死於陣，年七十九。魯王監國，贈兵科給事中、太僕少卿，謚襄愍。

淩駉，字龍翰，歙縣人。崇禎十六年進士。以職方主事贊畫李建泰軍，至保定，城陷，格鬬重創，爲僧觀吾救甦，送之德州。北京亡，李自成官至，觀吾以舟送臨清王守仕家。守仕故標商，往來多勇士，駉與言國難，泣數行下。守仕與盟，陰結淮揚參議楊槓、工部主事于連躍、户部主事何敦季，副總兵王國棟、淩岳、汪有澤，並標商樊林、丘之隆二百人盟舉義。五月六日，駉與守仕、國棟入城，斬牧劉師曾，防禦使王皇極、馬捕廳三人。臨清底定，以連躍署東昌道，敦季署兗東道，國棟領兵援剿東昌。東昌復，斬館陶令程文焕。張根若復高唐，斬牧裴隆遇。宋祖乙起兵東平，權將軍郭陞以兵數千據臨淄，命工部主事秦汧及魯東序同降將誘陞救東昌，陞果至，駉先命濟寧通判薛維垣，武舉鄧康豫、范守恒伏濟南隘道，自督副總兵郭玉鉉、中軍陳必勝要路接之。旗鼓吴賢翼左，都司程階、歲貢高元美翼右。陞哨至，駉先騎而馳，敵進鋭，礟起伏發，敵亂，階左衝之，國棟外圍之，殺聲震天，敵敗於油坊寺。孟瑄、陳扆銘、朱繼宗以兵應駉，追斬數萬級，降數千。守恒、元美連射追陞，陞匹馬西遁，自是義聲丕著。檄盧世漼平德州，程正揆平津海，胡士棟平冠縣，左懋泰、楊萬里平登州，姜弘通平單縣，鍾性樸平濟南，何平、高允滋平萊州，劉顯平青州，山東遠近響應，士民頭戴尺練，貧者裹綿紙，爲先帝發喪。一時土寨來歸者：張國勳以東昌應，胡明午以寧晉應，李顯化以高唐應，陳白初以束鹿應，韓夏子以新河應，吴三唐以深州應，張絛父以館陶應，于四周以新集應，監紀朱恕、贊畫莊芝以河南應，東至青、登，南至桃、宿，西至衛、漳，北至順、廣，盡受約束矣。

已聞安宗立，間道遣人上疏，言：

臣以鉛槧書生，未諳軍旅，先帝過簡，置之行間。遭值危亡，不能以死殉國，乃以萬死餘生，糾集義旅，討禽僞逆，誠欲自奮其桑榆之效。然不藉尺兵，不資斗粟，徒以忠義二字，激發人心。方今賊勢猶張，建虜漸進，臣已上書彼國大臣，反復懇切，不啻如秦庭之哭矣。然使建虜獨任其勞而我安享其逸，建虜克有其土而我坐收其名，恐無以服彼之心而伸我之論。爲今日計，或暫假臣便宜，權通北好，合兵討賊，名爲西伐，實作東防。俟逆賊既平，國勢已立，然後徐圖處置之方。若一與之抗，不惟兵力不支，萬一棄好即仇，并力南向，其禍必中於江、淮矣。臣南人也，即不肖而有功名之想，尚可幾幸於南，但恐臣一移足，大河之北便非我有，故忍苦支撑於此，以爲他日收拾河北、畿南之本。夫有山東然後有畿南，有畿南然後有河北。臨清者，畿南河北之樞紐也。與其以天下之餉守淮，不若以兩河之餉守東。乞擇使臣，聯絡北方，以弭後患，宣慰山東，以固人心。

又言：「膠州對岸爲廟灣，宜設水師一旅，與青、齊義勇相結援，東郡可不勞而下。」而是時朝議方以江北分四鎮，無一人計及山東者，疏入不省。遷東昌僉事，三日又改浙江道御史巡按山東，陳扼塞之要，請起軍數旅，渡江、淮，底中原。駉自起兵，自成兵四伏，清兵鯨嘯燕、代，駉孤軍難自立。且清兵勢漸逼東而南，因移多爾衮書，勸兵勿東。又與書吴三桂，勉以名實兩端，思應其大。而清兵偵朝若棄駉，竟無有援者，二以兵科給事中印劄招之。駉懸諸陳橋驛。勢日促，不得已棄東昌，聊城知縣楊義、參將許廷用、守備朱子棟降清。駉間自大名趨彰、衛，次武邑，沿途招諭安頓諸豪，命繼宗、張成禄安濟寧，國勳、顯化、丁維岳安東昌，四周安濟南，土國寶、陳白初、田自然安大名，郭榮、宋二昆安真定，郝尚久、郭朝輔、郭光復、孫守正招之過河安開封。若投誠歸命奉旗號者，則劉芳聲、劉芳厚、張乾一、王時雍、康時德、趙胤禧等，呼吸相通，不期而會，計其衆十餘萬，以堵河北，區畫北守河。閻可義鳴金遠迎送，榆林副總兵董學禮以七千人囚服來歸，願將功贖罪。比及岸，許定國、王之綱擐甲爲先，憫其勞苦，勉以忠義，三軍飲泣，駉亦泣。自是至蒙城，命遊擊莊彪馳奏請復山東。尋至京，陳事宜機務，改按河南，提督六鎮兵馬，經理河北、山東，招諭鄉紳義士，相機恢剿。弘光元年正月，命萬里詔諭青、兖，安置義士，合國勳等爲河北外援，張縉彦調高傑移歸德，與定國犄角。傑卒，定國降清，駉聞之大呼曰：「大事去矣。」

二月，始頒敕印，誓師江上，與范廷瑞行至沈丘，疏言：「臣今與各寨將領約分地畫守，倣古人合縱之策。一寨破，約各寨致討，以長河爲邊垣，以各寨爲州縣，以守爲戰，以農爲兵。臣寢食於河，創痕風裂，不敢自逸。」詔吏兵二部給空劄數百，以待歸正之人，實無一軍相策應。迨豫王多鐸自孟津渡河，以都統圖賴擊走都司黄士欣、果毅將軍張有聲等沿河十五寨，定國、李際遇導清兵薄郾城、汝寧、固始。清兵三道入，汝寧將劉洪起欲入楚，犒留扼守西路，諜言洪起爲副總兵張鵬振所圍，馳解之。而三月十八日，清兵已攻歸德，駉命國棟、參將淩岳、遊擊汪澤禽斬僞官，自救歸德。比至，兵已夜去，城更孤。十九日，際遇潛入城，欲招之綱。之綱夜與李仲興走。二十一日，欲令百姓與士兵數百守城，自當西門。遊擊趙擢受多鐸指來説降，駉斬以徇，計突多鐸營，率將雷翥、黄經往，而知府董庭、知州吴靳忠、參將張膽、團練將黄承國已開東北門迎敵，推官張嶺、知縣陸鳴鼇走。駉見事不可爲，歸署自刎。多鐸下令須生致淩御史，否且屠。駉爲救一城百姓，乃以兩印投井中，命參將吴雙福、吴國興賚敕旨並遺疏入奏，曰：「臣誓不受辱，屬者仰藥引劍，兩被强持，因思慷慨而殃及吾民，何如從容而善全大節。臣母年七十，登第未遑一省，子年四歲，尚未識面，受命疆埸，義不反顧。伏乞大奮乾斷，速定戰守之策，則臣死之日猶生之年。」南向拜訖。單騎見多鐸，從子潤生及李三綱從焉。長揖不拜，多鐸曰：「清待人不薄而遽自逃，我兵臨城而敢抗旅，何耶？」駉曰：「以大明官歸大明，何云逃？兵微恨不得一戰，何云抗？」多鐸曰：「我起兵剿闖爲而主復仇，而何不速備糧糗送軍。」駉曰：「貴國受大明累朝恩賜，滅闖誠哉高誼，必如唐回紇以兩京歸唐，此全美也。北京、山西竟自據之，乘人之危，利人之有耳。河北、山東係我恢復，又侵居之，而忽受我畔將，無故加兵。世有侵我地，據我城，猶復備整糧糗與人齎者！」侃侃不屈。多鐸手金爵賜之酒，駉曰：「素不飲也。」强留營中，隨齎大帽、貂裘、革舄、盛饌，閉目不顧。施、魯二內院入慰曰：「公學文山耶？」駉曰：「忠孝至性，何待擬仿。」越日無降意，乃殺所執蔡鳳、吴汝琦於階前以怖之。曰：「駉不畏死，奈何以死懼之！駉但願粉骨碎身，以報今上，何惜一死。雖於前日殺百人，駉不眨眼也！」施、魯再勸曰：「禍福斯須，勉從則富貴可保。」駉曰：「辦一死來者，求富貴耶！」二十三日中夜，謂潤生曰：「吾艱危備歷，猶欲以塊土爲京師屏蔽，今已矣。」遺書多鐸曰：「節不可屈，武不可瀆，宜斂兵河上，畫爲南北。不爾，當素車白馬，飛波濤以擊爾輩。承貴國隆禮，臣子義無私交，謹附繳上。」因爲絕命詞，自書白箭袍上。潤生題襟上，同南拜。駉先經帳中，潤生同死。副總兵郭光輔被執不從，致北京。比旦，多鐸殯駉察院署，吏民皆哭失聲。事聞，贈兵部左侍郎，謚忠烈；魯王監國，謚烈愍。

潤生，字元性，歷監紀推官中書舍人，贈河南道御史。越三年，國興、方卜同歸其喪。

駉弟馴，字香吏，著名復社，詩酒終。

櫃，德州人。萬曆二十年進士，致仕。清召，引年乞休卒。

連躍，武强人。崇禎十年進士。

敦季，隨州人。大學士宗彥子。任左軍都府知事。

國棟，字心海，沂州人。陞總兵。

汧，無錫人。崇禎十六年進士。

扆銘，嘉祥人。崇禎十六年進士。汾州推官罷。後皆降清。

士棟，字毅鴻，冠縣人。選貢。歷新安知縣、保安知州、宣化同知、宣大監軍僉事督遼東諸軍。疾歸，寇亂，招國勳殺馬瑞恒、劉絲桐。

萬里，即墨人。歲貢。兵敗走南京。官僉事。

廷瑞，字公茂，如皋人。諸生。駉辟監軍，招死士從軍。駉死，疽發背卒。

庭，字對之，嵩江華亭人。尚書其昌孫。任子。

鳴鼇，仁和人。恩貢。降清。

三綱，字玉華，宜興人。諸生。能武畧。從駉入敵營，欲降之，不屈潛歸。後聞昭宗即位，棄家奔赴，死於郴州。

鳳，字翔伯，武進人。崇禎十三年特用，授刑部主事，遷員外郎，恤刑湖廣，歷懷慶、開封知府、開歸副使，兼督學御史。汝琦自有傳。義見清史。

馬元騄，字六和，德州人。歲貢。官江寧訓導致仕。崇禎十七年四月，防禦使吴傑繫宗室帥欽德州，指揮僉事江晴川死難。元騄與州人賈飛、謝陛、李嗣晟、何兑吉會鄉官盧世漼、趙繼鼎、程先貞起兵，執傑與牧吴徽文臠食之，奉帥欽權稱濟王，立大明中興、慕義勤王二旗，有衆十萬，分爲十營，移告遠近，殺置吏，兖、青、登、萊四十餘州縣皆堅壁自保。

飛，字小岳，世襲千户。

陛，字紫宸，諸生，即南京謡傳以爲故相謝陞而加上柱國少師者也。清兵至，元騄、飛、陛皆走南京，隱居卒。

嗣晟，字韞玉，諸生。首定計奉帥欽。五月，爲人所害。

兑吉，字振先，諸生。説郭陞不犯，而陰斬置官。陞以爲詆己，遇害。

與元騄同時起兵者許來春、李允和。

來春，泰安人。北京亡，知州朱萬欽遁，防禦使牌示「軍至軍妻軍去民妻」八字，州人大懼。來春與原任高唐遊擊高桂糾槍手百餘人伏南城外。是年四月，奪門入，斬防禦使並其黨數十人。陞自兗州至，城破，來春與桂死之。

萬欽，桐鄉人。天啟元年舉於鄉。同時順天治中蕭協中、諸生國鉉投井死。舉人徐栴城頭駡寇死。諸生王德昌巷戰死。諸生房伯龍、黄應瑞、劉孔訓、蕭獻吉、楊應薦、胡會隆、趙聖文先後不屈死。范選守城經死。其孫養甲及衆僕死。布衣馮魁軒闔門自焚死。

協中，字公龢，尚書大亨子，任子。

聖文，字素庵；選，字繼泉，皆泰安人。

允和，濟寧人，官都司。是年四月二十六日，陞索濟寧庫銀，掠知州朱光，盡收紳民，勒餉四十八萬。五月十二日，從總兵張文昌及成其懋、蘇成宗，回目楊朴爲威宗發喪，奉潘士良起兵復城，斬兗西防禦使張問行、掌旅傅龍、運同劉甲，囚降臣原兗西副使王世英解京，餘衆奔城，樓火殲之。論功爲首，朴自爲中軍副總兵。七月十八日，兗州牧令高甲、董甲，防禦使劉濬及汶上令李甲以三千人從十里閘渡河攻城，允和與總兵朱繼宗迎戰黄家集，斬濬、李甲，執高甲、董甲及魚臺令尹宗衡，朴尋爲繼宗所害。八月，允和、光與副總兵盧鳳鳴、諸生孫胤承、耆民魏立芳各疏請兵，未行，楊方興以清兵至，濟寧遂陷，允和降。

光，字海曙，保安州人。崇禎三年舉於鄉。自涿鹿知縣遷，終金華知府。

其懋以武職用，成宗負擔爲生，清兵圍城，率民力拒全城。黄希憲錫名成功，題守備。皆濟寧人。

梁以樟，字公狄，清苑人。鄖撫夢澤子。崇禎十三年進士。授太康知縣。邑寇三十六窟，以樟練鄉勇，修城堡，募死士入巢，伺寇出入。嘗夜半馳風雪中，帥健兒密擣寇壘，寇驚，禽其渠，毁巢而歸。居半年，寇平。調商丘。李自成、羅汝才、袁時中兵數十萬大至，以樟力拒，礮多傷寇，寇卻。五日攻益急，城破，妻張、家人三十自火死，以樟受刃仆亂屍中，民救之三日甦。十七年春，論失城罪，逮問。自成渡河東向京師，上書請太子撫軍南京，輔以重臣，假以便宜，係天下人心。倡召豪傑義旅，大起勤王軍，擇宗室賢才分建要地，而重督撫之權，行方鎮遺意，合力拒寇。未行而北京亡。間出號召各郡邑建義文武吏及諸豪歃血盟，人皆感憤流涕，受約束待命。已南下，參史可法軍，擢職方主事經理開歸。倡中興議，以山東、河北爲南直屏蔽，其言曰：「若無河北、山東，是無中原江北，無中原江北，區區江南豈足自保。今當於山東設一大藩，經理全省，以圖北直之河間、天津，於河南設一大藩，經理全省，以圖山陝，倣唐節度、宋經制招討使之制，以大臣才兼文武者任之，而武臣爲總鎮，一切便宜行事，於江南漕糧中，爲各鎮厚集兵餉，以蘇息北方殘黎，於濟寧、歸德設行在，以備巡幸，示天下一刻不忘中原，如此克省可期。若棄二省而守江北，則形勢屈，即偏安亦不可得矣。」又言：「四鎮跋扈，宜使分不宜使合，務別其忠順强梗之情，以協心勸之。而閣部大治兵以自强，乃可制也。」可法然之而不能用。揚州陷，居寶應葭湖，躬耕自給。清召用遺臣，以樟年三十七，姊壻王崇簡當國，勸出不應，自造忍冬軒，與閻爾梅、王猷定、崔干城、僧嵩隱遊。又與處士劉純學、舉人張珙、諸生孫爾靜講學。晚年與王世德、喬出塵及司務劉中柱、太學生朱克生結文字飲。鄭成功圍南京，遣死士蠟丸迎師。一夕，端坐作論學數百言而卒。

兄以枬，字仲木。歲貢。有經世才。亦高隱。

出塵，字雲漸，寶應人。去諸生。

王真卿，字心鉉，扶溝人。天啟元年舉於鄉。中原警亟，尚書馮元飈疏薦召對，陳安輯四事：一曰安土著；二曰招流亡；三曰孤寇勢；四曰借寇力。授職方主事，賜敕印，詣河南聯絡土寨，恢復中原，便宜行事。未至境，開封已破，撫按在河北，勸勿輕險取衂，真卿曰：「此身已許朝廷，受命之日，即盡命之日，艱險其何辭。」即日渡河，發寇遺粟振貧民。駐登科，詣李際遇。際遇迎之，諭以恩德大義，閱三日夜，衆感泣，羅拜受撫，拐河、平頭垛諸寇來歸者五十餘寨。止三閱月，而河南之寇，盡爲朝廷之武弁。上大悅，將重用。會北京亡，慟絶復甦。已聞安宗即位，諭各寨固守，而身謁南京。見長江戍撤，日與左良玉爲難，因疏言：

長江之險，天之所以限南北也。今悉以江南之衆，嚴兵固守，别遣良將蹂山東北上，臣以河南歸附之衆爲前驅，則疆土之亡可復，先帝之仇可報。即云國家新造，當養晦以待時，而沿河多設重鎮，猶不失晉、宋偏安遺局。今棄不守，萬一虜長驅投鞭竟渡，噬臍曷及。至良玉跋扈，但度今日時勢，彼肯俛首就戮乎！萬一激變，是一敵未滅，又生一敵也。何如降詔，使之戮力北征，以贖前愆，則彼前有所冀，後有所懼，或效死破敵，未可知也。即不肯盡力，而我兵北指，使之作一疑兵以惑敵，不猶愈於義旗電激而彼先張僞幟以撓我乎！

疏上，爲馬士英所扼。不得已，至揚州依史可法。可法告曰：「吾開府於此，本期經畧中原，恢復燕雲，不意權臣悍將事事爲難。今日之事，惟有一死，上報朝廷耳。」因相對泣下。真卿出而嘆曰：「時不可爲矣！」遂北望再拜，涕泗交横，七日不食死。

應廷吉，本名明經，字棐臣，鄞縣人。天啟七年舉於鄉。授碭山知縣。史可法督師揚州，薦遷淮安推官，與黄日芳、陸遜之、劉湘客、張鑣、紀允明等並事幕府。尋主禮賢館事。廷吉精天文，用勾股三式之學。可法議修屯政，欲遣遜之屯開、歸。廷吉屯邳、宿。廷吉曰：「國家故有屯軍，世受業爲恒産矣，安所得閒田而屯哉？且田之所獲，既入官軍，有司嘗賦又將何出？聞諸生有願輸牛百頭、麥五百石以博縣令者，此面欺耳！」

及河防戒嚴，令秦士奇沿河築土墩駐礮。廷吉曰：「無益也。黄河沙岸虚浮，水至即圮，安架礮爲！」議乃格。是冬，紫微垣諸星皆暗，可法夜召廷吉曰：「垣星失耀奈何？」曰：「上相獨明。」可法愴然曰：「輔弼皆暗，上相其獨生乎？」及左良玉兵東下，上召可法，遂以軍事付廷吉。越三日，督參將劉恒祚，遊擊孫桓，都司錢鼎新、于光赴泗州，過淮安。盱眙陷，可法還揚州，立召廷吉督餉浦口，已而又令率軍回揚，坐守南門。可法又令督遊擊韓飛移取留泗甲仗、火器、糧餉幾十萬。是夜縋城出，明日城陷，得免於難。南京亡後卒。

遜之，字子敏，崑山人。廩生。綿州知州，剿寇有功，遷淮安推官。爲可法軍監紀，薦大梁屯田僉事。揚州陷，隱石牌涇口，貧困死。

鑣，字右文，太康人。廩生。負經世才。北京危，以范景文薦，召對中左門，陳三策：一請太子監國南京，擇重臣輔之；次運通州粟；次守城要害。又條議十八款。命吏部以御史用，奉咨招練曹、濮義兵入衛。中途聞北京不守，至揚州，可法疏授監紀通判，招撫劉洪起。河南陷，躬耕卒。

士奇，字庸甫，金鄉人。天啟五年進士。授崑山知縣。以拒建魏忠賢祠免。威宗立，起獲鹿，調固安，治獄公允，不避貴人。可法薦職方主事。清徵力拒。可法之開禮賢館也，招四方才智及下僚有才被棄者，發策試士，拔取盧涇材、歸昭、孫元凱、吴胤侯、張垣、吴如埕、吴如瑾、何臨、陳宗彝、陸垣、李鐸、唐大章、唐研、張大武、陸燧等二十餘人，授監紀通判、推官、知縣有差。甫二旬而城陷，涇材、昭、如埕、如瑾、臨皆戰死。

涇材，字渭生，長洲人。方以歲貢自當得官，不受職，監守鈔關。

昭，字爾德，崑山人。分守西門。妻陸，崑山陷刃死。

元凱，字若士，崑山人。諸生。名著復社。上可法兵事七策。入清，陳名夏薦之不出。

胤侯，字茂長，休寧人。千金結客，督餉出城，五日而揚州陷。

垣，嘉定人。

如埕、如瑾，桐城人。如埕，字即公，諸生，工文章。僕胡央官守備，亦赴火死。

臨，淮安山陽人。歲貢。

同涇材死者，可法書記諸生古之棟、顧起胤、龔之厚、陸曉、唐經世，吏陸甲僕、史書等十九人。

之棟，江都人。副總兵道行子。

蔣臣，字一个，桐城人。早在復社，爲張采、張溥所稱。崇禎中舉賢良，以倪元璐薦，召對平臺，請行鈔法，云歲造三千萬貫，貫值一金，歲可得金三千萬。侍郎王鼇永主其議，乃設寶鈔局，授臣户部主事，然事實不可行。北京陷，間道南走，史可法留參軍務，旋辭歸卒。

族人日赤，字梅山，嘗佐范景文幕。與陳名夏交善，入清薦力拒。

同時參可法軍者：

饒臺，字以侯，湖口人。萬曆三十七年舉於鄉。歷龍川、黄梅知縣。以孤城當寇數十萬，力守得全。可法薦職方郎中監軍。

王道明，長興人。恩貢。自鴻臚丞遷滁州知州。贊畫可法軍，薦職方郎中。

韓詩，字聖秋，三原人。崇禎十二年舉於鄉。可法薦職方主事，遷郎中。清起用。

吴琁，字叔度，宜興人。崇禎十六年進士。授户部主事，理江北餉，驅遊兵，立保甲。可法薦職方員外郎。南京亡，足跡不入城市，閣部交薦不就。

張奕穎，字穀孫，淮安山陽人。崇禎十三年特用。授户部主事。聞清兵南，率鄉兵千人保淮安。及戰失利，鄉兵皆死，簡死士百人退守土寨。清兵進攻，奕穎夜用火箭射之，大捷。欲計復淮安，部下忽畔，突於夜半剖其腹死，百人亦殁。妻賦絶命詞，自刎死。

范魯公，字真卿，豐城人。崇禎十七年選貢。試吏部第三，授通判。爲可法贊畫，司總巡城守。城潰爲僧，以醫自給。金、王反正，在城不得食，服丹飽瘧卒。

唐華鄂，鹽城人。諸生。可法薦歸德通判。揚州陷，歸里。

陳功，字凱侯，崑山人。從沈廷揚海運，薦通判。隱江陰定山，詩歌自放。

楊妍，字士佳，徐州人。諸生。北京亡，傾財募兵江、淮。可法薦歸德屯田推官。入清不仕。

沈啟聰，字天可，會稽人。順天恩貢。魏忠賢祠建，不與逮訊，以衣巾置公案，申明大義而出，府丞咋舌。受知左光斗，侍獄不去。威宗立，授縣丞。可法薦推官，揚州陷，隱。

王世楨，字楚塵，無錫人。諸生。下筆萬言，上策可法。南京命趙之龍以危疆策士，世楨試上等，以知縣用。南京亡，陽狂，垢面敝衣，南遊羅浮卒。陳恭日葬其衣冠。

任如江，字觀瀾，歙縣人。世襲千户。授蓟州同知，未赴。揚州陷爲僧。

朱胤祥，字肇嘉，嘉定人。通兵法，官經歷。

顧章甫，字魯斐，上海人。歲貢。官縣丞，薦入國子監。清舉山林隱逸，不赴。

王以翰，亳州人。廪生。負才畧，監修揚州城，官主簿。

姚康，字休那，本名士晋，字康伯，桐城人。與賢良。爲可法草檄勤王，後從何騰蛟軍。兵敗歸隱，卒年七十六。

路中貞，字苞九，寧陽人。通兵家言。王永吉薦，可法仗之，代草報多爾衮書。揚州陷，隱紹興，久之歸。

李狄門，字雲恩，嶧縣人。崇禎九年舉於鄉。上時務八策，傷感卒。

王翔，字雲翼，錢塘人。諸生。上書言申甫必僨事，並與金聲言之。後中武舉第一，上書南京。阮大鋮欲薦中書，不應。

王之楨，字筠長，鹽城人。弘光元年恩貢。博通經史。寇起，與宋曹、祁理及兄子翼武結東西義社，保鄉里。上可法十策。清徵鴻博孝廉方正不出。與邑人李生友善。

翼武，字文備，去諸生。陽狂。

生，字子愉，崇禎十五年舉於鄉。亦不仕卒，年八十五。

唐節，字與鳴，崑山人。諸生。約四方起兵，上中興十策。歸居土室，三旬九食以爲嘗。卒年七十二。

喬宏杞，字楫航，寧陵人。歲貢。博學多巧思，通兵法。寇段魁吾入城，執知縣，以壯士斬之，知縣得全。城復，劉理順欲薦之。後從可法，陳守江北伐策。揚州陷歸，怡情山水。

陳世美，淮安清河人。歲貢。

周泰謙，字遜之，泰州人。諸生。通兵法。

季友賢，字輔皇，無爲人。諸生。通經史壬遁。隱黄山。

陳琅，字子厚，宜興人。與族兄所長從可法。揚州陷，自刎死。

張璵若，字伯玉，淮安山陽人。諸生。

於之亮，字隱湖，丹陽人。諸生。

周自新，字澡一，望江人。諸生。有大略，從可法破寇。

殷埕，字元亮，嘗熟人。有才畧。與弟元修參軍。

陸洄，字葦公，平湖人。諸生。負詞藻。上書可法。揚州亡，流落歸德死。

褚道潛，字休庵，嘗熟人。

李玉柱，字扶青，海門人。皆揚州陷歸隱。

又辛廣恩、唐時謨、李本澤，亦參可法軍。

廣恩，東明人。崇禎十三年進士。淄川知縣。

時謨，字孟嘉，桐城人。諸生。

本澤，富平人。舉於鄉。降清。

贊曰：啟睿、胤文撫綏勞徠，所謂封疆之臣，殆其選也。駉遺艱投大，真卿之烈，韋叡之威，兼而有之。元騄、以樟、真卿、廷吉、臣等雖名位不侔，而一貞不辱，亦可稱焉。懋第奉使於危亡之際，一如承平故事，卒至降臣内戕，御書不達，未免有不識時務之譏。然清初入北京，諭河北、河南、江、淮勳舊大臣節鉞布衣，不忘明室，輔立賢藩，戮力同心，共保江左，理亦宜然。予不汝禁，但當通和講好，無負本朝。及河北大定，斥明爲僞，猾夏之心，昭然若揭。明無一戰而勝之威，欲以口舌圖存宗社，勢所不能。人臣遭值其時，惟有行己有恥，不辱君命而已。其死也，固皦皦與日月爭光，使事不終，何尤哉！

南明史卷三十五

列傳第十一

無錫錢海岳撰

周璜　董應昌　王道隆　王廷掄　王國昌　宋一貞　謝鏞　丁映章　孔貞堪　張所蘊　韓鍵　段可舉
鄧承轍　陶爾成　張雲龍等　趙希獻　劉鏡等　張鵬翔　楊名顯　朱弘祚　干淩霄　何迴秀　梁兆斗
費翃　李錢　吳聯仕　翟士林　宋炳奎　王健　尹湯佐　謝如繩　李國經　吕獻珣　王就見　陳正言
荆世爵等　程鵬雲　雷永祚　李鳳舞　鎖青縉　張濱等　曲星　高其讓　張紹文　趙應昌　楊可經　王
開期　丁履泰　張直講　辛炳翰　王調元　劉以宲　劉令尹等　景淑範　崔似駰　閻禧　晋承露　孟佳
士　王爾翼　馮兆麟　楊作棟　況鍔　彭汝亨　藺完煌　馬日驥　朱璣　于連躍　丁白雲　高尚志　劉
夢麟　郭文祥　戴憲明　張龍光　朱昱　白瑜　邢琦　趙廷對　宋國柱　趙廷忠　鄭中選　王錫極
吳麟瑞　李啟熊　詹時雨　王燮元　丁繼登　曹景辰　田有年　張冕　吳康侯　陳瑾　陳紹英　洪正
色　朱葵　陳有慶　**程世昌**　弟世會　李之晟　李可埴　李掞林　楊蘅　楊之賦　馬延慶　潘登貴
趙伯里　尹志煐　任宗尹　張漢翀　張爾翮　袁翎　茅望之　胡永善　鄧徽　韓鑛　楊子奇　李選　黃
景　汪文燦　張鑑衡　翁九鼎　梁萬里　林以寧　王鳳振　杜崇賢　王家相　胡士定　孫翼聖　趙玥
李沂　朱之勳　王佐才　王隆斗　郭翼皇　徐中台　梁居正　黃鐘鳴　鄒淑聖　吳光龍　董國均　聶應
登　張孔傳　江上楫　楊士傑　丁時躍　李聯芳　杜茂林　劉雲龍　鄭有舉　張相　戚德　程繼善等
曾士懋　袁秉華　張斗星　馮天禄　胡章　蘇潤民等　杜時髦　袁聲　鄭允升　胡爾愷　劉覽玄　伊應
泰　張淑和　蔣舒　賈一奇　謝禧昌　林逢春　曾光祖　胡寅生　尹啟殷　曾繼序　林鑄禹　官撫烝

陶甲　李聯　吳璠　林士驊等　吳伯倫　汪國安　張爾翬　劉三達　陳周政　朱錫元　曹鼎　徐登禧
鍾鼎　劉廷獻　俞璧　馬象乾　徐必遠　畢繼芳　葉承光　劉思元　楊名遠　陳天錫　陳模　藍之鼎
沈應禎　郝明徽　劉炎　胡拱極　楊名遠　陸起元　吳希孟　劉日燿　朱之垣　吳江鯨　廖吉人　張昌
亮　劉大佑　蕭琯　李繩勳　許啟心等　劉惟謙　何九達　庾嗣袞　戴文鋒　吳元臣　夏時　盧承芳
劉峙　陳自儀　何光斗　梁穀　潘文儁　徐章積　馬光國　沈壽旭　潘顯道　程端德　桂天斗　濮陽長

張秉貞　馬化龍　詹應鵬　譚元方　紀騰蛟　王調鼎　周繼昌　李于堅　吳簡思　劉士璉　林徽初
郭士豪　唐士嶸　謝鼎新　何永清　錢志騶　沈在宥　夏尚絅

越其杰　李彬　牛光斗等　朱若星
呂翕如　李經　魏文烜　劉嘉禎　方重朗　杜植之等　張聘雲　麻光宇　嚴廷選　孟淩雲　張九鼎
田而秀　王揆疇　王仁宇　胡廷佐　吳汝璣　趙應宏　翁聲業　曹毓芳　武傑　王夢鼐等　白鍾靈　邵
承宗　蕭時望　成其志　王恒言　劉明彥　朱民仰　王堯憲　馮一俊　修廷獻　鄭濂　唐之材　張正學
李時華等　楊可建　田可久　楊懋官　伍燮元　張璞　朱國佐　馬藩錫　吳迪等　張國華　姚士恪
馬汗朱　卞進　伍可教　吳應乾　盧士恒　黃鋐　李鑄實　祕業捷　程紹儒　胡靳忠　楊啟元　劉附鳳
姜士傑　胡進孝　江衍汶　張國珍　許登龍　蔡國禎　魏心　倪文純　談從吉　于拱極　寧胤昌　謝
傳顯　韓騰芳　溫啟知　仇寧　程士賢　江海宴　尚用光　龔新　張之珍　唐光先　胡育英　徐珩　劉
拯　王家慶　楊于階　馬驄　唐文燿　宋希賢　文運衡　崔爾岵　朱國寶　何天寵　崔庚　紀國相　張

允恭　王四維等　沈奕琛　周廷祚　周來鳳　周元泰　陳壽　周一敬　潘爾彪　宋劼等　李原立　嚴君教　張萬鐘　朱以寧等　馮良弼　張駿業　闞鍵　李沖　許宸　張瑞徵　吴兆壆　傅天錫　閔自寅等

郭佳胤　蔡如葵　程于古　張士璠　沈捷等　林飭　陳師泰　何泗　張堯年　劉兆東　萬適　徐繕之等　華祖芳等　李實等　趙汝璽　陸上炎　陳嘉謨　文祖堯等　陸一鵬　徐鼎　葉爾喬　姚序之　趙元會　陳淳夫　曹家駒　張大年　沈儆佺　徐鵬翰　彭長宜等　程章　王辰　任文石　王道行　連壁　錢佳　孫鍾皋　孫光啟　周鼎祚　張宏弼　李丹衷　李公孝　唐煜　李鄴　馬之光　劉士林等　程之渾等

葉幹　康良獻　樊維師　申其學　連壇場　林之平　魯孜　侯方岳　白汝純　石煒然　臧敏中　劉天奇　楊芝玉　黄光煒　袁伯瓛　蔡廷簡等　宋一坤　陳君錫　唐元皋　譙拱極　劉繼遠　沈文仲　陳彝序　馬如融　黄鍾　鄧橋　茹鳴盛　胡永寧　袁國祥　高應魁　易世璧　趙承鼎　劉承傑等　陸奮翼　楊良弼　孫永祚　惲于邁　黄應蛟等　周叔璜　潘紹顯等　程如嬰　蔡德濟　成明義　黄琪　戴祐　陳尚仁　周燦　李嗣京　陳丹衷　沈向　張懋禧　王庭梅　弟庭柏　譚宗元　趙其昌　王修文　沈循

董梅鼎　陳慎　李正茂　劉汝忠　王學鏡　李思謨　游應龍　徐進可　李素等　田安國　沈之瀾　沈起蛟　林登儁　荆廷儼　王象坤　張欽鄰　吴之仁　馮祖望　柴紹勳　郭守邦　趙振業　簡命世　李仲熊　黄士藻　郭時亮　黄近朱等　許國翰　黄堯彩　陶珽　孔貞會　張國運　劉之沂　向鼎　馮雲起

汪士英　周乃浹　趙元卿　夏萬亨　王相説　錢喜起　謝宗澤　金肇元　張拱璣　巢崑源　陳肇

英　陸奮飛　冉世維　謝雲虬　胡崇德　郭維藩　史弘謨　何陛　錢良翰　洪恩炤　顧燕詒　孫時偉
莫儼皋　王敬錫　孫朝讓　彭份　龐承寵等　涂紹煃　秦一鵬　楊時隆　路進　胡之彬　岳虞巒　王
源昌　劉伸　徐維藩　黎慶永　蕭譽　沈泠之　彭敦曆　梁招孟等　闕守箴　黃承昊　子子錫　解學
夔　宮繼蘭　劉正衡　王佐　蔡秋卿　淩必正　梁衍泗　黃世忠　鍾自得　黃中色　范廷弼　吳克孝
梁亭表　楊啟鳳　王羔　夏羽王　李遇夏　柳遇春　王應虹　楊騰桂　陳夢説　朱氾　吳之泰等
周汝誼　何鳴鑾　王嘉猷　唐厚　鍾鳴時　趙善增　梁仁傑　王凰仁　裴如宰　葉沛　譚如絲　杜之璧
徐家修　王萬金等　杜時彥　陸晋錫　葉長青　孔維時　蔡嗣襄　歐陽煌　張登衡　吳多瑜　許大華
周士燦　張聯芳　葉成章　經應台　黃輔卿　盧景心　倪瑞應　高長治　吳第　任道統　諶朝臣　王
巩　許暢　唐騰鳳　施一鼇　莫元教　盛世才　章日暉　李元陽　陳執中　蘇鳴瑜　何志孟　楊佐明
趙珥　林元茂等　錢養民　戴居敬　吳之遊　胡鳴岡　朱方乾　高梁楷　曹師契　熊震　何濬　曹元功
等　謝上官　卞文明　周貞應　李夢台　劉方聲　陳萬家　劉璇　蔣明徵　萬菁華　蒲日章　趙丕承
劉天民　楊國紳　羅大瑾　吳日省　陳繼韶　賀承烈　郭承光　魯近迪　童聚奎　萬夫望　尹珩　羅萬
象　吳正夫　姚貞吾　盧嘉銘　傅廷獻　譚振舉　莊祖誼　施永圖　馬鳴騄　石啟明　鄭之俊　張若
獬　張燦垣　石磐　周有翼　徐潘　杜繩甲　劉開文等　馬鳴霆　何九説　葉應震　陳從教　葛奇祚
車樸　熊相　趙嗣芳　萬鵬　胡獻來　陳堯言　楊鼎樞　鄭時章　趙明鐸

袁繼咸，字季通，宜春人。父業汾，歲貢。隱。南京亡後卒，年八十六。兄繼威，字虎侯，崇禎十七年歲貢。侍父終。繼咸，天啟五年進士，授行人，遷廣東道御史。以監會試疏縱，謫南京行人司副，轉主客員外郎，出爲山西督學僉事。

李世祺以劾温體仁左遷，繼咸未出京，上言曰：「養雞欲鳴，養鷹欲擊，而鳴而箝其口，擊而紲其羽，臣所深憂也。」中官張彝憲總理户、工二部，檄諸曹郎以謁尚書儀注見，繼咸爭之曰：「士有廉恥然後有風俗，有氣節然後有事功。今諸臣未覲天子之光，先拜内官之座，安得有廉恥耶？」威宗切責之。

既涖任，張孫振以請託不應，銜之，誣劾以贓，逮問，曹良直、傅山等詣闕訟冤，得釋。謫武昌參議，歷武黄僉事，有平寇功，移淮揚。忤中官楊顯名，鐫秩，楊嗣昌引參軍事。未幾，擢僉都御史撫治鄖陽。以襄陽陷，遣戍貴州。

明年，起總理河北屯政，吴甡將出視師，晉繼咸兵部右侍郎總督江西、湖廣、應天、安慶，駐九江。至蕪湖，遇左良玉索餉東下，繼咸激以忠義，挽之西行。時張獻忠出没楚地，繼咸指江中屍，示良玉曰：「將軍忍見此乎！」良玉變色。因責之曰：「將軍功雖多，過亦不少。朝廷不督過之，一歲兩遣中使宣諭，開國徐中山所未有也，奈何不圖報稱？且人孰無死，張睢陽、賀蘭進明亦死，吾寧爲睢陽死，不爲賀蘭生也。」良玉大感動。遂旋師復武昌，繼咸至九江，申明軍實，以總兵陳麟管督標水師，聯絡柯、陳諸大姓兵，扼瑞州，候寇所向。會甡得罪，又改屯田，以吕大器代之，與良玉不睦，軍中大鬨，上曰：「今日袁，明日吕，諸臣何紛紛也。」乃復以繼咸代大器。

北京陷，史可法遣人約勤王，繼咸遽率師至安慶，而安宗監國詔至。繼咸慮良玉左右無正人，必生異議，亟致書言安宗倫叙之正，邀同入朝。良玉得詔，果不拜，聞繼咸言，開讀如禮。既晋四鎮爵，繼咸入見，面陳爵勸有功，無功而封，則有功者不勸；跋扈而封，則跋扈者愈多。上深然之。繼咸又言：「皇上即位之初，雖以恩澤收人心，尤當以紀綱肅衆志，蓋君德剛毅爲先，不可使太阿倒持。竊慮冬春之間，淮上未必無事。臣雖駑，願奉六龍爲澶淵之行。」上有難色，姜曰廣在側曰：「所言非遽爲此事，要不可不存此心。」又詣榻前密奏曰：「良玉雖無異圖，然所部多降將，陛下初登大寶，人心危疑，意外不可不防，臣當馳還汛地。」上是之。繼咸赴閣，責可法不當封高傑等。疏陳守邦致治大計，言：「金陵之界限在大江，而淮南、江北爲之屏蔽。金陵之咽喉在潯陽，而湖南襄、樊爲之門户。今淮南、江北無恙也，畔將潰兵盤踞其間，小民囂然喪其樂生之心，此不可不加意措置。湖南新經喪亂，千里蒿萊，宜遣重臣撫治，選補廉吏，緝和難民，招徠商賈，通巴、蜀、黔、粤之貨。襄陽爲古今必爭之地，必設重鎮。重鎮必宿兵，兵必責餉，修城置器諸費不資，皆不可不早計也。夫襄、樊守，則可繇宛、葉以圖關中；淮南、江北守，則可繇歸德以圖河南，亦可繇彭城以圖河北，攻守之大勢如此也。」又言：「致治必先得人，高宗知李綱、趙鼎之賢而不能用，用而不能信，而以汪伯彦、黄潛善、秦檜、湯思退諸小人參之，以致主勢日卑，親恥不雪，其得偏安一隅，猶幸耳。國難雖殷，老成未謝，以臣所知，若劉宗周、吴甡、黄道周、楊廷麟、葉廷秀諸人，著名先朝，至今思其議論。於後之禍敗，灼如蓍龜。使先帝早用其言，豈有今日！」馬士英以爲刺己，深恨之。

會黄澍監良玉軍，挾其勢劾士英罪可斬，士英遣緹騎逮之，澍乃諷將士譁。繼咸爲留江漕十萬石、餉十三萬金給之，且代澍申理。劉澤清誣奏曰廣，繼咸又馳疏申辨。士英愈怒，欲敗壞其事，凡所陳奏及題用監司郡縣官，悉停寢。而阮大鋮在兵部，於繼咸奏調諸將，必俟行賄，方給敕印，繇是諸將愈解體。

先楚將楊國棟、張先璧、黄朝宣等潰兵數萬人，劫掠蘄、黄間，繼咸陰以恩撫之，使無爲良玉用，疏請湖南總督速涖任，收士卒心。而士英不聽，令良玉鎮全楚，良玉得盡收先璧等軍，勢愈張。繼咸貽書朝臣，良玉不可不備，宜稍加督撫權，示相維勢，士英終不省。繼咸乃因賀元旦上疏曰：

元朔者，人臣拜手稱觴之日，陛下當以爲嘗膽卧薪之時。念大恥未雪，宜以周宣之未央問夜爲法，以晚近長夜之飲、角觝之戲爲戒，省土木之工，節浮淫之費，儆諭臣工，後私鬬而急公讐。臣每嘆三十年來，徒以三案葛藤不已。要典一書，先帝已經焚毁，何必復理其説？書未進，亟寢之；書已進，亟毁之。至王者代興，從古亦多異同。平、勃迎立漢文，不聞窮治朱虚之過；房、杜決策秦邸，不聞力究魏徵之非。固其君豁達大度，亦其臣公忠善謀，翼贊其美，請再下寬大之詔，解圜扉疑入之囚，斷草野株連之案。

上降旨俞其言。而士英等方以要典排善類，益不喜，裁其餉六萬。軍中有怨言，繼咸爭之不得，因力求罷，又不許。復上言：「既不行臣言，又不放臣去，惟有以身死封疆，第如社稷大計何？」澍再被逮不至，袁弘勳因劾繼咸庇護三案，公然忤逆，繼咸疏辨。上曰：「繼咸身任封疆，自有本等職業，虜信方急，當一心料理軍務，不必藉題尋衅。」會繼咸議造戰艦，檄葉士彦於江流截買材木。士彦家蕪湖，與諸商暱，封還其檄。繼咸恥令不行，疏劾之。黄耳鼎亦劾繼咸，疏中有「繼咸心腹將較勸良玉立他宗，良玉不從」之語，蓋欲搆繼咸於良玉也。而良玉亦以不拜監國詔自疑，聞耳鼎疏中語，益懼，因上疏明與繼咸無隙，耳鼎受人指使，且言要典宜再焚。上諭解之。繇是羣小益銜繼咸，將召入害之，推爲刑部右侍郎。上曰：「彼地須繼咸耳。」不允。又推爲户部，上慮無以牽制良玉，亦不許。已而有北來太子事，繼咸疏言：「太子居移氣，養移體，必非外間兒童所能假襲。王昺原係貴族，高陽未聞屠害，何事隻身流轉到南？既走紹興，於朝廷何與，遣人蹤跡召來，望陛下勿信偏詞，使一人免向隅之悲，則宇宙享蕩平之福矣。」又疏言：「東宮真僞，亦非臣所能臆測。真則望行良玉言，假則請多召東宮舊臣識認，以釋中外之疑。」疏未達而良玉兵東下矣。

初，繼咸聞清敗李自成，疏言：「自成敗雖可喜，實可懼。清未及謀我者，自成在耳。自成既敗，江南誰事，長江上下宜早爲備。」時王永吉亦命遊擊賈以騄覘北京歸，稱清騎西攻自成，直、東空虛，疏請北伐。已自成南渡，繼咸令其部將郝效忠、鄧林奇等守九江，自統副總兵汪碩畫、李士元、柯鳴陞、余起延、曹純忠等援吉安。甫登舟而良玉兵至，復還。士民泣言：「我兵不及十三，激之禍且叵測，且令諸將斂兵入守。」繼咸曰：「入城示之弱，不可。」良玉抵北岸，書來，願一握手爲别。繼咸偕參謀沈士望、監紀余有灝至其舟，言及太子事，良玉大哭，袖出太子密諭，集諸將盟。繼咸正色曰：「先帝舊德不可忘，今上新恩亦不可負。密諭從何來？公今以檄行之，是讐國也。」請改爲疏，并斥澍誤國大義。良玉不得已，約不破城，駐軍待命。繼咸歸，集諸將城樓，涕泣曰：「兵諫非正也。晉陽之甲，春秋所惡，我可同亂乎？當與諸君城守，以俟朝命。」而兩營諸將有相通者，良玉將張國柱蓦入縱火，繼咸將效忠、張世勳夜半斬關出，繼咸爲悍弁李致和挾之良玉軍，冠帶欲自盡，澍入泣拜曰：「寧南無異圖，公以死激成之，大事去矣。」副總兵李士春亦密白繼咸隱忍，王文成之事可成也。繼咸乃止，出城欲面責之，而良玉病革，尋卒。

時清陷泗州，繼咸密上疏請以兵固江上，衛南京。張捷中沮之，得嚴旨，詔命黄得功禦左兵。繼咸又勸良玉子夢庚旋師，不聽，則已輸款於清矣。繼咸遣人語林奇等毋爲不忠，林奇、孫毓秀等避湖中，遣逆繼咸。而繼咸爲效忠紿赴其軍，劫之北去。劉再珙投水死，郭有聲與都司黎鳴、盛儀從行。紹宗即位，敕與何騰蛟、楊鶚、王應熊、樊一蘅俱晉秩，令各輸誠款，共逐腥羶。「朕公如天，有功必報。千里心乎。朕以雲臺諸賢相期待」繼咸既陷清軍，抵大勝關，見豫王多鐸曰：「爲國重臣，深受厚恩，不事二姓。」長揖不拜。爲設宴不飲，亦不言，在道自縊不死，絶粒八日又不死。入京就館，諸將薙髮易服，繼咸衣冠如故。剛林勸之朝，且曰：「朝廷爲明討賊，今賊未絶，君入仕，可爲先帝報仇。」繼咸曰：「某纍臣，非降臣，無入朝理。討賊，貴國之惠。今天子蒙塵，而臣子圖富貴乎？」剛林責先帝未葬，不當立君。曰：「急於定册者，社稷之謀。」又言天子不道事，曰：「君父之事，非臣子所當言。」乃改館，邏卒守之，幅巾衲衣，兀坐讀書。再促薙髮，曰：「棄其平生，雖生何爲！」隆武二年六月二十四日，出至菜市，臨命曰：「吾得死所矣。」年四十九。

子一藻，字文茂，太學生，赴父難死。

林奇，南昌人。從張鳳翼軍，歷中軍總兵右都督。被執誘降不屈，洞腹死。

士元，不知何許人。都督僉事。降清。後從金聲桓反正。

士望，蘄州人。諸生。崇禎末，上書言事，授兵部參謀。士英厭之，命入繼咸幕。隱。

毓秀，盱眙人。九江總兵，與林奇同死。

再珙，定州人。選貢。歷兗州通判、保定監軍，繼咸監紀推官、户部員外郎、九江督糧參議。妻鄭聞耗經死。

有聲，仙游人。萬曆四十六年武舉。北行卒。

方震孺，字孩未，桐城人。萬曆四十一年進士。授沙縣知縣，遷湖廣道御史。天啓初，疏論魏忠賢事，陳拔本塞源論，以言挺擊、移宫之案，直聲震朝廷。巡視南城，中官張曅等被訟，忠賢爲請，不從，卒上聞，忠賢益恚怨。

清兵陷遼陽，一日十三疏，請增巡撫，通海運，調邊兵。罷本兵崔景榮，以孫承宗代。日五鼓，撾公卿門，籌畫痛哭。因自請犒師，詔發帑金二十萬。震孺出關，弔死扶傷，軍民大悦。因言三岔河六不可恃，疏入，命巡按遼東，監紀軍事。居不廬，食不火者七月。時議者欲退守廣寧，震孺請駐兵振武。又請令寧前監軍，專斬逃軍逃將，並見從。而經撫不和，疆事益壞。再疏言山海無外衞，宜亟駐兵中前，以爲眼目，不省。

明年正月，任滿，代前候屯，而清兵渡三岔河，巡撫王化貞走，列城奔潰，惟前屯不動。參將祖大壽有兵十餘萬在覺華島，震孺慮爲清用，航海見大壽，慷慨語曰：「將軍歸，相保以富貴；不歸，震孺請以頸血濺將軍。」大壽泣，震孺亦泣，遂攜以歸，全軍民輜重無算。

忠賢將興大獄，嗾給事中郭興治誣以贓私下獄，日一杖比，論大辟。獄卒憐其忠，飲啖之。會太子生，得免，歸壽州。崇禎初，欲大用，而劉鴻訓枋國，索重賄，震孺不可。自言與楊、左入獄時十七人，今惟惠世揚二人在，白骨再肉，華表重來，若再作宦海汩没之想，便是冥頑不靈男子，自是絶意仕進。張獻忠圍州，長吏適遷秩去，震孺與弟震仲倡士民固守，城獲全。史可法上其功，起廣西參議，尋擢僉都御史巡撫。安宗立，舉朝叙擁戴功，無意復仇，震孺疏言：「諸臣自高夾日之勳，微臣終抱攀髯之痛，願提一旅，與寇一決。」又以狼兵善火器藥弩，命副總兵朱之胤統千人入衞。馬士英、阮大鋮阻之，敕還鎮，抑抑歐血卒。

子育馨，字蘊修，選貢。隆武時，以兵部司務力言時政，出爲瑞金知縣，累遷車駕郎中、禮科給事中。福京亡，至南雄歐血死。

子居易，完髮從死。

弟震仲，選貢。綿州知州。國亡不出。

從弟震鼎，字調之，武舉。震孺入獄，調護甚力，傾家佐起兵。後爲僧。

林一柱，字元功，同安人。萬曆三十八年進士。授揚州推官，獄多平反，不輕鞭扑，薦糾綜覈，輿情允孚。遷陳州知州，調汝州，不立魏忠賢祠。晋户部員外郎，殫心稽核，一時堂咨部復，大司農倚之。出爲嘗州知府，以父憂歸。服闋，起吉安，捐奉修白鷺書院，置學田。轉湖廣道御史，陳恤民窮、容言官、慎詔獄三事。巡按應天，疏請臨朝正綱紀，有六逆、五盡、二反、一順之目，海内傳之。天啟初，迭疏陳賣士餉卒、名存實亡之弊，再請雪幽忠，明功罪，至有世運當阨舉國若狂語，言尤切直。南京東宫火，請復建文帝廟號，劾織造監李實制官虐民，必亂天下，奄黨側目。外補嶺北參政，至贛，捕左道張普薇誅之。陞山西按察使，轉布政使。

崇禎十五年三月，以副都御史巡撫南贛。時汀、韶八排寇蔓延不可制，一柱次第平之，繼殲漳寇。張獻忠窺江右，以預防不得近豫章。北京變聞，北向痛哭，欲起兵勤王不得。十七年十月，以憂憤卒於官。

曾化龍，字大雲，晋江人。萬曆四十七年進士。授臨川知縣。有訟子不孝者，令其父自揭籌行杖。杖不數十，父淚簌簌下，扶服爲子求悔，乃令族人月具報。其子感孚，卒以孝聞。富人欲渝壻盟，召其女諭以義，隨捐金令壻迎女歸。巡按謝文錦以治行第一薦，當擢御史。崔呈秀惡文錦，遂并惡化龍，轉寧國同知，遷南京户部員外郎，改兵部，憂歸。起車駕郎中，出爲廣東督學副使，攝海道事。平海寇劉香，上功第一。移廣西參議，改嘗、鎮副使，出大辟二十餘人，有曾鐵面之稱。調江西，再憂歸。服闋，擢僉都御史巡撫登、萊。時地方殘破，化龍練兵措餉，請蠲卹，疏凡三十二上。

北京陷，張大雅、單之賞、張輿擁黨十餘萬圍膠州，害張熙、張繼芳，破高密諸州縣。化龍督兵固守，遣降將擊寇大破之。五月，檄登州將滕允玉解膠州圍，復東昌等州縣二十七，禽官三十餘人置法。執賊帥李好賢，諭以忠義，令自效。好賢感泣，還抵賊營，禽大雅等數十人，斬千餘級。六月，韓繼本攻州。七月，清兵至，殺繼本，化龍棄官南下，逮問。後卒於家。

熙，字春臺，膠州人。諸生。

時山東司道：

朱國翰，字長厚，雒陽人。崇禎七年進士。介休知縣，累遷東兖參議。

錢光泰，長洲人。崇禎十三年特用。莘縣知縣，兵荒勸農，累遷河南僉事，轉東兖參議。降清。

任有鑑，字子鏡，平原人。廩生。歷鳳陽通判、潁州知州。崇禎十五年寇至，堵拒全城，調徐州，遷工部主事，出爲東兗參議。降清。

吴元伯，字開吴，黄岡人。崇禎十三年特用。歷禮部司務、武選員外郎、兗州參政歸。降清。

任中麟，字孔書，臨潼人。崇禎七年進士。黄縣知縣，累遷山東督學副使歸。

弟中鳳，字鶴伯，崇禎四年進士。鄢陵知縣，累擢雲南按察使。齎疏至寶雞，聞西安破，入華山。皆杜門四十年乃卒。

楊毓楫，字剡伯，宜良人。崇禎六年舉於鄉。景州知州，累遷濟寧副使。十六年，力守卻清兵。國亡降清。

董允茂，字豸章，慈谿人。崇禎十年進士。歷刑部主事、兵部員外郎、濟南僉事，調天津督餉參議。

于重慶，字懌先，金壇人。崇禎四年進士。歷營繕主事、成都知府、濟南副使。

張國士，靈壽人。崇禎元年進士。海道副使。國變，撫綏拒寇，地方以安。

魏士前，字瞻之，景陵人。萬曆三十八年進士。歷蕪湖、吴江知縣，南京户部主事，潁州僉事，忤中官歸。崇禎初，起冀寧副使，平神一魁。調川北參議，劾蜀王僭制。改榆林，乞休。十六年，起東昌副使，推屯撫，未任，永曆二年卒。

胡來陞，洪洞人。萬曆四十六年舉於鄉。蠡縣知縣，累遷登萊僉事，轉驛傳副使。降清。

許成章，長洲人。天啟二年進士，武德僉事。

楊汝經，字石夫，睢州人。崇禎十年進士。授户部主事，累遷井陘僉事。十七年，林日瑞死難，擢汝經僉都御史巡撫甘肅。行及林縣，聞北京亡，將赴南京，至東明，率壯士百餘，還逐林縣李自成所置官。戰敗被執，屢誘降不從，叱之。先殺其弟汝繡、族兄汝素脅之，卒不屈，死於獄。事聞，贈兵部尚書。

郜獻珂，字德章，長垣人。崇禎十三年進士。授壽陽知縣，調曹縣。劉澤清部爲虐，治之不少貸。李青山亂，率衆十萬破之，獻俘京師。以廉吏第一，徵職方主事。未至，北京亡，入曹州。七月，約張成福起兵桃園，斬自成將宋朝臣，已從澤清淮上，謁史可法，爲規復河北策，改驗封。安宗出狩，從扈不及，隱居直、浙，屢薦不起。卒年八十七。

李猶龍，字陽南，長垣人。崇禎四年進士。自開封知府遷管河副使。子燦明，字葆闇，去諸生。研易。

王夢桂，郾城人。崇禎九年舉於鄉。開封推官。皆於崇禎十七年十二月，爲清兵所執，不屈死。朱恕先、成克延走。

時河南、陝西司道：

袁楷，字孝則，鳳翔人。尚書應泰子。天啟五年進士。歷禮部主事、員外郎，開封知府，川東、廬鳳僉事，遷河南參政。清召不出。

王瑆，字元玉，諸城人。崇禎七年進士。授涇陽知縣，斬掌盤，拒寇全城。總督索賄不應罷。以邊才起遵化，馬步十九萬屯境，嚴飭之。大學士劉宇烈以二十萬人至，芻豆立辦。遷職方主事，出爲湖廣屯田僉事。楊嗣昌薦知兵，改汝寧。數戰大捷，寇圍光山，於元日大雪逼之，斬五千人。陞參議，解汝寧、信陽圍。擢參政。弘光時，南渡。卒年八十二。子咸炤，參將，降於清。

李芳聯，長壽人。崇禎四年進士。句容知縣，累遷河南督學僉事。

衛之琯，韓城人。天啟元年舉於鄉，授臨漳知縣，多作人才，平田儒亂。累遷大梁副使。

李長康，字邁庵，興化人。諸生。可法薦開封推官，累遷瀾滄僉事，改大梁。

李岩，字子潛，萊陽人。崇禎十年進士。歷曲周、滑縣知縣。善除盜，累遷刑部主事、開封知府、大梁副使。

胡有英，字穎生，高淳人。崇禎六年舉於鄉。授平遠知縣，止奸扶良，去兵弩而樂田畝，寇至，設方畧殲渠。調舞陽，招撫流亡，修葺城垣，與民休息。遷汝南副使歸。

劉漢式，字再卜，萊陽人。太學生。崇禎十六年，自中牟知縣累陞睢陳僉事。降清。

劉涓，字還初，中部人。萬曆四十六年舉於鄉。歷新樂知縣、寧武僉事、睢陳副使，有治行。

李芳蘊，永年人。巡撫養沖子。恩貢。南陽知府、睢陳副使。

張翰沖，字鵬摇，盧氏人。崇禎三年舉於鄉。河南監軍副使。

林廷獻，棲霞人。恩貢。河南通判，累陞監軍僉事。

孟紹伊，杞縣人。崇禎九年舉於鄉。河南監軍僉事。

李㮄生，萊蕪人。諸生。上屯田策，入王漢幕，與馬士英善，薦河南監軍僉事。降清。

周士奇，郿縣人。選貢。授褒城知縣，堵寇有功。調南鄭，遷綏德知州。自成數萬人圍之，士奇夜襲禽渠，寇退。轉西安同知，累擢商雒參議，監左良玉軍，繩士以嚴，部伍肅然。後降於清。

張懋鼎，字乃調，銅陵人。天啟七年舉於鄉。歷泗州學正，國子助教，户部貴州司主事、郎中，釐漕運積弊。淮、揚荒，請以麥代米；浙江荒，請以紅糧代白糧，俱大爲民便。時所在用兵，餉不給，籌畫多便宜。陞肅州僉事、臨鞏參議，撫羌夷有威信。清兵陷陝西，入西羌半谷川二年。歸耕不出。

盧元卿，字調元，富順人。天啟七年鄉試第一。官寧夏、河東兵糧副使，爲政清廉。清兵至，爲道士，轉徙秦、徽卒。

高斗樞，字象先，鄞縣人。崇禎元年進士。授刑部主事，坐議巡撫耿如杞獄，與同列四人下獄。尋復官，遷員外郎，出爲荆州知府，久之，轉長沙副使。時張獻忠兵逼，臨、藍湖、湘間土寇蠭起，長沙止老弱衛卒五百，又遣二百戍攸縣，城庳雉堞盡圮。斗樞建飛樓四十，大修守具，臨、藍賊艘二百餘，自衡、湘抵城下，相拒十餘日，乃卻去。旋擊斬土寇劉高峯等，撫定餘衆，詔録其功。陳睿謨大征臨、藍寇，斗樞當南面，大小十餘戰，賊平，轉按察使。

十四年，王永祚移斗樞守鄖陽。鄖被兵且十載，居民四千，遊擊劉調元兵不滿三千，半老弱。時遊擊王光恩屯均州，惠登相屯興安，皆兵强敢戰。斗樞尤以恩結光恩。視事甫六日，而獻忠自陝而東，斗樞與知府徐起元及光恩、光興兄弟分扼之。吴之崑、劉一泗、王之才立君子營助守，戰頻捷。李自成破襄陽、均州，將攻鄖，斗樞遣苗時化以二十小舟鳴礮擊其舟。自成知有備，乃退。

十五年冬，自成令羅汝才攻鄖。斗樞患火藥將盡，令多造挃牌於城以禦矢石，拆毁都司署地板以供用，得窖藥數十瓿。汝才知城中礟盡，外攻益力，畫斗樞跪縛像於木牌，遶城呼且罵，以脅降。斗樞令諸軍嚴守，陰裝諸礟，未發。汝才悉調諸部赴城，旌旗人馬蟻附，一鼓百道並進。城頭千礟齊發，死者萬數。汝才大驚遁，失精鋭過半，繇是鄖陽兵名天下。時自成殺汝才，斗樞招其所部驍將楊明起降。

十六年春，自成憤甚，復發兵至。斗樞遣兵擊之於楊溪。自成扺龍門，夜聞漢江水石相搏聲，有驚呼者曰：「鄖兵至矣。」自成遂潰。五月，斗樞召調元旬日斬寇三千餘級。自成遣將來攻，卒不克而去。乃令光恩復均州，調元下光化，躬率將士復穀城。將襲襄陽，聞孫傳庭敗，旋師，均州復爲自成有。

十七年正月，自成遣將路應標以三萬人攻鄖。斗樞密遣明起夜以千人渡漢復均州，燒其積聚。應標乏食，鄖圍始解。當是時湖南、北十四郡皆陷，鄖獨存。自十五年冬，永祚被逮，先後命李乾德、郭景昌代之，路絶不能至，中朝謂鄖已陷。十六年夏，斗樞蠟丸上請兵疏，始知鄖存。衆議即任斗樞，而陳演與有隙，乃陞起元僉都御史撫治，加斗樞太僕卿。明年二月，朝議設漢中巡撫，兼督川北，擢斗樞僉都御史以往。路阻，朝命皆不得達。至三月，始聞太僕之命，即以軍事付起元。七月，北京變聞，並得漢中之命，遣守備余廷元乞師南京。十二月，命代何騰蛟巡撫湖北。又以固守功，加副都御史，斗樞皆不聞也。

弘光元年二月，應標又至，斗樞復登陴助起元守。及自成敗，圍鄖者殺應標而去。斗樞曰：「先帝以秦中屬臣，豈可寒此末命。」乃分鄖兵之半趨漢中，時化、明起等從。步騎五千將達漢中，前有人騎滿谷，斗樞使問來者何兵？則答以秦中豪傑不附自成與夫自成軍中亡逸而出者也。亦問入陝者何人？曰：「漢中巡撫高公也。」人騎列拜馬前。問其姓名，則曰裔商周、李守恒、陳世法，皆自自成軍中來。所部人人思殺敵，先後至者二萬人。斗樞喜，遂與復興安。山行十餘日，遇清兵陷陝西者訊之，乃知清順治二年也。問：「自成何在？」曰：「敗走湖廣矣。」諸將愕然。斗樞與議所向，商周曰：「戰耳，莫問爲誰也。」斗樞曰：「吾奉命討自成，自成已遁，無可立功，不若歸鄖再議。」商周曰：「孰謂公大丈夫者，商周不能復事公矣。」再拜而去。斗樞至鄖，起元等已於四月降清，慟哭曰：「孤臣以一隅爲挈瓶之守，豈知無益於天下之大數也。」乃退耕沅州，以光恩不忘國，思待變收用，而翊鏻不及待，先後鄖中大亂，翊鏻死。曰：「敗乃公事矣。」爲匿其妻子託孫守法，仍與光恩連綴不絶。已而浙東陷，清録其老父，間道歸里。黄宗羲勸以大舉兵，復監國之故疆，山寨之役，與子宇泰、弟斗權、斗魁預之。累被名捕，竟得脱。後數年卒，年七十七。妻徐爲尼太白山。

宇泰，字元發。偕錢肅樂起兵，魯王手諭獎之，以爲不愧浙東喬木，授武選員外郎。隆武二年冬，蠟書自海至，爲邏者所得，首被逮。翻城事洩，再隨斗樞入獄。永曆十六年，復以海上事被繫，終日鼓琴，事得解。

子奕宣，字旬孟，逮杭抑抑死。

奕學，字季殖，工詩。

弟斗權，字辰四，去諸生。

斗魁，字旦中，去諸生。精醫術。破産救遺臣妻，因事連自裁。

子宇厚，字自牧，去諸生。貧困工詩。

諸弟斗開，字光先；斗弼，字石叟，皆風雅有志節。

之崑，字玉崙；一泗，字孔源；之才，字大用，皆鄞縣人，諸生。

同時王驥，字冀超，丹徒人。崇禎元年進士。歷孝感、嘉興知縣，兵部主事，湖北參議，廣東右布政使，太僕卿。弘光元年正月，以左良玉薦，出爲兵部右侍郎、副都御史，巡撫湖廣，辭未赴。永曆十三年，內應鄭成功，被執死。妾胡，江都人，被逮，仰藥賦絕命詩死。

張亮，字伯揆，內江人。萬曆三十七年舉於鄉，歷濟陽訓導、國子助教學録、户部主事、屯田員外郎，出爲榆林參議，有能聲。薦改安廬副使，拒寇有功，鄭二陽倚之如左右手。崇禎十七年，擢僉都御史，巡撫安、廬、池、太，協理剿寇軍務，以湯之京爲參謀。

安宗立，疏言：「南北止隔一河，賊若從山東來，則淮、徐據黄河之險，我能守之。若從河南來，則無險可守。今茫無稽察，致壟斷者飽載而販於賊巢，濱河者所司何事而疎玩若此哉！乞飭嚴加盤詰販賣者，治以通賊之罪。」又言：「賊勢可圖，請解職視其所向，督兵進討。」而馬士英意殊不在寇，詔亮還任。

明年四月，左夢庚將楊文富東下，亮以子石公託六安總兵張賓吾，移各營兵入城守。至暮，川將陳元方火城隍廟，副總兵賈應登諸營四面縱火爲内應，夢庚破安慶殺掠，楊振宗走，亮被執，挾與俱北。多鐸欲大用之，不屈，銅牌懸身，刻官階姓名絶命詩其上，行至高郵，冠帶乘間赴水死。隆武時，謚忠烈。僕野從先、李自春從水死。

之京，字亮孫，石埭人。八歲廬墓，以諸生上策，負經世才。安慶陷，不知所終。

從先，榆林人。材官陞參將。

自春，陝西人。副總兵。

祁彪佳，字幼文，紹興山陰人。天啟二年進士。授興化推官。故事，巡按率倚推官爲耳目，其胥吏奸惡，無問者。彪佳倡議訪犯先從推官左右始，人服其公，政績大著。以父喪歸。

崇禎初，遷福建道御史，進封事，畧云：

凡文武内外大小諸臣，必使之安其位而後盡其心。邇來六卿九列之長，詰責時聞，引罪日見，因而周章急遽，救過不遑。竊恐當事諸臣，怵於嚴旨，冀以迎合揣摩，善保名位，臣所慮於大臣者此也。人才中下參半，藉上感發其忠義，鼓舞以功名。今司道有司，或欽案之累縣人，或錢穀之輸不及，降級住俸，十居二三，必至苟且支吾，急功赴名之心，不勝其掩罪匿瑕之念，臣所慮於羣臣者此也。陛下聞鼓鼙而思將帥之臣，倘得真英雄，即推轂設壇，夫豈爲過，或獎拔之術未盡，則冒濫之竇將萌，臣所慮於武臣者此也。陛下深懲惰窳，特遣内臣，撫按之事，多令監視，正恐同罪同功，反使互蒙互蔽，開水火之端。其患顯啓交納之漸，其患深，臣所慮於内臣者此也。

忤旨切責。軍興，上合籌天下全局疏，復陳民間十四大苦，上善之，下所司。

出按蘇嵩。宜興陳于鼎兄弟暴於其鄉，民乃聚焚其廬，發其祖墓，并及周延儒祖墓，洶洶不散。彪佳單騎往捕，治如法，而於延儒無所徇，延儒憾之。吴中奸民結黨立天主名號，横行鄉里，有司不能制。彪佳廉得其魁四人，召紳士父老會鞫，杖殺之，民大稱快。表禮郡中清修之士歸子慕、朱升宣、張基等，奉羊酒，鼓吹騎從到門以見，並疏其學行於朝，請授翰林待詔，士林以爲盛事。

已而回道考覈，延儒風主考者鐫級。上察其無罪，祇令降俸。尋請終養歸，從劉宗周遊，其學益進。家居九年，母服闋，召掌河南道事，請留宗周表率百官。又以京察不當，面斥吳昌時於朝。十六年，佐大計，絶請謁。尋以刷卷南畿，乞休，不允，便道回家。聞京師陷，慟哭赴南京。安宗至，羣議援宋高宗故事，立爲兵馬大元帥。彪佳曰：「今與宋不同，宋時徽、欽固在也。今海内無主，盍如景泰稱制，監國議乃定。首陳紀綱法度，爲立國之本；次及發號、用人二事。又疏陳致治大本，語皆剴切。五月三日，上監國，俄有傳登極者。彪佳曰：「監國名甚正，遽登極，何以服人心，謝江北將士？且今日監國，明日即位，事同兒戲，宜待發喪除服議之。」乃止。高傑兵掠揚州，士民奔避，無賴者乘間剽奪。廷議彪佳按吳有威望，命往宣諭。斬倡亂者數人，頒布赦文，甄別有司臧否，一方遂安。

六月，轉大理丞，以僉都御史巡撫蘇、嵩、嘗、鎮，與鄉官沈正宗、殷宜中、林有麟議戰守，以胡公胄爲監紀，督中軍徐士璠、羅英、朱士裔，旗鼓朱壽增，旗牌周世龍，提塘淮安莫原顯練兵，拔奇勇趙均衡、徐奉崗、陳琇、單宗、沈英，以永生洲參將王之弼，鎮江遊擊項允師，嘗州守備焦謙、朱士臬，靖江守備陳心，崇明守備傅介子、陶亢宗，吳江守備龔宇辛，平望守備梅亮，青浦守備許一綸，崑山把總陳璣，高資前標營羅震、後營王顯，無錫水營練總華乾亨，哨官華騰侯分汛嚴守。又以參將張拱宸，遊擊唐禾，守備董有濟、楊忠、岳世臣、袁尚繹、萬國順，哨官朱泰爲遊擊之師。

先北京之變，諸生王聖風、徐珩起兵勤王，檄討其搢紳受順官者，奸人因之以爲利。蘇州項煜、錢位坤及通政參議宋學顯、禮部員外郎湯有慶四家蕩洗無遺。又焚嘗熟時敏家，三代四棺俱毁。彪佳奏：「民情囂動，借名義憤，與其震之使懼，不如威之使服，國法既伸，人心自正，宜將從逆諸臣先行處治，使士庶無所藉口，則焚掠之徒，可加等治。」許之。彪佳復榜諸衢曰：「畔逆不可名，忠義不可矜，毋藉鋤逆報私怨，毋假勤王造禍亂。」未幾，嘉定華生家奴勾合他家奴及羣不逞近萬人，突起劫奪，各暴其主，且踞坐索身券，縛而杖之。彪佳捕斬數人，餘盡掩諸獄，令曰：「有原主來保者，得貰死。」於是諸奴搏顙行丐原主以免。因募士爲蒼頭軍。又命顏俊彦更定三吴財賦。尋詔復設廠衛緝事官，彪佳上言：

洪武初，官民有犯，或收繫錦衣衛。當事者因非法淩虐，高皇帝乃於二十年焚其刑具，送囚刑部，是祖制原無詔獄也。後以鍛鍊爲工，羅織爲事，雖朝廷爪牙，實權臣鷹狗，舉朝知其枉，而法司無敢雪，慘酷等於來、周，平反從無徐、杜，此詔獄之弊也。永樂間，設立東廠，始開告密，無籍兇徒，投爲厮養，誣告徧及善良，赤手立致鉅萬，招承多出於拷掠，怨憤充塞於京畿。欲絶苞苴而苞苴愈盛，欲清奸宄而奸宄益多，此緝事之弊也。若夫刑不上大夫，祖宗忠厚立國之本，及逆瑾用事，始去衣受杖。刑章不歸司敗，撲責多及直臣，本無可殺之罪，乃加必死之刑。血濺玉階，肉飛金陛，班行削色，氣短神揺。即衈録隨頒，已魂驚骨削矣。朝廷徒受愎諫之名，天下反歸忠直之譽，此廷杖之弊也。三者弊政，當永行禁革。」

疏入，羣奄共撓之。姜曰廣力爭之，乃命五城御史察訪，不設緝事官。

史可法部將于永綬、劉肇基、陳可立、張應夢領馬兵千人駐鎮江；浙江入衛副總兵黄之奎，故川將，戰貴州多功，亦部遊擊鄭天鴻、東後營領兵都司僉書程泰、西中營領兵都司僉書王玉寧、區營領兵都司僉書章國相，水陸兵三四千人戍其地。馬兵以賤直攫小兒瓜，傷兒額，浙兵不平，縛馬兵投之江。馬兵來鬭，李大開呵之不下，抽矢射數人，馬兵遂大鬨，射殺大開，恣焚掠，死者四百人，知府錢良翰不能正。彪佳聞之，擐甲馳往，永綬等遁去，疏劾四將罪，衈難民，民大悦。自是兵將調集，聽本處撫臣節制，著爲令焉。時傑、劉澤清開鎮江北，顧未嘗忘情江南，憚彪佳威望，以書通問。彪佳報書，感以大義，自是無一卒渡江者。傑駐瓜洲，嘗以書剋期會大觀樓，意彪佳儒者，畏縮必不敢輕渡江。至期，風大作，彪佳掉小舟，從小吏數人，出没波濤中，須臾泊岸。傑大駭異，撤兵衛，下拜曰：「不意公之勇亦如是也。」彪佳披肝膈，勉以共獎王室，慷慨流涕。傑曰：「傑閲人多矣，如公者，甘爲之死。公一日在吴，傑一日遵公約矣。」張筵歡飲而別。晉副都御史。馬士英輩嫉彪佳甚，嗾私人宗室統鏻劾之，張孫振希士英指，亦劾彪佳，謂初沮登極者立潞王也。彪佳乃移疾去，吴民泣而送之，遂歸隱雲門山。

弘光元年南京亡，潞王監國杭州。黄道周請急設蘇嵩督撫經畧浙西，王志道疏言吴中士民惜彪佳解兵柄，如予新命，數萬人可立集，乃除兵部右侍郎總督蘇、嵩。會清兵至，不果。貝勒博雒以貂蔘聘之，貽書嚴拒，爲絶命詞别宗親，因絶粒。閏六月六日，至寓園，與其友祝季遠飲至夜分。時星月微明，望南山喟然嘆曰：「山川人物，皆屬幻境。山川無改，而人物倏忽已一世矣。」已而季遠卧。彪佳處分餘事，攜燭書几上曰：「圖功爲其難，潔身爲其易。吾爲其易者，聊存潔身志。含笑入九泉，浩然留天地。」投梅花閣淺水中端坐死，家人覺而尋之，燭未跋也。卒年四十四。事聞，紹宗贈少傅、兵部尚書，謚忠敏；監國魯王贈少保、兵部尚書、右都御史，謚忠毅。

子理孫、班孫。理孫，字奕慶，班孫，字奕喜，皆任中書舍人。江東兵起，其羣從之長曰鴻孫者，字奕遠，諸生。以職方員外郎、監軍僉事，從事江上，冀有申從父志。理孫、班孫罄家餉之，與黄氏世忠營勸。事敗，鴻孫走死，理孫、班孫居山陰梅墅，與魏耕、朱士稚、張宗觀密謀大計。耕通海事發，同被執，兄弟爭承其獄。友人納賂宥理孫，以班孫戍遼左，理孫竟以痛弟死。其後班孫脱歸里，社中漸物色之，乃爲僧吴之堯峯，自稱呪林明大師，世莫有識之者。既死，發其篋，人始知爲班孫云。

兄駿佳，字季超。選貢。紹興陷，高隱。

宜中，字義卿，丹徒人。崇禎七年進士。汀州推官，遷職方主事。

有麟，字仁甫，嵩江華亭人。太僕卿景暘子。任通政經歷，歷刑部山西司郎中。忤薛國觀，出爲龍安知府、監軍。國亡久之卒。

公胄，字問欿，德清人。萬曆四十一年進士。授南京刑部主事，遷員外郎。天啟中，出爲荆州知府，不建魏忠賢祠。惠王初封，諸役倚勢陵民，多方調護，以死扞之，民得安堵。後與温體仁忤，降汝州知州逮，彪佳薦事官。後降於清。

均衡，諸暨人。

允師，永嘉人。

乾亨，無錫人。武生。

大開，字皇求，瀘溪人。崇禎十年武進士。定張普薇亂，以浙江把總守鳳、泗陵，殄寇淮北，累遷金華守備、池州參將、副總兵。

王燮，字雷臣，黄陂人。父宗德，東廠理刑，掌北鎮撫司，陞指揮同知，前後平反大小百四十案。奏疏累二百，卒未嘗有寄請他比，瘐死一人，免人危難。屢卻暮夜餽金，而不以告人。南京亡後卒。

燮，崇禎十年進士，授祥符知縣。李自成圍開封，督孟觀等前後二守危城，當險坐卧，躬冒矢石，身先擊寇，鼓勵兵民，人人用命。寇登北門，燮以棒擊之，投火藥斃寇數千。寇礮齊攻，睥睨守者不能立，以重賞募士，登陴發礮，城遂得全。遷河南道御史，監劉澤清軍。疏請收銷古錢，但行新錢，於是古錢銷毁殆盡。十五年，開封城潰於水，親以舟載周王恭枵出，復命白邦政兵三千潛進城中，斬寇五百人，禽六十二人斬之。巡按淮安，制將軍董學禮二千人至宿遷，與丘磊破之清河口。又卻畔將李承勳。淮安尹鞏克順行牌淮上，碎之，禽斬以徇。又禽官胡來賀、宋自成、李魁春，沈之河。防禦使吕弼周、參將王富之任，命石可璽及副總兵劉世昌，遊擊駱舉，都司楊有光、楊世忠、楊成執之。弼周故燮座師，叱使跪曰：「亂臣賊子。」截其耳，斬焉。燮自任守河，請路振飛守城，同心協和，旬月間，得義兵一二十萬。學禮來犯，敗之。禽防禦使武愫送京，寇騎躑躅河上，不敢進。已馬士英兵繇淮赴江，劫淮安，燮在清河，不許一舟泊、一人登岸。澤清兵頓宿遷，聲言南下，淮上大恐。燮勸北上，澤清不允，大聲曰：「即不擾貴治，請假道赴揚。」燮不可，曰：「即不得已，迂道從天長、六合，則非我所知也。」淮陽卒無恙。北來太子至，受士英指，報威宗太子、二王薨，以絶人望，遂以僉都御史巡撫山東。燮去，澤清乃恣睢淮安，田仰不能制，淮事不可爲矣。以山東陷，不能赴任，仍命防河，駐安東。南京亡後，降於清。

弟庭，錦衣。

言，崇禎十六年進士。

觀，字仲練，祥符人。慷慨有大畧。澤清薦職方郎中，左懋第使清被留。廷議繼遣使，觀自請行。未至而南京亡，澤清亦以衆畔，乃間道歸里，以詩酒自娱終。

可璽，字泥函，淮安山陽人。諸生。有志節，佐燮守淮安。南京亡，悒悒卒。

弼周，字思皇，鄒平人。崇禎元年進士。河南副使。降。

王瀠，字帶如，益都人。萬曆三十八年進士。授大理評事，遷户部員外郎，出爲太原知府。歷寧武、河東、福建督學副使，轉參政，擢太僕少卿，改右通政。崇禎十七年九月，以僉都御史巡撫登、萊、東江，備兵援遼，恢復金、復、海、蓋，兼督餉。慨然任行，至安東，見清兵日迫，疑憚不前，遂駐淮上。山東士民丁耀亢起兵，命相機應之，旋繳敕印卒。

子遵坦，字太平，都督僉事登、萊總兵，守安東衛南城島，副總兵閻漢石守新壩坂浦。

弘光元年七月降於清，終四川巡撫。

時山東疆吏：李自重，江夏人，崇禎十三年進士。濟南推官。

錢銓，霸州人。天啟七年舉於鄉。博平知縣，調歷城，降清。

朱廷翰，寧夏人。崇禎十二年舉於鄉。歷城知縣，降清。

張可選，閿鄉人。崇禎十三年進士。章丘知縣。

王作賓，義烏人。崇禎三年舉於鄉。鄒平知縣，爲政廉平。清兵至，走。李自成置令

汾陽王世傳寬厚愛民，得善去。

史能仁，字嚴居，鹿邑人。舉於鄉。淄川知縣。

張廷玉，餘姚人。萬曆四十年舉於鄉。長山知縣，擢員外郎，未赴。

孔繼魁，保定新城人。選貢。新城知縣。

祝金聲，唐山人。天啟元年舉於鄉。齊河知縣，遷户部主事，未赴。

多承華，阜城人。天啟四年舉於鄉。齊東知縣，去。

李鵬沖，香河人。選貢。齊陽知縣。

李日華，青陽人。選貢。禹城知縣。

徐應堂，四川人。歲貢。長清知縣。

崔正岳，山西人。進士。青城知縣，降清。

辛綿宗，耀州人。廩生。賢良方正。東平判官，遷青城知縣，自成兵至，歸。

姜孔殷，東光人。崇禎十三年特用。陵縣知縣。

盧六藝，陽武人。舉於鄉。新泰知縣。降清。

朱咸慶，新樂人。萬曆四十年舉於鄉。德州知州。

許中繹，不知何許人。德州知州。

傅永淑，靈壽人。歲貢。德平知縣。

吴民化，衡水人。崇禎六年舉於鄉。平原知縣。

王弘基，字克大，廣宗人。歲貢。平原教諭，隱。縣丞何獻龍降清。

黎春曦，字梅映。南海人。崇禎十三年特用。武定知州，清廉忤上。國變不出，作詩歌抒憤。

趙申寵，永平人。歲貢。陽信知縣。降清。

郭宜直，字沛水，高邑人。崇禎九年舉於鄉。海豐知縣，嚴於治盜，與典史張爾修降清。

周璜，隴西人。崇禎三年舉於鄉。樂陵知縣，降清。

董應昌，涿州人。歲貢。商河知縣。主簿潘道隆降清。

王道隆，江都人。天啟四年舉於鄉。濱州知州。

王廷掄，字野思，長垣人。崇禎十三年進士。利津知縣。

王國昌，字春宇，昌黎人。利津縣丞，署樂陵知縣，力守全城。

宋一貞，奉新人。崇禎十三年特用。霑化知縣，自成兵至，走。十七年五月，邑人李百沆斬令李調鼎，一貞復任，降清。

謝鏞，良鄉人。恩貢。成縣知縣。拒守有功，遷兗州同知。

丁映章，陝西人。兗州通判。

孔貞堪，字茂生，曲阜人。至聖六十三世孫。曲阜知縣。寧陽縣丞劉運泰與典史种起鳳降清。

張所蘊，耀州人。萬曆十九年舉於鄉。泗水知縣，遷贛州同知，未赴。

韓鍵，交河人。選貢。金鄉知縣。

段可舉，遼東人。金鄉縣丞。便弓馬。崇禎十七年三月，發巨礮全城。

鄧承皶，全州人。天啟元年舉於鄉。魚臺知縣，遷知州，未赴。

陶爾成，成都人。崇禎十三年特用。單縣知縣。

張雲龍，山西人。舉於鄉。單縣知縣。寇至，與典史連士音被執不屈，支解死。

王日昆，不知何許人。城武知縣。

趙希獻，字杓卿，三原人。選貢。嘉祥知縣。

劉鏡，字涵思，永年人。天啟四年舉於鄉。鉅野知縣致仕。與弟鎰被執至西安，脱歸。

鎰，字珍思，去諸生。

潘維啓，不知何許人。鉅野知縣。

張鵬翔，順天通州人。萬曆三十七年舉於鄉。東平知州，去。

楊名顯，秦州人。崇禎三年舉於鄉。汶上知縣，去。降清。

朱弘祚，澤州人。歲貢。平陰知縣，走。

干淩霄，靈臺人。崇禎三年舉於鄉。陽穀知縣，入山。清召不出。

何迥秀，獲鹿人。天啟元年舉於鄉。壽張知縣。

梁兆斗，延安人。歲貢。定陶知縣，去。

費翃，慈谿人。舉於鄉。沂州知州。

李籛，字華仲，巢縣人。天啟元年舉於鄉。沂州學正，上萬言策，歸。

吴聯仕，雷州人。選貢。郯城知縣。

翟士林，河南人。費縣知縣。

宋炳奎，洪洞人。崇禎十年進士。東昌知府。十五年，扼險拒守，礮斃副將加勒阿金，清兵遁。十七年，清兵再至，與推官劉有瀾降。

王健，字大龍，三原人。崇禎十三年特用。聊城知縣，後隱南京。

尹湯佐，字聘卿，新泰人。歲貢。堂邑訓導，力拒清兵，歸隱。

謝如繩，四川人。恩貢。茌平知縣。

李國經，字君嘗，沂州人。歲貢。茌平訓導，歸。清徵，踰垣遁去。

呂獻珻，涉縣人。選貢。莘縣知縣。

王就見，鄉寧人。歲貢。莘縣知縣，去。

陳正言，興濟人。選貢。清平知縣，有聲。

荆世爵，字從修，猗氏人。崇禎十三年進士。臨清知州，降清。

李芳世，不知何許人。臨清知州。

程鵬雲，宣化人，崇禎六年舉於鄉。館陶知縣。

雷永祚，字長卿。太湖人。天啟四年舉於鄉。高唐知州。

李鳳舞，不知何許人。高唐知州。崇禎十七年五月城陷，與鄉官楊國相被困塔上，練總于四周救之免。

鎖青緍，河南永寧人。進士。南樂知縣，調恩縣。

張濆，沁水人。天啟七年舉於鄉。恩縣知縣，歸。

劉鳴世，不知何許人。夏津知縣。

曲星，字奕烜，朝邑人。歲貢。延津、武城知縣，遷濟南通判。

高其讓，萬全衛人。選貢。范縣知縣，不屈去。

張紹文，延慶人。選貢。范縣知縣。

趙應昌，永昌衛人。歲貢。朝城知縣，手禽渠米玉等，去。

楊可經，瀞縣人。選貢。鄒平知縣。崇禎十六年清兵至，乞師丘磊，與典史臨潼張恩、鄉官孫爌、諸生劉璽力守。圍解，遷青州同知。

王開期，不知何許人。益都知縣。崇禎十六年，拒清全城。

丁履泰，餘姚人。舉於鄉。臨淄知縣。

張直講，字茗椀，曲周人。崇禎三年舉於鄉。招遠知縣，剛斷清盜，守城得全。調樂安。

辛炳翰，渭南人。恩貢。昌樂知縣，廉明寬厚。崇禎十七年春，宋敞、潘大虎、二虎亂，勇士馮義斬之，卧佛寺僧法會奮矛出，寇潰城全。已降於清。

王調元，字燮甫，撫寧人。萬曆四十六年舉於鄉。嵩陽教諭，遷臨朐知縣，被劾歸。清迭召不出。卒年八十五。

劉以宲，不知何許人。臨朐主簿，爲人果敢，佐知縣迴瀎固守破寇。

劉令尹，字子木，滄州人。崇禎十三年進士。安丘知縣。十五年，死守全城，調。

周甲，不知何許人。安丘知縣。

景淑範，蒲州人。崇禎九年舉於鄉。莒州知州。

崔似駰，冀州人。莒州知州，降清。

閻禧，字仲皋，滑縣人。崇禎七年進士。沂水知縣，遷刑部主事未任。自成至不屈，後降於清。

晋承露，洪洞人。恩貢。沂水知縣。

孟佳士，東明人。萬曆三十四年舉於鄉。日炤知縣。

王爾翼，南樂人。萬曆四十年舉於鄉。萊州同知，遷知府。

馮兆麟，字長陽，獲嘉人。選貢。濟南通判。以守城功，遷萊州同知。

楊作棟，醴泉人。崇禎六年舉於鄉。萊州通判，降清。

況鍔，字于玉，上高人。選貢。崞縣知縣，巨璫視邊，不爲禮，謫嚴州炤磨。陞萊州通判，去。卒年八十。

彭汝亨，莆田人。崇禎十三年特用。掖縣知縣，調。

藺完煌，字覲玉，蒲城人。崇禎十六年進士。掖縣知縣，降清。

馬日驥，商河人。歲貢。掖縣訓導，歸。

朱璣，保昌人。萬曆四十三年舉於鄉。平度知州。

于連躍，肅寧人。萬曆三十一年舉於鄉。平度知州，歸。

丁白雲，名籍，不可考。進士。濰縣知縣。與董祚昌隱威海裏山，詩文自娱卒。

高尚志，泗州人。舉於鄉。濰縣知縣，歸。

劉夢麟，聊城人。昌邑訓導，去。

郭文祥，字孟履，福清人。崇禎十三年進士。即墨知縣。十五年，清兵圍城，多方拒守，五戰皆捷。十七年六月去。福京亡，從林埅起兵。兵敗，隱黄蘗靈石山中，以吟詠終。

戴憲明，字叔度，新建人。崇禎十三年特用。刑部主事、員外郎，出爲登州知府。温惠衡平，清兵至，航海歸耕。

張龍光，饒陽人。選貢。登州同知。

朱昱，山西人。選貢。登州通判。

白瑜，字瑕仲，桐城人。崇禎十三年特用。雲南推官，改登州，亦航海去，隱大龍山。

邢琦，開州人。舉於鄉。蓬萊知縣，招撫清條鞭，振荒活數萬人。

趙廷對，洋縣人。崇禎十二年舉於鄉。招遠知縣。

宋國柱，新繁人。萬曆四十三年舉於鄉。寧海知縣。

趙廷忠，不知何許人。寧海知縣，一塵不染，以循良稱。

鄭中選，灤州人。選貢。文登知縣。

王錫極，字覆寰，蘭陽人。太學生。光禄正調衡府長史。國亡隱。

吴麟瑞，字在賢，海鹽人。侍郎麟徵兄。萬曆四十七年進士。授嘗州推官，疏剔白糧及織造諸弊。妖人葉明生、馬道人扇亂，禽其渠誅之。遷南京儀制主事，歷考功、稽勳員外郎、郎中，湖廣參議，調嘗鎮。時武備廢弛，力加整飭，丹陽練湖淤，躬程督守，履畝計功，官省民安。改九江副使。初下車，謁羅明德祠，與諸生講學，築萬年橋。擢湖西參政，移駐袁州，憂歸。起廣東，仍調江西，晋按察使、右布政使。貪吏雖才必黜，民翕然向風。崇禎十六年，以兵部右侍郎、僉都御史巡撫偏沅。南京亡後歸里。十七年冬，感憤卒。子謙牧，事別見。

時貴州司道之可紀者：

李啟熊，晉江人，大學士廷機子。任姚安知府，累擢貴州布政使。

詹時雨，字霖臣，鄱陽人。崇禎七年進士。授中書舍人。會上策問兵餉，條對稱旨，以御史巡按福建，忤貴人，改蘇嵩督糧參議。再忤上官，謫貴州督學僉事，公允絶請託，得人稱盛。陞河南參政，黔人疏留，擢貴州按察使。隆武元年八月卒官。

王燮元，尋甸人。萬曆四十三年舉於鄉。漢陽知府，遷貴寧參議。

丁繼登，富民人。天啟四年舉於鄉。歷太平、温州同知，臨清知州，辰州知府，陞新鎮參議。

曹景辰，武昌興國人。舉於鄉。思仁參議。

田有年，字孫若，宿嵩人。崇禎十三年進士。授兵部主事，以御史巡按貴州，遷浙江參議，調貴州驛傳副使。

弟逢年，字力之，歲貢。不應清召。

張冕，羅田人。選貢。長沙通判。歷監軍僉事、貴州驛傳副使。

吴康侯，建昌廣昌人。崇禎十三年特用。户部主事，累陞貴寧副使。降清。

陳瑾，字公瑜，宣化人。萬曆三十四年舉於鄉。自行人歷吏部郎中、嘗德副使、湖北參議，立城池。監軍湖南，平許定凡亂。調思石。降清。

陳紹英，字生甫，仁和人。禹謨子。任平越知府，陞都清副使。

洪正色，澄海人。天啟元年舉於鄉。處州同知，累遷威清副使。

朱葵，字羅青，安寧人。萬曆四十年舉於鄉。國子學正，累遷處州知府、畢節副使。

陳有慶，揚州通州人。諸生。畢節僉事。

程世昌，字全甫，光山人。崇禎四年進士。授刑部主事，轉員外郎，治獄多平反。遷廣平知府，革津梁、保馬、驛遞派擾，捐二千金修府學，聚士課業，決滏水周城，寇不敢犯。調平陽，營兵噪，諭之息變。陞徽寧池太副使，葺翠微亭，與郡人舉文酒之會。左良玉兵至李陽河，以牛酒犒師，披誠相見，良玉不覺前席，爲之斂兵。十七年正月，假弁王夢旭掠民商，辱關吏，執而置之法。又斬青賊姜子明，威惠甚著。鄭崑貞、左懋第交薦，六月，以僉都御史巡撫應、安兼督糧，請駐池州。阮大鋮至，不親答，憾之，將重處，旋加太嘗卿。南京亡，隱湖州，抑抑卒。

弟世會，字際甫，弘光元年貢試第二。

李之晟，新添人。舉於鄉。太平通判遷揚州同知。安宗幸翁之琪舟，遷擢僉都御史巡撫安慶，未之任而上已蒙塵。

時鳳、廬、安、太、池、寧、徽、滁、和、廣先後府州縣官可紀者：

李可埴，字夔龍，瀏陽人。天啟二年進士。歷溧水、封丘知縣、南京户部主事，遷鳳陽知府。方正多善政，歸隱溧水。

李掞林，字青丘，黄岡人。崇禎三年舉於鄉。負雅才。歷宿州知州、刑部員外郎，遷鳳陽知府，去。

楊蘅，字佩生，商城人。副都御史所修子。廩貢。通兵法，從劉良佐軍，授鳳陽同知兼監紀。已察良佐無勤王意，歸。

楊之賦，字崔山，應山人。都御史漣子。任潁上知縣，調臨淮，降清。

馬延慶，宿遷人。選貢。臨淮知縣。

潘登貴，嘉定州人。崇禎十三年進士。懷遠知縣，降清。

趙伯里，字德卿，南豐人。萬曆三十四年舉於鄉。遵義知縣，建明德里，德威並立。安邦彦順命，調定遠，答人不過十五。寇至力守，歸。

尹志烶，字伯光，嵊縣人。崇禎六年舉於鄉。定遠知縣，有招撫功，降清。

任宗尹，岐山人。選貢。五河知縣，降清。

張漢翀，虞城人。舉於鄉。虹縣知縣，歸。

張爾翮，富平人。功貢。虹縣知縣，降清。

袁翎，字鵬舉，平溪人。天啟四年舉於鄉。來安知縣，固守全城，遷壽州知州。

茅望之，不知何許人。壽州知州，歸。

胡永善，江寧人。恩貢。壽州知州，降清。

鄧徽，四川人。歲貢。霍丘知縣，去。

韓鑛，昌樂人。副貢。

楊子奇，京山人。歲貢。皆蒙城知縣，歸。

李選，安居人。崇禎十三年特用。蒙城知縣，去。

黃景，峽江人。崇禎九年舉於鄉。泗州知州，去。

汪文燦，字弢輔，宜良人。崇禎六年舉於鄉。新野知縣，遷泗州知州。總兵李朝雲不戢，憤而躍河，得救，兵乃受約束，乞休，以憂卒。

張鑑衡，睢陽人。崇禎十五年舉於鄉。泗州知州，去。

翁九鼎，崇安人。崇禎十二年舉於鄉。泗州同知，去。

梁萬里，字鯤南，南海人。崇禎三年舉於鄉。盱眙知縣，去。

林以寧，福清人。天啟四年舉於鄉。天長知縣，走。

王鳳振，字翔寰，冀州人。歲貢。天長訓導。清召不出。

杜崇賢，陝西人。選貢。靈璧知縣歸。

王家相，德州人。靈璧知縣去。

胡士定，字振嘗，廣濟人。選貢。潁州經歷署知州。城守力拒，城破被執，斫甦，陞潁州知州，歸，建吼江樓，杜門著述。

孫翼聖，建昌廣昌人。歲貢。潁州知州，調。

趙玥，貴陽人。崇禎十二年舉於鄉。潁州知州，降清。

李沂，字春浴，營山人。崇禎十三年特用。潁上知縣，拒守全城。課徒卒。

朱之勳，上元人。潁上知縣，降清。

王佐才，紹興山陰人。太和知縣，去。

王隆斗，不知何許人。亳州吏目，城陷，撫集流亡，不知所終。

郭翼皇，字仲甫，黄岡人。歲貢。歷太湖、合肥知縣。史可法疏薦廬州知府，隱。

徐中台，字伯朗，建寧人。選貢。惠州通判，計禽海盜陳敦第等。遷廬州同知，控扼水陸，寇望卻走，歸。

梁居正，字敬伯，大興人。廬州推官。國亡，隱巢縣，抑抑卒。

黄鐘鳴，字元龍，瀘溪人。選貢。合肥知縣，肅兵安民，去。

鄒淑聖，崇仁人。天啟元年舉於鄉。舒城知縣，去。

吴光龍，字荀長，黄安人。選貢。廬江知縣，歸，卒年七十九。

董國均，字衡平，灌縣人。選貢。廬江知縣，去。

聶應登，徐州人。歲貢。廬江訓導歸，纂六經。

張孔傳，不知何許人。無爲知州。

江上楫，浙江人。歲貢。英山知縣，遷無爲知州。

楊士傑，字瑞棠，淮安山陽人。功貢。與同庠宗族守城，禽武愫、吕弼周。參劉良佐軍。

薦廬鳳僉事，不應，授霍丘知縣，調巢縣，歸。

丁時躍，遼陽人。選貢。巢縣知縣，降清。

李聯芳，字友棠，房山人。萬曆四十三年舉於鄉。歷桐廬、昌邑知縣，南康通判，六安知州，歸。

杜茂林，字嵩岳，嶍峨人。舉於鄉。感恩知縣，謫六安學正。崇禎十五年後護州篆，修城，逃亡復業。

劉雲龍，字從甫，南昌人。歲貢。英山知縣。

鄭有舉，四川人。恩貢。英山知縣。

張相，新淦人。選貢。霍山知縣。修城池。

戚德，睢州人。安慶知府。

程繼善，字明起，黄安人。副貢。安慶推官，治獄多平反。歸立堡大勝山，練鄉兵保障一方。

子之渡，字葦如，諸生。被執大駡死。

曾士懋，不知何許人。懷寧知縣去。

袁秉華，豐城人。選貢。桐城知縣兼監紀，降清。

張斗星，大寧人。天啟七年舉於鄉。潛山知縣，勤於撫字，歸，卒年八十二。

馮天禄，順天人。恩貢。潛山知縣。

胡章，平湖人。崇禎十二年舉於鄉。太湖知縣，降清。

蘇潤民，墊江人。崇禎十五年舉於鄉。望江知縣，與參將戚國泰，典史蔣大德，訓導胡登瀛、顏可度降清。

國泰，字寧宇，義烏人。工騎射，從可法練鄉兵。

大德，全州人。

登瀛，天長人。歲貢。

可度，寶應人。歲貢。寇至，力守七月，後拒良玉全城。

杜時髦，睢州人。崇禎七年進士。太平知府。

袁聲，章丘人。崇禎十六年進士。太平知府。

鄭允升，澄海人。舉於鄉。銅陵知縣，修葺志書，拒良玉兵。遷太平同知。

胡爾愷，字石江，長沙人。崇禎十年進士。太平推官，降清。

劉覽玄，彭澤人。舉於鄉。太平炤磨，以知縣降清。

伊應泰，字保宇，寧陽人。歲貢。東安訓導，遷太平教授，去。

張淑和，字爾海，興隆人。崇禎六年舉於鄉。當塗知縣，遷蕪關主事，降清。

蔣舒，字若木，溧陽人。崇禎六年舉於鄉。當塗教諭，隱洮湖。陳名夏與同門，招之，曰：「明道開來學耳。」憤死。

賈一奇，字而平，南昌人。崇禎六年舉於鄉。蕪湖知縣，從安宗回南京，降清。

謝禧昌，字君永，鎮海衛人。崇禎十三年進士。池州知府，歸。

林逢春，字孟育，南海人。崇禎十年進士。授會稽知縣，均九湖患田之累，調劑各驛幫遞之勞，以不合上官，調簡永定。寇迫力守，禽渠。遷嘗州知府，歷户部員外郎、池州知府。隱龍山鄉，卒年七十二。

曾光祖，清江人。萬曆四十三年舉於鄉。池州同知。

胡寅生，不知何許人。池州通判。

尹啟殷，字小尹，永新人。副貢。池州推官。楚將杜龍、曹天衢攻城，知縣黃受封失措，縋城說之得全。

曾繼序，彭澤人。崇禎九年舉於鄉。池州推官。

林鑄禹，字九疇，閩縣人。崇禎十六年進士。貴池知縣。左夢庚反，力拒四十日，且不支，出見曰：「君號清君側，甚善，然人臣無將，奈何跡同苗、劉，冒不韙名？且池民何罪，必芟之始快？」夢庚無以應，乃解去。

官撫烝，貴州人。貴池知縣。

陶甲，彭澤人。貴池知縣，致仕。

李聯，字仲芳，當塗人。歲貢。貴池訓導，率諸生降清。

吴璠，字長文，湖口人。天啟四年舉於鄉。青陽知縣，降清。宗室盛濃復城，伏誅。

林士驊，莆田人。歲貢。銅陵知縣。

范震，不知何許人。石埭教諭，降清。

吳伯倫，漢陽人。萬曆四十六年舉於鄉。建德知縣，降。

汪國安，字君齡，休寧人。天啟元年舉於鄉。東流知縣。杜門，甘貧樂道。

張爾翬，滿城人。崇禎六年舉於鄉。東流知縣，建城濬濠，去。

劉三達，字又孟，紹興山陰人。東流縣丞，正直忤上官，歸隱塔山。

陳周政，營山人。崇禎四年進士。寧國知府，降清。

朱錫元，字惕庵，紹興山陰人。崇禎元年進士。歷寧國推官、工部員外郎，分司沛縣，

陞寧國知府，降清。

曹鼎，字金鉉，祥符人。選貢。寧國通判，降清。

徐登禧，字五台，馬平人。寧國推官，調。

鍾鼎，字凝之，崇德人。崇禎十年進士。涇縣知縣，遷寧國推官，與推官謝浤降清。

劉廷獻，永安人。舉於鄉。知縣，謫寧國知事，去。

俞璧，字二如，滋陽人。崇禎十六年進士。黟縣知縣，調宣城，降清。

馬象乾，仁和人。太學生。宣城主簿，去。

徐必遠，貴陽人。崇禎六年舉於鄉。宣城教諭。入清成進士。

畢繼芳，錢塘人。南陵主簿，降清。

葉承光，字咸庵，彭澤人。崇禎十三年特用。歷長洲、宜興知縣，調寧國，修城，建明倫堂，歸。不應清召，以孝友表率鄉里，卒年七十。

劉思元，字惟淵，建昌新城人。崇禎十五年舉於鄉。寧國知縣，調。

楊名遠，字君實，蒲州人。恩貢。寧國知縣，降清。

陳天錫，字彦晋，天興長樂人。崇禎三年舉於鄉。旌德知縣，走。

陳模，不知何許人。吏員，旌德典史，歸。

藍之鼎，巴陵人。旌德典史。爲人廉能，潰兵掠殺，率民兵數千守烏嶺、新嶺，未幾去。

沈應禎，石埭人。歲貢。旌德訓導。

郝明徽，字彦白，雲夢人。崇禎三年舉於鄉。太平知縣。良玉兵東下，城守，坐事罷。

黃耳鼎賄薦。清迭召不出。

劉炎，建昌廣昌人。崇禎十二年舉於鄉。太平知縣，去。

胡拱極，鄞縣人。歲貢。

楊名遠，莆田人。歲貢。太平訓導。

陸起元，字元兆，鄞縣人。萬曆四十六年舉於鄉，武城知縣，遷徽州同知，歸，憔悴死。

吴希孟，字孟醇，貴池人。歲貢。長興教諭，遷徽州教授，真率簡易，力振風雅。

劉日燿，字發伯，桐城人。歲貢。歙縣教諭。隱合明山，不入城市三十年，卒年九十一。

朱之垣，馬湖人。崇禎三年舉於鄉。休寧教諭。

吴江鯨，字伯吸，番禺人。崇禎十三年特用。祁門知縣，走。

廖吉人，字拜身，廣州龍門人。崇禎六年舉於鄉。黟縣知縣，歸。

張昌亮，全州人。崇禎十五年舉於鄉。黟縣知縣，乞師黄道周，加監紀，立忠孝大社，命弟五領之，應金聲兵。九月，敗績陽山寺、漁亭，入廣信山中，五死。永曆二十七年，昌亮被執，清命不究，不知所終。

劉大佑，字九峯，彭縣人。天啟四年舉於鄉。績溪知縣，卒官。

萬日吉署蕭瑄，字五雲，建水人。崇禎九年舉於鄉。史可法薦滁州知州，降清。

李繩勳，江陵人。萬曆四十三年舉於鄉。滁州知州。

許啟心，廣德人。滁州學正。馬士英過，諸生閉門拒之。士英檄指揮黎世勳出，按以軍法。次日，檄署州陳兆勳查勘，啟心爭曰：「無預諸生事。」乃已。

宋欽式，不知何許人。選貢。滁州學正，降清。

劉惟謙，廣陵衛人。恩貢。全椒知縣，降清。

何九達，字行可，彭澤人。選貢。來安知縣，歸，卒年九十二。

庾嗣衮，靈川人。崇禎三年舉於鄉，來安知縣。

戴文鋒，字弢之，句容人。崇禎十五年舉於鄉。和州學正，降清。

吴元臣，臨安人。含山知縣。

夏時，字頤庵，新建人。崇禎十三年特用。廣德知州。

盧承芳，字譽長，仁和人。選貢。署建平知縣。爲政寬仁。清兵至，去，民留不得。

劉峙，靈璧人。建平訓導，隱。

陳自儀，字湛園，石埭人。歲貢。建平訓導，隱。

何光斗，字青洲，不知何許人。清河知縣，遷監餉同知。

梁穀，字元錫，南陵人。選貢。通判。拒徵。

潘文雋，字彦先，婺源人。副貢。通判。隱居講學。

徐章積，池州建德人。舉孝廉。監紀通判。

馬光國，字霽軒，亳州人。崇禎十二年舉於鄉。推官，走揚州歸，卒年八十五。

沈壽旭，字鏡夫，宣城人。推官。

潘顯道，字煥斗，婺源人。選貢。推官。授徒。

程端德，字午公，休寧人。恩貢。知縣。隱泰州。

桂天斗，字凜北，貴池人。太學生。主簿。上六事，陞縣丞。

濮陽長，字長公，廣德人。恩貢。從陳函輝南社，又立桐溪大社，授教諭。

張秉貞，字坤安，桐城人。崇禎四年進士。官下江防參議。流寇迫，甲胄視師，陳户曹七事。調順寧，平五馬賊，轉南瑞參政。十七年十月，以僉都御史巡撫浙江。潞王常淓監國，擢兵部尚書。清兵逼，與遊擊馬化龍從常淓迎降。終兵部尚書。

化龍，大興人。時浙、閩司道：

詹應鵬，字翀南，宣城人。萬曆四十四年進士。自員外郎歷嘉興知府僉事，勤於吏事，海氛未靖，多方籌備。遷杭嘉湖參政。

譚元方，字正則，景陵人，舉人元春弟。天啟四年舉於鄉。歷高苑、汶上知縣，蘇州同知，柳州、盧州知府，安盧僉事，招流亡，散妖黨。累轉河南副使、浙江參議。國亡，隱東陽，被執不屈死。二女經死。

紀騰蛟，字兆虬，膠州人。崇禎十六年進士。歷武選主事、户部河南司員外郎。弘光初，巡視兩浙漕務，調寧紹台參議。紹興亡，爲僧。

王調鼎，字伯和，濰縣人。崇禎四年進士。歷獻縣、華亭知縣，創立石塘。轉禮部主事、吏科給事中、金衢副使。國變，募兵勤王，陞金衢嚴參議。

周繼昌，不知何許人。温處參議。

李于堅，字介止，清流人。崇禎四年進士。歷汾州推官、禮部郎中、江西僉事、浙江督學副使，歸。子言，事别見。

吴簡思，武進人。崇禎四年進士。歷户部主事、東昌知府、嶺南僉事、杭嚴副使，降於清。

劉士璉，復州人。崇禎四年進士。下川南僉事，發叙馬兵三千守成都。調寧紹副使。

林徽初，晋江人。天啟五年進士。嘉湖副使。

郭士豪，字光斗。舒城人。選貢。文章與章世純、艾南英、陳際泰齊名。自御史出爲金衢副使，卒官。

唐士嵘，字崝甫，無錫人。崇禎七年進士。歷徽州教授、國子助教、祠祭主事、歸德知府，捐奉修城，力守拒寇全城。調嘉興。時當選妃，力折内臣不擾。遷浙江水利副使。杜門。

謝鼎新，字海觀，溧陽人。崇禎七年進士。山陰、寧晋知縣，累陞温處僉事。子球，事別見。

何永清，字堪源，褒城人。崇禎十年進士。青州知府。北京亡，欲起兵恢復。南下，遷台海副使。爲僧石門山。

錢志騶，字六謙，丹陽人。崇禎十三年進士。温處金衢僉事，遷浙江水利副使，降於清。

沈在宥，字元弢，長興人。崇禎七年進士。歷工部主事、漳州知府、漳南參議，調興泉，卒。

夏尚絅，字中美，江陰人。崇禎四年進士。官兵科給事中。時京畿淩濠，耗費百萬，上言：「連年塞垣失守，門庭無恙。如塹水足拒，則去年通德、滄、濟，其爲廣川巨浸何限，而揚鞭飛渡，如入無人之境，則控扼在人，不在險明矣。今擲百萬於水濱，何如用之巖疆，使敵騎不得躪入。」不聽。歷汀漳僉事、金衢副使、漳南參政。調福建督糧。弘光時，助餉萬金。馬士英以無私進，謂「道臣而捐巨資，操守可知」，矯旨逮問。南京亡，悲憤不食死。妻趙、女貞姐、子婦唐留北京，北京陷，經死。

越其杰，字自興，新貴人。萬曆三十四年舉於鄉。俶儻好奇，能詩文騎射。天啟初，授夔州同知。奢崇明反，樊龍據重慶不下，巡撫徐如珂命督馬湖、遵義軍赴瀘，還躡寇大破之，斬首萬餘級，江水爲赤。進敗龍重慶，斬寇萬餘，復其城。累遷貴州監軍僉事，忤上官罷。崇禎時，起霸州副使，以貪遣戍，久之，起充事官，監軍鳳陽。安宗立，妻弟馬士英枋國，薦擢兵部右侍郎、僉都御史巡撫登萊。八月，移汝南、黄、潁、亳，給銀十五萬兩募兵屯田，總兵黄昇請牛種興屯。其杰督劉洪起、黄鼎、毛顯文恢剿豫、楚，同時以張縉彦爲總督兼巡撫開、歸、河南，督王之綱、許定國、李際遇防河，征剿河北潼關。其杰留潁、壽、沈丘不進，旋命合淩駉防虎牢。其杰老憊不知兵，蕭應訓復南陽、泌陽、舞陽、桐柏來獻捷謁之，故爲尊嚴，厲聲詰責，詆之爲賊，遂萌異心。自是行部過諸寨，皆閉門不出。其杰大恚，謂陳潛夫使之，譖之士英罷去。弘光元年正月，會高傑睢州，定國郊迎，其杰戒傑勿入城，不聽，傑遂爲定國所害。尋任防河，日惟推諉乞休。久之，以李彬代其杰。南京亡，不知所終。

彬，呈貢人。萬曆四十七年進士。授定遠知縣，修城練兵，招徠流亡。遷壽州知州，入爲文選主事，以言事下獄。起原官，累陞山東參議、吏部郎中。弘光元年五月，以僉都御史巡撫河南。南京亡，混跡編氓，人莫知其爲開府也。

時河南疆吏：牛光斗，鳳縣人。恩貢。祥符縣丞。河決振多全活，累陞開封知府。清兵至，走。子一豸，歲貢。固原學正。王輔臣招，不應。

朱若星，不知何許人。李猶龍檄署陳留知縣。

呂翕如，字正始，清苑人。崇禎十三年進士。杞縣知縣，城陷逮，降清。

李經，富平人。吏員。杞縣典史，攝知縣。

魏文炬，柏鄉人。選貢。太康知縣。

劉嘉禎，字永符，武定人。天啟元年舉於鄉。尉氏知縣，以循良稱，歸。清强起永康知縣，不應，叫號投井死。

方重朗，臨清人。選貢。扶溝知縣，降清。

杜植之，温江人。恩貢。陽武知縣。

李愈華，不知何許人。原武知縣。

張聘雲，大理太和人。封丘知縣，勤於撫字，不知所終。

麻光宇，字炤寰，冀州人。恩貢。封丘縣丞，隱。

嚴廷選，朝邑人。天啟四年舉於鄉。延津知縣。

孟淩雲，真定趙州人。選貢。蘭陽知縣。

張九鼎，崞縣人。選貢。德平知縣，拒寇全城。調儀封，歸。

田而秀，山西人。選貢。新鄭知縣。田世甲，不知何許人。新鄭知縣。

王揆疇，清苑人。舉於鄉。商水知縣。

王仁宇，不知何許人。商水知縣。弘光元年四月，城陷走。

胡廷佐，平涼人。功貢。西華知縣，禽巨盜李鳴，修城馭兵，不擾民，憂歸。

吴汝璣，字玉衡，徐州人。諸生。上書丁啟睿，招入幕。疏薦西華知縣，修城垣，嚴斥堠，招忠義全城，歸。清徵不出。

趙應宏，含山人。歲貢。項城知縣，修城建學。傅宗龍死，寇大至，力拒得全。李自成官至，乞師不得，去。

翁聲業，錢塘人。舉於鄉。項城知縣。

曹毓芳，永昌衛人。崇禎十六年進士。項城知縣，歸，不入城市。

武傑，陽城人。天啟元年舉於鄉。沈丘知縣，城守有功，隱麻樓山。

王夢鼐，江陰人。崇禎四年進士。襄城知縣。

馬鈺，不知何許人。郾城知縣。

白鍾靈，延安安定人。天啟七年舉於鄉。郾城知縣。

邵承宗，字纘緒，淮安桃源人。歲貢。郾城教諭，歸。

蕭時望，遼東人。歲貢。禹州知州，逐武剛，振飢多全活。

東。

成其志，汾州人。歲貢。密縣知縣。

王恒言，慈谿人。崇禎三年舉於鄉。滎陽知縣。

劉明彦，郘陽人。恩貢。平谷知縣調滎陽。國亡入山，清薦不應。

朱民仰，井研人。崇禎十三年特用。滎澤知縣。

王堯憲，南鄭人。崇禎三年舉於鄉。河陰知縣。

馮一俊，蒲州人。天啟元年舉於鄉。河南知府。自成兵退，命仍故官，去。

修廷獻，單縣人。崇禎十年進士。河南知府，降清。

鄭濂，字崑安，廣安人。選貢。河南同知。後避兵貴州。弘光元年卒。

唐之材，字用軒，遼東人。舉於鄉。袁州推官遷河南同知，署知府，拒寇有功。隱居安

張正學，同州人。崇禎十三年進士。雒陽知縣。自成兵退，仍故官。

李時華，遼東人。歲貢。孟津知縣。

甘景平，不知何許人。宜陽知縣。

楊可建，威清人。崇禎九年舉於鄉。永寧知縣。

田可久，高平人。澠池知縣。

楊懋官，字德懋，江夏人。副貢。嵩縣教諭，歸。

伍燮元，盩厔人。選貢。盧氏知縣，有德政。令武新化至，民護送歸。

張璞，猗氏人。選貢。遼東通判，遷陝州知州，杜門。

朱國佐，滋陽人。天啟四年舉於鄉。靈寶知縣。

馬藩錫，商河人。副貢。歸德通判。兵後勞徠，攝睢州知州，禽土豪二十人，歷署七縣，終養歸。

吴迪，字康民，吴縣人。諸生。歸德通判。與子鏜、鏗、鏘、鎬隱靈巖山。

張國華，字雯卿，嘗熟人。崇禎十七年選貢。歸德通判。

姚士恪，字季寅，嵩江華亭人，尚書士慎弟。歲貢。歸德推官。

馬汧朱，柳州懷遠人，崇禎十三年特用。商丘知縣。

卞進，丹徒人。選貢。史可法疏薦商丘知縣，歸。

伍可教，濟寧人。選貢。寧陵知縣。

吴應乾，徐州人。薦舉。夏邑知縣。

盧士恒，淮安桃源人。夏邑知縣，廉能，隱。清徵不出。

黄鉉，黄岡人。崇禎九年舉於鄉。永城知縣。遷兵部主事，未赴。

李鑄實，北直人。虞城知縣。

祕業捷，字射斗，晋州人。崇禎三年舉於鄉。虞城知縣，降清。

程紹儒，歙縣人。天啟四年舉於鄉。睢州知州，憂歸。

胡靳忠，不知何許人。睢州知州，降清。

楊啟元，豐潤人。舉於鄉。考城知縣。

劉附鳳，邯鄲人。萬曆四十三年舉於鄉。真陽知縣，遷汝寧同知。

姜士傑，膠州人。選貢。新蔡知縣，剛正廉明，手誅首畔，力守全城，去。

胡進孝，北直人。遂平知縣，去。教諭魏光耀，降清。

江衍汶，字孝尼，即墨人。萬曆四十六年舉於鄉。平鄉知縣，遷信陽知州。崇禎十五

十六年拒寇，歸。國亡杜門。

張國珍，字雲飛，嘗熟人。崇禎十七年選貢。信陽知州去。

許登龍，通海人。崇禎九年舉於鄉。羅山知縣。負才畧，入山死。

蔡國禎，長安人。崇禎三年舉於鄉。光州知州，降清。

魏心，字藩祚，濟寧人。舉於鄉。固始知縣，拒自成官。

倪文純，字杜青，海州人。歲貢。歷太和訓導、壽州學正。守城拒寇，單騎説降英、霍、

潛、太諸寇。可法疏薦太和知縣，調息縣，歸。

談從吉，洋縣人。恩貢。息縣知縣，城守，自成兵至，死。

于拱極，字微垣，澄城人。崇禎四年進士。鄖城知縣，調商城，隱石門。

寧胤昌，字麟趾，潁州人。商城知縣，政清爲天下第一。

謝傳顯，安邑人。舉於鄉。南陽知府。

韓騰芳，字茂遠，江陰人。中城兵馬指揮，忤璫謫貴州，以禽苗功，遷南陽同知，隱。

温啟知，三原人。副貢。南陽推官。

仇寧，楚雄人。崇禎六年舉於鄉。南陽知縣，從應訓，復泌陽、舞陽、桐柏，降清。

程士賢，保定新安人。唐縣知縣。

江海宴，真寧人。恩貢。桐柏知縣。

尚用光，山東人。南召知縣。

龔新，新建人。崇禎三年舉於鄉。内鄉知縣。

張之珍，字玉溪，安寧人。萬曆四十年舉於鄉。綿竹、沙河知縣，遷裕州知州，拒寇全城。

唐光先，西安咸寧人。天啟七年舉於鄉。裕州知州。

胡育英，高淳人。舉於鄉。舞陽知縣。

徐珩，山東人。選貢。葉縣知縣。

劉拯，字以仁。桂林永福人。天啟四年舉於鄉。新淦知縣，遷懷慶知府，歸。

王家慶，陽曲人。崇禎九年舉於鄉。懷慶推官，降清。

楊于階，代州人。選貢。濟源知縣。

馬聰，廣平人。崇禎三年舉於鄉。武陟知縣。

唐文燿，馬平人。崇禎六年舉於鄉。孟縣知縣。

宋希賢，鄧川人。崇禎六年舉於鄉。温縣知縣。

文運衡，西安三水人。萬曆三十七年舉於鄉。衛輝知府，與推官王支譶降清。

崔爾竑，膠州人。選貢。新鄉知縣。

朱國寶，榆林人。選貢。獲嘉知縣歸。

何天寵，山海衛人。恩貢。獲嘉知縣。閔依聖，不知何許人。獲嘉知縣。皆降清。

崔庚，字長庚，容城人。萬曆四十年舉於鄉。淇縣知縣。

紀國相，字弼廷，開原人。歲貢。輝縣知縣。降清。

張允恭，掖縣人。天啟二年進士。彰德知府。

王四維，汾州永寧人。萬曆四十六年舉於鄉。郃陽知縣，遷彰德同知，平劉超亂，去。同知趙允光降清。

高輔宸，不知何許人。安陽知縣，降清。

沈奕琛，普安人。崇禎九年舉於鄉。湯陰知縣，降清。

周廷祚，臨汾人。舉於鄉。林縣知縣。

周來鳳，富平人。崇禎六年舉於鄉。磁州知州，政平訟理，降清。

周元泰，字春霽，瀘州人。崇禎六年舉於鄉。授黄陂知縣，仁慈明斷。兵譬，率陳壽夜坐城傳籌。總兵秦甲過邑，兵畔，引入城，兵譁圍發礮，一城大震。元泰斶銀犒不反者，執反者二十人斬之，事乃定。遷南京廣東道御史，疏請料理楚、蜀上遊。北京之變，王永吉棄地南下，元泰疏劾之曰：

永吉侈談方畧，釣譽獵聲，先帝超級升遷，授之東撫。及清兵東向，堵禦無術，不閲月，連陷七十餘城。登撫曾櫻地偏一隅，兵單將弱，陷一城則一城報。永吉擁有全齊，兵權在握，敵走於前，兵尾於後，不報陷城而報復城。故同一失陷也，櫻則爲罪，永吉則爲功，居然改撫爲督矣。十七年正月，逆闖渡河，據有三晉，所望捲甲前來、保衛神京者，永吉也。乃三月十九之報闃然，而永吉安在？夫邊督擁有重兵，當真、保告急時，調度各撫，聯絡諸帥，奮臂入援，神京固金甌無恙也。即不然，當京城失守後，亦宜協同吴鎮迅掃妖氛，以報先帝深仇。胡乃削髮披緇，望風鼠竄，以羞朝廷而誤中國，負先帝特達之知，此其罪豈尋嘗逃難比。

永吉亦自疏待罪。詔責不同三桂殺賊，乃削髮先回，罪無可逭，命勘議。

元泰尋代周一敬巡按蘇、嵩、嘗、鎮，加太僕少卿。請濬劉河，提問降臣楊枝起等。清兵迫蘇州，潘爾彪與方士浙江李涵春擬城守，爲民所逐。元泰知事不可爲，微服走浙中卒。

壽，字龍伯，黄陂人。崇禎十七年恩貢。參盧象昇軍，多奇計。卒年七十。

一敬，字問寅，衢州西安人。崇禎元年進士。授海豐知縣，大飢，捐奉販米，繇海來濟。鍾淩秀犯境，拒卻之。遷福建道御史，以言事獲譴。未幾，起督臨洮鞏昌學政。調按蘇、嵩、嘗、鎮，請表章舉人張世偉、顧雲鴻學行以風世，得贈待詔。安宗立，命護送潞王常淓杭州。後坐事削籍，追贓萬兩，歸卒。

爾彪，字京慧，吴江人。崇禎九年舉於鄉。後從吴易軍，兵敗憤死。

與元泰同晋炯卿者：

宋劼，劼本名拱宸，字獻孺，溧陽人。萬曆三十一年舉於鄉。崇禎初上書，見知於孫承宗，以贊畫累遷户部郎中司東餉，兼過海料理。劉興治反，以計撫戢之，陞山東僉事。調監左良玉軍，加太僕少卿。疏言：「天下人才多壞門户，每擇一題，因豎標援陷人，則占風望氣者景附雲集，致真正介特之士不得效用。宜如楊士奇言：『以天下心官天下人，以天下官官天下才。』」又言：「臣民苟安江介，恐非所以保江介；諸臣苟存富貴，恐非所以保富貴。且人生止有此時日，人身止有此精神，大賢惜分陰，運甓舞雞，皆勞筋骨於有用。」上可其奏，已請采銅陵鉛銅資國用，遂命督理蕪采。南京亡，杜門，卒年七十六。

子之繩，字其武。崇禎十六年進士第二，授編修。降李自成，入清終江西參議。

李原立，字邃立，高陵人。崇禎七年進士。授汜水知縣。拒馬守應全城。歷輝縣、武清，户部主事，鎮江知府，歸隱。

嚴君教，字太寰，江西人。舉於鄉。鎮江同知。

張萬鐘，字扣之，鄒平人，尚書延登子。選貢。崇禎十一年，佐延登守城拒清。十五年，清兵再至，乞救丘磊全城。磊死，以萬金贖其元歸葬。授鎮江同知，卒官。

朱以寧，字幼安，南昌人。鎮江通判。

米重古，安寧人。鎮江通判。

馮良弼，字帝賚，温州平陽人。選貢。鎮江經歷。工詩文。歸隱沙崗。

張駿業，字參伯，句容人。歲貢。銅陵教諭，遷鎮江教授，隱。

關鍵，字六鈐，仁和人。崇禎十六年進士。丹徒知縣，設江水柵，禽巨盜鄧七，誅畔將劫者，歸隱。王崇簡薦不出。卒年七十九。

李沖，字稽箭，會稽人。崇禎十年進士。丹陽知縣。

許宸，字素臣，内鄉人。崇禎十三年進士。河津知縣，調丹陽，降清。

張瑞徵，紹興山陰人。金壇縣丞。南京亡，爲僧，名三密。子慧光，亦爲僧。

吴兆壆，漳浦人。崇禎四年進士。嘗州知府。

傅天錫，鄞縣人。崇禎十年進士。漳州知府，調嘗州，疾歸。

閔自寅，字人生，烏程人。尚書洪學子。萬曆四十年舉於鄉。海寧教諭、臨晋知縣、嘗州同知，遷知府，卻餽遺。北京亡，民變，斬數十人乃安。憂歸。

子賓孟，字纘祖。任錦衣指揮僉事、南鎮撫堂上簽書、中軍都督同知。死難。

郭佳胤，字如仲，寧陵人。崇禎十年進士。深州知州。謫無錫知縣，清漕弊。調睢寧，轉無爲知州，民留不去。晋職方員外郎，陞嘗州知府。有武畧，民倚如長城。清兵迫，走太湖卒。

蔡如葵，字竹坪，曲靖南寧人。恩貢。六合知縣，遷嘗州同知。

程于古，字範卿，秀水人。選貢。嘗州同知，降清。

張士璠，建昌人。崇禎十三年進士。武進知縣，罷。

沈捷，字大匡，仁和人。崇禎十三年進士。萬安知縣，調武進歸。蘊藉有文學。清召不出。

弟掄、振，負文名。振，崇禎十五年舉於鄉，亦偕隱。

林飭，字倜士，福清人。崇禎十六年進士。無錫知縣，走。

陳師泰，字交甫，黄岡人。崇禎三年舉於鄉。蘇州知府。歸里吟詠，卒年八十。

何泗，南海人。萬曆四十三年舉於鄉。蘇州同知，去。

張堯年，字祝三，安寧人。崇禎六年舉於鄉。江浦知縣，撤駐兵。遷蘇州同知，降清。

劉兆東，順天東安人。副貢。徐州同知。張鳳翔薦監紀，遷蘇州同知，未任歸。

萬適，字子貞，南昌人。崇禎十六年進士。蘇州推官，去。

徐繕之，字損以，潁州人。歲貢。蘇州教授。詩如公安。弘光元年卒官。

張以惺，懷寧人。恩貢。蘇州訓導，降清。

華祖芳，字仲芬，無錫人。崇禎三年舉於鄉。吴縣教諭，去。

陳士祥，貴池人。歲貢。

劉潤，靖江人。歲貢。皆吴縣訓導，降清。

李實，字如可，遂寧人。崇禎十六年進士。長洲知縣。中官勘西山礦，疏恐激變，罷之。杜門，卒年八十。

成一躍，海門人。歲貢。長洲訓導，降清。

趙汝璽，字熙珍，岳陽人。歲貢。吴江縣丞，恤刑愛民，二賚上供，從兵中抵京師。弘光元年，升任，去。

陸上炎，字麗天，吴縣人。歲貢。嘉定教諭，隱支硎山。

陳嘉謨，字告宸，南豐人。歲貢。太倉同知，迭舉義振。奉疏至京，折股。家居十年卒。

文祖堯，字心傳，呈貢人。歲貢。太倉學正，敦崇實學，士風興起。清兵至，僧服，青烏術自給，久之歸。次桃源，聞緬甸訃，不食死，年七十三。妻郭與女水死。子俊德，字士賓。諸生。敦品好施，吴三桂招之，力拒免。

陸一鵬，字六息，東平人。崇禎十三年進士。崇明知縣，捐振活人。大鯮賊圍城，平之。剔弊田一萬三千畝。北京亡，奸民亂，立誅畔首，朱翦茅黨均走。謫去。

徐鼎，字岱淵，紹興山陰人。尚書大化子。崇禎十六年進士。崇明知縣。公介勵名節。歸隱，卒年八十五。

葉爾喬，字豫枏，江寧人。歲貢。容縣知縣，謫崇明教諭，降清。

姚序之，字瞿石，長興人。崇禎十三年進士。都水主事，榷荆州，遷濟南知府，調嵩江，走。

趙元會，字明卿，於潛人。歲貢。歷荔波知縣、昆陽知州、嵩江同知，加僉事銜，走。

陳淳夫，大庾人。選貢。嵩江通判。

曹家駒，字千里。嵩江華亭人。諸生。薦瞿山通判，未赴。興建石塘。卒年八十二。

張大年，字鶴館，膠州人。崇禎十六年進士。華亭知縣，降清。

沈儆侂，字肇生，歸安人。歲貢。華亭教諭，歸。

徐鵬翰，字九南，海鹽人。歲貢。金華教授，遷上海知縣，涖任八日而北京亡，歸隱。卒年八十五。

彭長宜，字德符，海鹽人，御史宗孟子。崇禎十六年進士。上海知縣，衰絰涖任。爲政明敏，事咄嗟立辦，胥吏垂手無事。歸戒其妻曰：「若曹必餓死。」任事一年，官清民樂。浙東民變，川沙巨室奴火劫主家，巡撫欲發兵，曰：「民變非盜，有司治之足已，宜停追攝。」事定，全活甚衆。逋欠數十萬，清其乾没，盡卻羨餘。勸輸士民，不施敲扑，皆感悦。大旱，偏入村落視災，力請上聞，得減賦。家去治三百里，日載酒米自給。巡按將薦，會南京陷，去。遇兵死，贈考功主事。

子孫繩，字子羽；孫振，字失考，工詩，居豊山。弟原廣，字孝起，廪生。皆同死。期生，自有傳。

程章，仁和人。崇禎十五年舉於鄉。青浦知縣，去。

王辰，字斗初，安福人。崇禎十三年特用。以刑部主事典試廣西，遷揚州同知，歸。

任文石，字伯介，不知何許人。歲貢。揚州訓導。上策萬言，可法重之。隱相山下。

王道行，字沖宇，遼陽人。恩貢。息縣教諭，稷山知縣，調儀真，廉惠不擾，去。

連璧，曹州人。崇禎十三年進士。泰興知縣，走。

錢佳，字盟可，溧陽人。崇禎三年舉於鄉。泰興教諭。隱湖東，以書畫名。

孫鍾皋，字唐斌，富平人。崇禎十六年進士。寶應知縣，路振飛監紀，降清。

孫光啟，靈璧人。歲貢。興化教諭，投泮池救免。清徵不出，鄉飲不赴。

周鼎祚，晋江人。崇禎三年舉於鄉，泰州知州，歸。

張宏弼，霑化人。崇禎七年進士。泰州知州，去。

李丹衷，嘉興人。崇禎十六年進士。如皋知縣，降清。

李公孝，泗州人。歲貢。如皋教諭，歸，卒年八十五。

唐煜，字殿昭，莆田人。崇禎十三年進士。山陽知縣、寧國推官、通州知州。

李鄴，大興人。舉於鄉。通州知州，走。

馬之光，字實符，六安人。崇禎十二年舉於鄉。通州學正，降清。

劉士林，字芳春，安福人。崇禎三年舉於鄉。海門知縣，去。

龍應鼎，字禹九，不知何許人。海門教諭，降清。

程之渾，字内昭，黄安人。副貢。歷宜興知縣、鎮江通判、揚州同知、淮安知府，去。

弟之渡，字葦如。諸生。左夢庚兵至，被執大駡死。

葉幹，字伯貞，金華人。萬曆四十六年舉於鄉。石埭知縣。捍拒有功，遷淮安同知，去。

康良獻，不知何許人。淮安同知，助振飛守城。

樊維師，字尚父，黄岡人。副貢。淮安推官。工詩文，隱寒溪。

中其學，不知何許人。清河知縣。

連壇場，武安人。崇禎十六年進士。鹽城知縣，走。

林之平，字可均，莆田人。崇禎九年舉於鄉。安東知縣，降清。

魯孜，山西人。舉於鄉。桃源知縣。聞北京亡，走。

侯方岳，字仲衡，商丘人。祭酒恪子。兄方鎮死難。方岳，選貢，史可法薦桃源知縣。

白汝純，字太素，遼東人。選貢。桃源教諭，作人甚盛，流寓終。縣丞陳紀降清。

石煒然，黄梅人。歲貢。沭陽知縣。

臧敏中，甘州人。選貢。贛榆知縣。

劉天奇，慶陽安化人。贛榆縣丞。

楊芝玉，不知何許人。邳州巡簡。

黄光煒，字啟光，羅山人。天啟七年舉於鄉。歷吉州知州、雷州同知，歸。李自成欲官之，不應。南下，調河務同知。

袁伯瓛，字稚圭，郴州人。歲貢。宿遷知縣，走。

蔡廷簡，遼東人。恩貢。宿遷知縣。

張守身，不知何許人。宿遷知縣。先後走。

宋一坤，瀋陽人。選貢。睢寧知縣。

陳君錫，盧龍人。恩貢。睢寧知縣。

唐元皋，廣西人。舉於鄉。豐縣知縣。

譙拱極，四川人。舉於鄉。豐縣知縣，爲政剛明，以憂去。

劉繼遠，字仁宇，奉新人。豐縣主簿。請移老弱河南，招兵守險。武愫至，招降不從。圍急，血書乞救於可法。禽愫、范道顯，陞知縣。清授原官，力拒，南依可法。可法死，入山，稱遺臣終。

沈文仲，浙江人。豐縣主簿，愫至，去。

陳彝序，字伯倫，江寧人。崇禎十五年舉於鄉。豐縣教諭，歸。

馬如融，字狂髯，懷寧人。歲貢。豐縣教諭。爲人端方，痛哭去。

黄鍾，榆林人。選貢。嶧縣知縣。執法不阿，歲荒免徵，民食其德。調沛縣，北京亡，走。

鄧橋，南城人。沛縣主簿。崇禎十七年七月，以縣印南歸。十月，清兵陷沛。

茹鳴盛，遼東人。舉於鄉。蕭縣知縣，隱。

胡永寧，字康伯，淮安桃源人。選貢。虞城知縣。民力不完課，以奉入抵解。調蕭縣屯田，隱。清薦力辭。可法揚州城守急，以子以愚託之，後妻以族女，且撫之成立。

袁國祥，徐州人。太學生。歷光禄正、宛平知縣。終養歸。可法起屯田通判，改蕭縣知縣，安輯流亡。清兵至，走。

高應魁，紹興山陰人。太學生。蕭縣主簿，有智畧，土寇芟麥禾，隨宜捍之，遂不敢犯。

兵至，去。

易世璧，字崑良，雩都人。選貢。碭山知縣。修城練兵。寇至出戰，追及河南。後寇大至，又破之。先碭有君子營，士子組之，諸生汪大受倡其事，諸生胡士豸、汪廷對長之，加守備銜，營哨賈以謙、徐珍、范孟夏、豆鴻賓、李起先、李振奇各千總，可法屢旌之，故寇不犯。至是又以守備楊鼎鼐爲練總，有保障功。憂歸。

趙承鼎，靈璧人。諸生。從高傑軍，招程繼孔，授碭山知縣，降清。

劉承傑，不知何許人。碭山教諭，有學行。聞清兵至，曰：「國破矣，何以官爲！」乃去。主簿王應昌、典史胡晋錫慕其義，同日去。

又陸奮翼，宿遷人。功貢。薦賢良方正。授通判。

楊良弼，字巖公，金壇人。崇禎三年舉於鄉。監紀推官。

孫永祚，字子長，嘗熟人。選貢。推官。清召不出。

惲于邁，字涵萬，武進人。恩貢。推官。爲僧。

黄應蛟，遵義人。進士。知縣。爲僧，名明直，字白雲，與弟應雄隱合州。

周叔璜，宜興人。崇禎十七年選貢。知縣。

潘紹顯，字景純，宜興人。郎中守正子。副貢。陳急策三事，授知縣。清召不出。子廷瑜，字君欽，去諸生。

程如嬰，字晏如，江陰人。恩貢。知縣。寺居。

蔡德濟，字宇楫，丹陽人。選貢。知縣，隱。

成明義，字喻仲，寶應人。知縣。歸隱汜水。

黄珙，字廷輝，興化人。崇禎十七年歲貢。廷對而北京亡，不屈歸，授知縣。

戴祐，泰興人。崇禎十五年舉於鄉。知縣。

陳尚仁，字壽之，嘉定人。潞府長史，孝友，歸隱。

周燦，字光甫，吴江人。崇禎四年進士。授宣化知縣，調會稽，以治績稱。遷浙江道御史，巡按江西。入境，屬吏皆命役具揭迎，獨某邑以厚幣。燦怒，留役不遣，吏恐乞歸，召諭之，令聞解組去。時張獻忠連破袁、吉，南昌大震，羽書旁午。巡撫郭都賢杜門束手，燦躬率兵登陴巡隘，復調兵討寇，二郡恢復。特疏兵餉事宜，以楚疆決裂，請敕行間諸臣併力夾攻，藉保南直。復請南漕二糧各折半，以甦民困；並止九江分關，用卹商艱。

安宗即位，惠王常潤淮住廣信，上言瘠壤巖疆如江右，諸王星列棊布，何處再堪位置，情詞懇切。宗室統鍬阿馬士英指，醜詆姜曰廣，並誣楊廷麟不規，曰廣去位，燦抗疏劾統鍬讒人誤國。又言廷麟聞北京失守，徒跣號泣，願破家恢復，事雖中沮，而其奮不顧身以赴國難，乃有實心，有何他念，得此異謗，遂不問。又奏復艾南英舉人，請召用傅冠、熊明遇。士英甚之，罷歸。結詩社，以追悼國事。痛哭失明，未幾卒。

同時李嗣京，字嘉錫，句容人，大學士春芳曾孫。崇禎元年進士。授南昌推官，復孫、許六忠祠。遷浙江道御史，上剿撫失宜疏。巡鹽河東，改按福建。國亡杜門。

陳丹衷，字旻昭，上元人。崇禎十六年進士。疏薦副總兵成大用，招廣西土兵，力掃羣寇。威宗大喜，即授河南道御史巡按廣西，徵廣西賦爲兵餉，練狼兵備調。安宗立，宣諭江北，薦王燮爲東撫。旋代黄澍按湖廣。忤士英，改長沙知府。未行而南京亡，爲僧名道昕。

沈向，字德一，上元人。萬曆四十三年舉於鄉，授巫山知縣。一根鬚入寇，率民固守完城。楊嗣昌至夷陵，請撫臣以二萬人順流下，閣部以大兵夾攻，可立盡。不用。遷山東道御史。張若麒貪功喪師，復逃寧遠，疏請正罪。巡漕陳漕弊十八款，衛弁讋服。改廣東道。後代丹衷按湖廣，歸，隱卒。

張懋禧，字伯光，膠州人。崇禎七年進士。以四川道御史代向按湖廣，降於清。

王庭梅，字元調，嵩江華亭人。萬曆四十一年進士。授刑部河南司主事，遷員外郎，出爲饒州知府，調廣信，陞井陘副使，移杭嚴，歷温處參議、浙江按察使、右布政使、福建左布政使，入爲順天府尹。安宗立，改應天。清正有操守，以事削籍。南京亡，與弟庭柏隱居卒。

庭柏，字元成。萬曆四十七年進士。歷邵武推官、工部主事、員外郎。

同時應天屬吏：譚宗元，攸縣人。選貢。南京車駕主事，遷應天治中。

趙其昌，永清人。崇禎六年舉於鄉。應天治中。北京亡，大修城隍，置墩臺，兵械營伍一新，禁詰奸邪，輦轂賴之。陞户部福建司郎中。

王修文，分水人。選貢。鎮江通判，遷應天治中，忤歸。卒年九十。

沈循，字璇卿，仁和人。任應天通判。南京亡，走。

董梅鼎，臨桂人。崇禎六年舉於鄉。應天推官，降清。

陳慎，字永修，高郵人。歲貢。應天教授，歸隱。

李正茂，字生周，洪洞人。崇禎十三年特用。沛縣知縣。十七年五月南走，改上元。庭梅去，權應天府尹，降清。

劉汝忠，新會人。萬曆二十五年舉於鄉。陸川知縣，有弭盜功。調江寧，降清。

王學鏡，石阡人。崇禎十二年舉於鄉。紹興炤磨，累遷句容知縣。

李思謨，字承伯，浮梁人。崇禎十六年進士。溧陽知縣，留意教養。馬士英令各邑生童分等第納銀免府縣試，獨不奉行，走。

游應龍，字雲石，安陸人。崇禎三年舉於鄉。溧水知縣。左良玉兵亂，隱卒。

徐進可，字南徵，應城人。尚書養量從子。天啟四年舉於鄉。溧水知縣，未任而南京亡。

典史方至道降清。

李素，字純白，宜春人。崇禎十三年特用。高淳知縣，以德化民，去。

屠大棟，會稽人。高淳縣丞，與訓導竇應茂降清。

田安國，京山人。天啟元年舉於鄉。江浦知縣，走。

沈之瀾，烏程人。歲貢。江浦教諭，降清。

沈起蛟，字北源，長興人。萬曆三十七年舉於鄉。六合知縣，編審公慎，田畝均攤無輕重。

又林登儁，江浦人。諸生。以城守功，授通判。清徵山林，力拒。

荆廷儼，字汝望，丹陽人。崇禎十七年恩貢。推官。

王象坤，字拙庵，溧水人。崇禎十七年恩貢。判官。

張欽鄰，字敕成，江浦人。歲貢。訓導，任地均不詳。

吴之仁，字育萬，臨川人。萬曆四十一年進士。授中書舍人，遷湖廣道御史，劾大學士周道登，陳用兵機宜、京營操練，巡視北城，兼理九門鹽法。晋太僕少卿。魏忠賢兄雙樓恣睢於市，之仁笞之，京師肅然。巡關，覆新故兵餉，於内臣無加禮，劾總兵王威不少徇。會兵小譁，忠賢矯詔閒住。崇禎初，起視鹺兩浙，修建壐塘。轉延建副使，寇起力守。陞湖廣按察使，擢左布政使。北京亡，痛哭去，行至蒲圻，不食卒。

同時湖廣司道：督糧參議馮祖望，字元呂，武進人。崇禎四年進士。歷瀏陽、商城知縣，修城招寇。轉户部主事、郎中，擢督餉，北上聞變歸，杜門卒。

武昌參議柴紹勳，字鴻生，仁和人。萬曆四十一年進士。嘉定知縣，請蠲漕粟十五萬石。累陞廣東、淮揚僉事，治巨盜擢。

下荆南參議郭守邦，襄陵人。萬曆四十年舉於鄉。歷新安、滑縣教諭，淅川知縣。楊嗣昌薦監紀通判，累擢，單騎散寇十萬。歸。清起不赴。

上荆南參政趙振業，字在新，益都人。天啟五年進士。邯鄲知縣，不建忠賢祠。遷雲南道御史，劾吏、兵二部尚書徇黨，語及温體仁。督學南直，拒體仁託。轉川北參議擢，立堡守禦。熊文燦主撫，力持不可。出奇破賀一龍。寇至，堅拒完城。降清，爲平定英、霍。子進美，事别見。

荆西參議簡命世，字青巖，巴縣人。崇禎三年舉於鄉。歷應城、漢川知縣，守城有功，遷承天推官，署沔陽知州，擢歸，久之卒。

上湖南參議李仲熊，字滄嶠，永年人。崇禎四年進士。授中書舍人。以御史巡按廣西，劾罷貪墨，辨釋冤獄數大案，再糾巡撫林贄玩寇，有真御史稱擢。母病歸。

黄士藻，字玉庵，南安人。崇禎七年進士。平湖知縣，累擢。

下湖南參政郭時亮，富順人。萬曆四十三年舉於鄉。安平參政，撫朗岱夷，一介不取，調歸。

黄近朱，字侍六，長壽人。天啓二年進士。文選主事、郎中。出爲下湖南參議轉。國亡，與御史廖迴瀾，川中鄉官李卓、李開先、陶月沙、劉桂圃、毛萇源、陶德陞、熊克起、譚名正，僧淨石，結社石硅。卓，字花溪，進士；開先，字傳一，皆長壽人。

上江防參議許國翰，字柱宇，涇陽人。天啓二年進士。儀封知縣，累遷上荆南僉事、兖東副使，擢練水師火敵舟，清積寇，降清。

下江防參議黄堯彩，字嗣眉，九江德化人。天啓七年舉於鄉。思州推官，遷知府，苗亂，妖僧田文澤應之，官兵敗。單騎出城四十里，集兵大戰觀音山，禽之。累擢。母老乞休。國亡，避居辰州苗菁五年，間歸卒。

武昌副使陶珽，字稚圭，姚州人。萬曆三十八年進士。歷户部四川司主事，福建司員外郎，山西司郎中，大名知府，隴右、遼東副使。從袁崇焕籌邊運餉，崇焕死，謫寶慶知府，平天王寺亂，修城建臺，杖岷府較尉，去。晚以詩名。家居，拒寇死。

下荆南副使孔貞會，字青城，句容人，貞運弟。副貢。歷汝寧通判、固始知縣，平土寇鄭貴。丘二毛勢張，設方畧斬之。衆合九曲賊，獻忠至，追破之於水屯、黄埠間。因浚濠築城，寇遂不敢犯。文燦檄充汝寧監軍僉事，督龍在田捷雙溝，大破羅汝才當陽豐邑坪，白貴、武自强等降。尋從總督楊文岳以川兵屯汝寧，兵潰，登陴守，城破，被執得脱。久之，起監豫、楚軍。南京亡，歸。

上荆南僉事張國運，臨潼人。功貢。承天通判累擢。

湖北僉事劉之沂，博興人。萬曆二十六年進士。

上湖南僉事向鼎，涪州人。天啟五年進士。

下湖南副使馮雲起，字君含，長洲人。天啟五年進士。鄞縣知縣累擢。助何騰蛟守長沙，署湖廣按察使。

辰沅副使汪士英，不知何許人。

湖廣監軍參議周乃浹，字伯霖，即墨人。歲貢。遠安知縣，保鳳山，寇不再犯。遷黄州同知兼監紀。可法薦擢。

趙元卿，珙縣人。選貢。

夏萬亨，字元禮，崑山人。萬曆四十六年舉於鄉。授婺源教諭，遷西華知縣。河南兵起，萬亨修備甚嚴。居三載，調夏邑。地小不足以用武，有鈔掠城下者，單騎開門諭之，或不聽命，則曰：「寧殺我，毋殺我百姓。」寇乃相驚異，稱爲好官，不殺一人而去。永城劉超畔，丁啟睿率軍討之，屯聚者且數萬，軍需器械不缺於供，萬亨力也。

安宗立，奉命迎太后，擢江西布政使，言者以爲驟，改南瑞僉事。初至，給兵餉，贏十之一，詰之吏，吏曰：「故事爲公所得。」正色曰：「侵牟軍資，豈我所爲，況今何時乎！」保寧王紹炬避兵南昌，其舍人恣横無狀，執而笞之，一府洶洶，露刃作難，民憤怒，將焚王府，萬亨撫定之。尋晋按察使，署布政使。南京陷，奉母至撫州，屬於門生。時南昌已爲金聲桓所據，列郡望風潰，萬亨乃入建昌，奉益王慈炲起兵，送捷旴山北。保寧王紹炬携貳，兵敗，城受圍。萬亨城守，清日夜攻不下，死傷多。紹炬開門迎清兵，慈炲走。七月朔，城陷被執。聲桓以其能得民，將藉以撫徇諸郡，曰：「公從我，當大任。」萬亨賦絶命詞見志。聲桓械送武昌，與王養正等同遇害。妻顧，子日省妻陸，孫祥生，孫女瑞姐、催姐，皆先赴井死。

僕俞忠夫婦、兒女四人，及鄒顯、莊武、趙童、陳大郎，乳媪某，婢王、如意、金梅、來喜，水死者二十餘人。日熙妻張奉萬亨等骨依故將部國本，事定得歸。

王相說，字懋弼，泰州人。天啟二年進士。授袁州推官，明斷無留牘，遷四川道御史，不半年疏四十五上，云：「民窮在有司四弊，在地方四弊，在衙門四弊，在功令四弊，乞選擇賢吏。」又請復召對，命即旨行。會温體仁、錢謙益爭相，體仁指謙益爲黨，相說抗言：「人臣不可言黨，人心當先息爭。凡言黨者必有爭心。體仁欲以黨字塞言官之口，則自體仁言黨，羣臣始無黨而有黨也。」出按山西。巡撫耿如杞入援師潰，邊兵反，殺兵道守將，相說單騎撫之，而案令自推首事數十人，斬以徇。潰兵反畔，掠入境，相說會同仙克謹同日起兵。抵暮，偵報克謹中刺，相說領其衆。次襄陵，檄秦撫絶河以防逸寇，不數旬，殄寇殆盡，餘二十七騎渡，秦撫不敢遏，是爲李自成之始。轉下江防參議歸。崇禎十五年，起江西督糧參政，寇作，轉餉無乏。左良玉東下大掠，委曲開諭，兵乃戢，漕運以通。乞歸。家居十餘年卒，年七十六。

時江西司道：錢喜起，字賡明，仁和人。崇禎十三年進士。歷永豐知縣、屯田主事、虞衡郎中，出爲南昌知府，轉江西糧儲參議。國亡大哭，坐卧小樓三十六年卒。

謝宗澤，字麗卿，海澄人。萬曆四十四年進士。歷户部主事、員外郎，長沙知府，公平廉明。遷南瑞參議。隱犀天山。

金肇元，字司杓，東陽人。天啟二年進士。歷嶺北副使、湖東參議。

張拱璣，字羣玉，内江人。崇禎四年進士。歷莆田知縣、福府評事、湖西參議，隱。已與顧夢遊、韓宗騋以詩得罪，逮免。

巢崑源，字鳴則，武進人。崇禎十三年特用。吏部司務，累遷江督監軍僉事，轉饒南、九江參議。

陳肇英，字燦若，烏程人。崇禎四年進士。歷應天教授，國子博士，職方主事、郎中，撫州知府，抑强扶弱。陞饒南九江參議。良玉畏之如虎。乞終養歸。

陸奮飛，字翀霄，宿遷人。崇禎四年進士。授營繕主事，疏請五年恤刑改爲三年一恤。遷車駕員外郎、户部福建司郎中、饒州知府，力守全城。陞饒南九江參議。

冉世維，字古六，南充人。崇禎十二年舉於鄉。永新、永寧知縣。以平盜功，遷職方主事、郎中，出爲贛南參議。

謝雲虬，香山人。萬曆四十七年進士。饒南九江僉事。

胡崇德，字衷樞，全州人。崇禎三年舉於鄉。官嚴州知府。王祺生亂，拒守禽之，修城振卹，民賴生息。弘光初，乞休不允，遷饒南九江副使。

郭維藩，字价卿，夷陵人。萬曆三十四年舉於鄉。歷古田、江寧知縣，折獄振災有聲。遷户部主事，榷九江，兵寇充斥，招徠商賈。擢饒南九江僉事。清兵至，入廬山卒。

史弘謨，字經三，六安人。崇禎四年進士。歷宜陽、六合知縣。力守全城。累遷鎮江推官、浙東副使、饒南九江僉事，降清。

何陛，字望宸，鳳陽定遠人。選貢。歷南安通判、贛州知府，擊豪猾，清公帑。署南昌僉事，忤璫，降王府長史，乞歸。起良玉監軍，擢南昌副使。良玉卒，隱。

錢良翰，字雲將，紹興山陰人。崇禎七年進士。歷青州、鎮江知府，南昌僉事，湖東副使。

洪恩炤，字君明，息縣人。崇禎元年進士。授掖縣知縣。孔有德反，力守六月全城。遷兵科給事中，疏陳沿海兵計。憂歸。起吏科，歷禮右、刑左，以禮科都給事中督浙、閩餉，調劑得宜，出爲雷廉參政，轉湖廣按察使，擢浙江左布政使，釐剔夙弊。踰月以疾歸。

時先後爲布政使可紀者，爲顧燕詒、孫時偉、莫儼皋、王敬錫、孫朝讓、彭份、龐承寵、涂紹煃、秦一鵬、楊時隆、路進；按察使可紀者，爲胡之彬、岳虞巒、王源昌、劉伸、徐維藩、黎慶永、蕭譽、沈泠之、彭敦曆，鹽運使可紀者，爲梁招孟云。

燕詒，字安彦，太倉人。崇禎元年進士。授刑部主事，遷濟南知府，力除苛政。陞福建驛傳副使，有平寇功，晋嘉湖參政。時浙西爲盜藪，至則修城蒐卒，儲芻茭，有保民四事書。值嘉善漕卒變，輕騎諭之，指顧懾服。又大建海塘，保障二郡。吴昌時勢張，不與，通誣劾削籍。昌時敗，起浙江按察使，擢左布政使。弘光元年致仕。清薦力辭。卒年八十五。

時偉，字仲先，丹徒人。天啟七年舉於鄉。浙江驛傳副使，遷右布政使。弘光元年罷。後降於清。

儼皋，字寅賡，嵩江華亭人。萬曆四十四年進士。歷中書舍人，福建參議，江西、四川右布政使，調浙江左布政使。

敬錫，字伯修，金壇人。太嘗卿都子。天啟二年進士。歷工部主事、禮部員外郎、兵科給事中、福建參議、河南參政，調浙江糧儲，陞右布政使。杭州亡，皆降於清。

朝讓，字光甫，嘗熟人。崇禎四年進士。有聲復社。歷泉州知府、建南副使。歲飢，奸衆强貸，調度得宜。寇吴崇禮撫，萌異志，檄行各邑於除夕殲之，民獲安堵。陞福建按察使，轉江西右布政使。南昌亡歸，年未五十。卒年九十。

份，字洗存，南昌人。萬曆四十六年舉於鄉。歷上饒教諭，國子助教、監丞，工部主事，督慶陵工。遷都水郎中，出爲永平知府，爲政平恕。雪李鐵寃獄；大飢，振多全活；定車騎營兵變。轉安平參議，陞湖廣左布政使。南京亡，歸。清召不赴。卒年八十。

承寵，字星易，吴江人。天啟五年進士。兵部主事、郎中，出爲衢州知府。地故多盜，督捕急，捕者執良民以充，盜遂益多。承寵力辨眞僞，而盜止息。調杭州，條列漕務當行者九，當禁者六，備參用者十有一，軍民賴之。居官和易近人，堂皇斷事，或民氣懾，口格格不吐，令其盡言無畏，奸宄喋喋利口勝人，則正容以臨之。崇禎中，以僉事謫潮州同知，再起江西參議，擢湖廣右布政使。南京亡，歸卒。子鳳翀，字羽威。崇禎十七年選貢。

紹煃，字伯聚，新建人。萬曆四十七年進士。歷南京工部主事、四川督學副使、廣西布政使，歸，講學澹臺祠。

一鵬，三原人。萬曆三十五年進士。四川布政使。

時隆，南充人。舉於鄉。貴州布政使。

進，字修期，宜興人。崇禎元年進士。歷金華知府、杭嘉湖僉事，禽盜十條龍、一隻虎。寇張，置兵器，練鄉兵保甲水師。尋督七省漕儲，巡視河道，累陞浙江按察使、山東左布政使。南京亡，歸卒。

之彬，光州人。進士。眞定知縣，累擢山東按察使。

虞繼，字舜牧，武進人。崇禎四年進士。江西按察使。南京亡，爲僧。

源昌，字紹貽，黄岡人。天啟五年進士。歷禮部主事、平陽知府，抗監視中官，以清直稱。遷大梁副使，力裁驕宗。出鎮禹州，人相食，振活者無算。雒陽陷，防禦全州。累陞參議、江西按察使。乞養歸，卒年九十。

仲，麻城人。崇禎元年進士。廣西按察使。

維藩，巴縣人。萬曆三十一年舉於鄉。歷刑部郎中、處州知府，廉明厚謹，情法持平。陞雲南副使按察使，署布政使。

慶永，字錫公，華容人。崇禎七年進士。祠祭郎中。以御史出爲廣西驛傳僉事，改督學，絶請託。擢按察使，出殊死百人。南京亡，入山。

譽，繁峙人。崇禎元年進士。浙江按察使署布政使，調通政參議。

冷之，字宗善，柘城人。選貢。授邳州知州。清兵攻城，乞師史可法，力守十四日得全。超擢山東按察使。南京亡，歸卒。

敦曆，字濳涵，溧陽人。崇禎十三年特用。授户部主事，遷員外郎，権臨清，釐剔奸弊，督草場。降李自成。南歸，與義師，超擢山東按察使。南京亡，縞衣江湖不出。

招孟，字良山，武昌興國人。崇禎元年進士，授中書舍人，歷江西道御史、南京户部郎中，出爲惠州知府，定兵亂。署嶺東僉事，平烏禽山寇。陞淮海副使，調江西驛鹽，擢山西按察使，改兩浙鹽運使。杭州亡，歸卒。子方擔，歲貢。上海知縣。

闞守箴，字憬吾，夏邑人。萬曆二十九年進士。授安平知縣，地小而瘠，留心撫字。調襄陽，釐奸恤隱，頌曰神君。故賦無成法，乃條鞭法上之。忤上官，謫冀州判官，移寧國推官，簡重得政。歷都察經歷、南京刑部員外郎。在刑部日，有殺人應抵者，援之成獄，囚爲富家兒，干鉅公，牘接踵至，畧不省，以罪狀上。司寇已私允囚請，凡五駁審而案不改。陞長沙知府，轉上江防僉事，修岳陽樓。歷河西、商雒、靖遠、莊浪副使，分部伍，嚴戍守，緝亭障，邊庭將吏樂爲效使，三年秋防無警。任兵憲十五年，迭求終養歸。服闋，起廣西左布政使。南京亡，歸卒。

時廣東：廣西司道：

黄承昊，字履素，秀水人。侍郎洪憲子。萬曆四十四年進士。歷大理右評事、吏科給事中，上籌邊三策。調刑科右，陰助魏大中，忤璫罷。起户科右，請起廢清覈歷年增餉，條上鹽政八事，大有所釐革，不能用。又疏論侍郎南居益倚傍門户，以躋通顯。轉工科左，出爲河南驛鹽副使，轉建南。以誤給勘合，降嶺北僉事，改湖西，乞休。調南瑞參政，改九江僉事，禽渠張羽、王性古。轉閩海副使，爲政廉靜。安宗立，陳以瑞薦與陳獻策、郭必昌起用，擢廣東按察使，歸。妻沈紉蘭，有文名。

子子錫，字復仲，著聲復社。弘光元年恩貢。傾家助陳子龍起兵，兵敗入杼山。後卒於粵。

解學夔，字章卿，興化人。天啟二年進士。沙縣知縣，累陞嶺西參議。

宫繼蘭，字鷟鄰，泰州人。崇禎十年進士。授都水主事，視河夏陽，首倡築城。出爲兗州知府。府爲藩封，二十七州邑錢糧四十餘萬，侵牟莫稽。繼蘭下車，修城垣，嚴保甲，立法肅然，親貴不撓，清出宿逋二百六十餘萬，民困以甦。母老乞歸。弘光初，起羅定參議。卒年八十。子偉鏐，事別見。

劉正衡，字元定，安丘人。崇禎四年進士。歷刑部主事、太平知府、浙江副使，忤楊嗣昌，改潞安僉事，移信陽副使，破賀一龍、賀錦光山八里畈，斬千級。調冀南僉事，轉温處副使，擢嶺南參議，歸。清起不應。弟正宗。

王佐，字佐之，嘉善人。崇禎四年進士。歷休寧知縣，刑部主事、郎中，高州、保定知府。北京亡，南下。史可法疏請留營備咨謀，遷嶺西副使。忌，並無主張之者，惟陛下哀憐，曲貸之死。

蔡秋卿，字子威，閩縣人。崇禎四年進士。官肇慶知府，不受廠稅例金。累遷海北僉事、海南副使，卒官。

淩必正，字聖功，太倉人。崇禎四年進士。歷户部主事，建昌、真定知府，桂林副使。歸屏田野，與陳瑚講學。

梁衍泗，南海人。崇禎元年進士。福建參議，遷左江參政。

黄世忠，字屏周，崇安人。萬曆四十六年舉於鄉。歷東陽教諭，翰林待詔，禮部主事、郎中，慶遠知府，右江參議，平僮韋文峨亂，沈猶龍上其功。未幾致仕。

鍾自德，清遠人。天啟四年舉於鄉。光州知州，累遷蒼梧副使。

黄中色，綏德人。萬曆三十一年舉於鄉。左江副使。

范廷弼，山東人。舉於鄉，右江僉事。

吴克孝，字人撫，嘉定人。崇禎十年進士。授刑部主事，明法稱職。潘永圖、馬成名以薊州陷，逮論死。克孝疏辨：「二臣受事不及二月，抽調潰亡，勢不復支，與久任失事者不同，宜戴罪圖功，以爲封疆勞吏勸。」不聽。遷員外郎，恤刑廣東，平反千二百餘人，報可。周延儒欲收克孝於門下，不可。熊開元忤延儒下獄，傾身營救。一日，忽傳密旨，令金吾即訊取開元死狀以聞。克孝半夜排闥請再四，上疏言：「開元一腔忠憤，不知顧忌，並無主張之者，惟陛下哀憐，曲貸之死。」劉宗周面奏狀，因收宗周、金光宸，諸臣戰慄。克孝見事愈急，乃乞金吾請付刑曹究擬，許之。開元受杖，予醫藥，奉侍三日，卒得無恙。時大僚屢奉嚴譴，廷臣惴惴不敢言。李陳玉、孫鳳毛阿延儒旨，從旁下之石，曹溶救之力，幸不獲罪。

清兵入塞，京西郡邑殘破，延儒出克孝爲保定僉事，駐蠡縣，立恩信，寇多受撫，以計執趙七，馬黑皮降。李應蛟持兩端，命張天福單騎招之來歸，後招秦鳳梧等降。條上選將、察吏、練兵數事。李自成入秦、豫，畿輔大震，克孝發憤上疏，請宿重兵山西，控韓、趙，壯神京右臂。易州開礦議起，廠衛官四出，笞其橫者，陳礦使諸不法狀，中官大恚，將興大獄，以鄭三俊救免。歲大飢，發米萬斛以振，墾田萬餘頃，兵後遺黎始有室廬鄉井之戀。克孝見自成勢張，繕城儲糧，查閱紫荆、倒馬諸隘，復營衛軍伍故制，一年之內，焦形殫神，一目遂廢。徐標洞其勞，疏得告休。

史可法薦起嘉湖，奸胥訟獪，殺巨憝一二，上下肅清。甫二月而北京亡，克孝投繯，家人救免。時人情洶洶，梅鎮黄文奎、姚二將爲變，命中軍陸起、監紀張韓先、把總褚效良執而戮之。葉六招亡命寇平湖、海鹽，命徐成德搗巢獲之，梟以示衆。太湖張三驍勇，出没洪波，舟行如飛，兵懾不前，乘大風雨掩之，斬其黨殆盡。三善泅走，材官顧廷揚斮其脛禽之，斬以徇。自此太湖三四百里中無警。

安宗即位，中官因選妃入浙，克孝謂南郡絶無殊色，且前此聞風，皆未笄而嫁，豈尚有處子可供掖廷灑掃者，瑺恚甚，竟寢其事。高起潛殺掠，嚴兵以待。有攫貨殺人者，置之法。姜曰廣、徐石麒再疏薦，爲馬士英所沮。潞王常淓監國，擢僉都御史巡撫浙江，目眚劇未赴。與嘉興城守，城陷走。清召，投泮池，救免。後以陳子龍事連下獄，得解。晚歲雙童俱矐，皈依空門。卒年八十一。

梁亭表，字無畸，順德人。萬曆三十四年舉於鄉。歷大埔教諭、國子助教，遷吏部主事，凡以賄求薦者，多卻之。尚書知其廉苦，問曰：「何久無所舉耶？」徐曰：「余實寡交。」轉武庫員外郎，出爲南安知府。張獻忠逼，郡吏駭愕，亭表睁目曰：「公等毋怖，君父重則身家輕，不肖讀書明志三十年，申胥哭庭，魯連蹈海，不待今日，籌之熟矣。」北京亡，痛哭幾絶。安宗立，以治行第一，擢荆南副使。未幾卒。子若衡，自有傳。

時湖北疆吏：

楊啟鳳，字繼衡，武進人。通醫術，爲左良玉所暱。漢陽、武昌同知，遷知府。

王羔，四川人。舉於鄉。大冶知縣，遷武昌推官。皆降清。

夏羽王，含山人。選貢。以周世子師從守開封，遷武昌推官。隱芙蓉山，葛巾不入城市，卒年八十。

李遇夏，順天人。武昌吏目。李自成南下，守死不去，兵不敢逼。

柳遇春，字敬亭，泰州人。善説書。爲良玉暱客，以總兵銜署武昌知縣。流落江湖死。

王應虹，歷城人。崇禎十五年舉於鄉。嘉魚知縣，去。

楊騰桂，平陽鄉寧人。歲貢。咸寧知縣。

陳夢説，字弼卿，惠安人。天啟七年舉於鄉。通城知縣。

朱氾，不知何許人。舉於鄉。通城知縣。

吴之泰，通城人。歲貢。通城知縣。

汪一位，不知何許人。通城知縣。

周汝誼，字賈生，上海人。崇禎十三年特用。興國知州，歸。

何鳴鑾，字青巖，遼東人。興國知州，降清。

王嘉猷，廣信興安人。天啟四年舉於鄉。大冶知縣。

唐厚，休寧人。巡撫暉子。歲貢。大冶知縣，去，不知所終。

鍾鳴時，字泰鄰，瑞金人。歲貢。歷永寧訓導、興寧教諭、寧遠知縣、永州通判、道州知州、南寧同知，以撫寇功，遷漢陽知府，卒。

趙善增，不知何許人。漢陽通判，降清。

梁仁傑，字斗南，開州人。天啟七年舉於鄉。漢陽推官，隱。

王風仁，字長人，盱眙人。崇禎十六年進士。漢陽知縣。良玉東下，詣陳大義，兵無譁者。降清。

裴如宰，清流人。崇禎十二年舉於鄉。漢川知縣。

葉沛，廣東人。選貢。漢川知縣，去。

譚如絲，字素臣，京山人。歲貢。漢川教諭，隱。

杜之璧，河内人。崇禎十二年舉於鄉。黄州知府。

徐家修，字次甌，潛山人。副貢。黄州推官，隱。

王萬金，字世發，晋江人。天啟二年進士。湖州推官，調黄州。潔己多平反，忤上官。歸卒，年八十六。

汪士衡，不知何許人。黄岡知縣。

杜時彦，宣化人。崇禎六年舉於鄉。麻城知縣。

陸晋錫，字晝公，上海人。恩貢。麻城知縣，爲政明斷，以誠感人。

葉長青，字錦林，嘉興人。歲貢。黄州經歷，攝黄陂知縣，有綏輯功。隱黄州，以通何騰蛟被執死。

孔維時，四川人。選貢。蘄水知縣。南京亡，力守不去，後降於清。

蔡嗣襄，晋江人。崇禎十二年舉於鄉。羅田知縣，降清。

歐陽煌，字曙谷，潛江人。選貢。羅田教諭，爲僧。

張登衡，字野心，臨桂人。舉於鄉。廣濟知縣，遷蘄州知州。防寇，禽義勇營不軌者數十人投江。清兵至，走。

吴多瑜，字崑毓，高陵人。蘄州判官。

許大華，字托溪，南昌人。崇禎十五年舉於鄉。廣濟知縣。

周士燦，武昌興國人。選貢。以城守功，騰蛟薦廣濟訓導。

張聯芳，延慶永寧人。崇禎十二年舉於鄉。黄梅知縣，走。

葉成章，字台元，南平人。恩貢。承天通判。歸卒，年九十三。

經應台，全州人。崇禎六年舉於鄉。潛江知縣。

黄輔卿，不知何許人。荆門知州。

盧景心，通城人。崇禎十七年歲貢。潛江教諭。

倪瑞應，字清厓，當塗人。歲貢。當陽知縣，免鬻田盡而丁存本户者。

高長治，字麗乾，溧陽人。准貢。沔陽知州。

吴第，晋江人。崇禎十三年進士。景陵知縣。

任道統，不知何許人。德安知府。

諶朝臣，不知何許人。德安知府。

王巩，陜西人。舉於鄉。德安知府。

許暢，餘姚人。崇禎十五年舉於鄉。德安知府。

唐騰鳳，不知何許人。安陸知縣。

施一鼇，字士選，溧水人。恩貢。沔陽學正署知州，立黑大堰。遷安陸知縣，有數十人因寇陷大辟，力釋之歸。

莫元教，馬平人。天啟七年舉於鄉。孝感知縣，去。

盛世才，字於斯，太倉人。天啟元年舉於鄉。清平知縣，遷隨州知州，建城力守。

章日暉，德清人。萬曆四十年舉於鄉。應山知縣，保守全城。巡簡吴家吉後攝知縣。

李元陽，不知何許人。荆州知府。

陳執中，臨川人。進士。荆州知府。

蘇鳴瑜，四川人。舉於鄉。荆州同知。

何志孟，廣西人。舉於鄉。江陵知縣。

楊佐明，雲南人。舉於鄉。石首知縣。

趙珥，登封人。崇禎十五年舉於鄉。監利知縣。

林元茂，大庾人。監利知縣。

寧繩武，不知何許人。監利知縣，降清。

錢養民，施州銅鼓衛人。監利教諭，署知縣。崇禎十四年，死守全城。十五年春，寇又至，北拜自經，獲救歸。

戴居敬，字可南，桂陽人。歲貢。嵩滋訓導攝知縣，死守。憂歸，卒年九十。

吴之遊，廣西人。舉於鄉。嵩滋知縣。

胡鳴岡，字季鳳，績溪人。天啟元年舉於鄉。枝江知縣。寇招，火其書不視，出巡被執，不知所終。

朱方乾，不知何許人。長陽知縣，修城捍寇。

高梁楷，思州人。萬曆四十六年舉於鄉。長陽知縣。

曹師契，宜興人。選貢。宜都知縣。

熊震，不知何許人。宜都知縣，鋤强扶弱，以清介稱。

何濬，珙縣人。舉於鄉。遠安知縣。

曹元功，不知何許人。興山知縣。

王運泰，不知何許人。興山知縣。

郝華基，不知何許人。興山知縣。

謝上官，南直人。選貢。巴東知縣。

卞文明，楚雄人。襄陽知府。

周貞應，不知何許人。宜城知縣。

李夢台，河源人。南漳知縣。

劉方聲，灌陽人。天啟七年舉於鄉。龍泉知縣，遷均州知州。

陳萬家，印江人。崇禎六年舉於鄉。鄖陽同知，署知府，深得民和。徐起元降，以家入房寨卒。

劉璇，永年人。選貢。鄖陽同知，與通判陳于朝降清。

蔣明徵，長興人。萬曆四十年舉於鄉。鄖陽推官。

萬菁華，字無華。潼川人。天啟元年舉於鄉。鄖陽推官。

蒲日章，四川人。選貢。鄖縣知縣，歲饑力振，中蜚語去。

趙丕承，真定人。歲貢。鄖縣知縣，降清。

劉天民，雲南人。與於鄉。房縣知縣。與參將李成章修城，去。

楊國紳，不知何許人。房縣知縣。

羅大瑾，淳化人。歲貢。竹山教諭，署知縣，以安民功，遷鄖陽同知，未任歸。

吴日省，陝西人。選貢。竹谿知縣，走。

陳繼韶，橫州人。舉於鄉。上津知縣，走。

賀承烈，不知何許人。鄖西知縣，降清。

郭承光，不知何許人。保康知縣，走。

魯近迪，孝感人。歲貢。監紀同知。

童聚奎，字文明。臨安人。歲貢。京山知縣。以保守功，遷監紀同知。國亡歸，以壽終。

萬夫望，公安人。通判。

尹珩，字右玉，大冶人。崇禎十五年舉於鄉。袁繼咸薦推官。隱蘇州。

羅萬象，夷陵人。判官。

吴正夫，字淑甫，武昌人。功貢。堵胤錫薦教諭。入清不應貢。

姚貞吾，南豐人。巡簡。不入城市。

盧嘉銘，字公賓，武昌興國人。端方有經世才。良玉疏薦，授官不出。

傅廷獻，字夢翁，襄城人。崇禎十六年進士。授職方主事。黄得功、高傑鬨，調和之，婉轉開導，皆感悟。十七年十二月，遷鎮江知府，上言：「鎮江爲神京畿輔，蘇、嵩咽喉，煩難倍於良、涿，要害甚於山海。請賜敕旨，得緝治僞弁，汰練腐卒。宗室使無久盤於京口，差役使無過擾於驛遞，守令使無奔走於道路，暫假便宜，少寬責效。命府官率屬將全副精神催辦錢糧，團練鄉勇，收馭朽之人心，奠累卵之巖疆，足食足兵。考成殿最，所甘心焉。」安宗命以便宜行事，乃練衙兵，團義勇，戎服治事，日不暇給。時總督張鳳翔發火硝五萬於鎮江，定價三千兩，令按户攤上，廷獻曰：「硝製礮藥，宜給軍營，士民無需此也。」不應。又取火藥三千斤，曰：「火藥自有耑司，非守土官所能辦。」又不應。復於額外百方搜括，至丹徒索銀一萬，執庫吏姜大祥於轅門，將斬之。知縣叩府請救，廷獻大叱左右，直趨督院公堂，引據憲章，力辨其無辜，久始得釋。廷獻出，搥胸大哭曰：「國勢顛危，生民塗炭，此老撤防江之營，調守城之兵，方大肆誅求，集金滿舟，夫何爲哉！」時延津王常淓奪桃源民舟，留鎮江數月。弘光元年春，以索船户换龍衣不遂，箠楚之將斃，送府監候。廷獻大怒，拘常滄使，具揭參之，常滄即日引去。擢嘗鎮副使。盧九德勘湖，威權赫灼，止投名刺而不見。九德大恚，漕院以告，廷獻曰：「人做一場官，使內侍誇好，其品可知。若內侍謗毀，其品又可知。」漕院拱手曰：「得之矣。」其不畏强禦如此。

清兵窺鎮江，與士民堅守八日不下。多鐸別自儀真進兵，時防江水陸四萬餘人，一朝潰敗。五月八日，清兵屯銀山，城中各官俱走，南京不守，益大亂。廷獻痛哭再拜，令妻子奉母避沙洲，懷印坐堂皇，自刎不殊。鄉老送洲上，又欲投江，苦止之。十二日，清兵入城，見內庫存銀二萬二千九百兩，外庫注册銀三千兩，封識宛然。諸將曰：「大兵南下，未見有清如此官者，真高人也。」先是多鐸聞廷獻賢，臨江發兵，面諭曰：「鎮江傳道，豪傑士也。」將令撫江南軍。以故兵至城下，三日不攻，廷獻婉詞曰：「某以不死，救億萬生靈，以苟存終老母殘年，願負母沙洲。如不獲鑒原，江水洋洋，請從此没矣。」八月母殁，歸隱赤澗西磚洞，卒年八十二。

時南直司道：

譚振舉，蓬溪人。天啟四年舉於鄉。蘇嵩副使。

莊祖誼，字宜穉，成都人。選貢。歷德清、懷遠知縣，有平寇功。累陞揚州同知、安慶知府、鳳泗副使。南京亡後，隱瓜洲。鄭成功兵至，不知所終。

施永圖，字明臺，嘉興人。恩貢。鳳泗僉事。

馬鳴騄，字不羣，垣曲人。崇禎十三年進士。歷户部主事、揚州知府。傑兵爲暴，堅守月餘。遷浙西僉事，調淮揚副使，練兵置守。劉澤清招降，不從，遇害通州。

石啟明，字亮夫，台州寧海人。選貢。河間推官，累遷密雲僉事。國變，集義師淮、揚，調滁和副使，史可法疏改淮泗。清薦不出。

鄭之俊，商丘人。恩貢。徐州同知，累遷淮徐僉事，降清。

張若獬，字義生，膠州人。崇禎七年進士。歷河間知縣、南京户部主事、淮徐僉事，督漕防河，歸。

張燦垣，成都人。天啟五年進士。淮海漕儲參政。

石磐，黄梅人。有恒子。任淮安知府，陞淮海參議。

周有翼，字翩公，武昌人。天啟元年舉於鄉。授保寧推官，善決獄，反復求生，調劑兵民，遠哨望。攝巴州知州，力守全城。歷江防同知、廬州知府，城毁於寇，修復之。陞安廬副使，歸，以上壽終。

徐潘，字兼之，嘉興人。天啟七年舉於鄉。授萍鄉知縣。大僚倚藩府勢，其子攘一嫠婦，因上官曲爲之庇，斷歸於嫠。峒蠻不靖，單騎諭服之。遷六安知州。張獻忠兵後，力加撫字。陞安廬僉事，歸。

杜繩甲，字皖賓，富順人。天啟四年舉於鄉。歷元謀、南陵知縣，善決獄。累轉鎮江同知、安慶知府，省刑愛民。遷安廬副使，晋參議。兵横不可制，乞休，隱朝霞山終。

劉開文，鄒平人。天啟五年進士。南瑞副使，調池太。卹兵民，率池人城守。後從左夢庚降清。子鵬翀，光州知州。爲道士。

馬鳴霆，字國聲，平湖人。鳴雷弟。萬曆四十一年進士。授閩縣知縣。葉向高豪奴不法，杖之，投劾歸。起紹興教授，歷南京國子博士，刑部山西司主事，廣東司員外郎，山東司郎中，邵武、潮州知府。崔呈秀招，不應。遷河南副使，有治河功。李自成圍信陽，拒守十餘日去。陞山東參政，調嘗鎮副使，加尚寶少卿。清兵追，轉徽寧池太參議，歸卒。

何九説，字兄悌，晋江人。尚書喬遠子，九雲弟。任太嘗典簿，樂舞生廩月廩者二千，加意甄別，汰數百人，歲省米百若干石。遷太僕丞，寺庫所貯邊儲，依原解交發，一無所染。改南京户部河南司主事，監水兑。先南糧解役，有監候數年不給通關者，隨收隨給，有挂欠則陳堂蠲保，押回各州縣完補，自是解役不至楚斃南獄。陞員外郎，分司水西門，惟取足嘗額，商人德之。疏請汰孝陵衛軍二千人。又以指揮千百户安坐奸賭，虛費廪禄，就中選擇，鼓其勇氣。出爲永昌知府。

北京亡，上言：「臣子始以誤國欺君，終以榮家賣國，乞崇儒從祀，爲撥亂反正之圖。」舉公論最覈者曹端、吴與胤、蔡清三人。其在曹郎，最敏練，堂官多屬目，凡事必咨之。至署數篆，獨以鑄務爲胥人所誤，幾耗乏不能償，幸所給散諸軍兵，户、兵二部覈實得無害。弘光元年春，始赴雲南，未幾卒於官。

時四川雲南司道：

葉應震，字長東，餘干人。崇禎十年進士。授都水主事。楊嗣昌奪情，上疏劾之。以治河著績，累陞川西參議。歸而廬墓。揭重熙疏薦未赴，食貧二十年卒。

陳從教，字聿修，福清人。崇禎元年進士。授高安知縣。嚴火耗，革包攬，清馬遞，均兑運，杜侵漁。大帽桶岡寇起，力守拒，爲忌者中罷。起鄰水，遷南京户部主事，榷揚州。出爲川北參議。憂歸，杜門三十餘年。卒年八十。

葛奇祚，字子長，高淳人。崇禎十三年進士。歷武選主事郎中、上東副使。張獻忠兵至，拒之，斬渠羅坤，積勞成疾。以寇未殄，上蜀王及督學王芝瑞守禦數事，卒官。

車樸，不知何許人。川西副使。

熊相，高安人。進士。川北副使。

趙嗣芳，字用韞，武昌咸寧人。萬曆四十四年進士。歷户部主事、西安知府、登萊僉事、上川南副使。

萬鵬，南昌人。天啟二年進士。給事中，出爲下川南僉事。

胡獻來，字子良，台州寧海人。崇禎元年進士。歷行人刑部主事，謫嵩江通判，累遷武選主事、上江防副使，拒鹽規。轉雲南參議，歸。

陳堯言，字汝則，永嘉人。萬曆四十七年進士。以福府待詔侍孝皇帝，自行人累遷南京户科給事中，劾王永光瑺孽，不當正銓席，上切責之。出爲臨安參政。安宗立，疏乞恩例，不許。

楊鼎樞，字斗衡，代州人。萬曆四十七年進士。嵩縣知縣，累遷事駕員外郎、臨沅副使。

鄭時章，龍溪人。進士。洱海副使。

趙明鐸，東陽人。崇禎四年進士。祠祭郎中，出爲雲南督學僉事。

贊曰：北京之亡，疆吏殉國者多人，然死則死耳，於國事未有濟也。惟繼咸諸人則不然，使久以事權，不予牽制，上則爲祖逖之豫州，下則爲孝寬之玉壁。老羆當道，貉子心寒，何至笙鐘變響，貽車駕北狩之恥哉！廟算無方，闒臣束手，讀淮南子運籌決勝之言，可爲扼腕長太息者矣。